自治体の災害財政がわかる本

関西学院大学名誉教授
小西 砂千夫

ぎょうせい

はしがき

　平成7年1月17日、阪神・淡路大震災を西宮市の自宅マンションで迎えた。床にたたきつけられるようなものすごい縦揺れに何度も襲われ、家具が倒れ、物が落ちて壊れるすさまじい音が建物のそこかしこから聞こえてきた。揺れが収まってみると、アルミサッシの鍵が外れて窓が勝手に開き、寒風が部屋に流れ込んでいた。食器は床に落ちて粉々になり、重い和箪笥が吹っ飛び、冷蔵庫の扉が開いて、それがつっかえ棒のようになって半分倒れた状態で止まっていた。

　壁には大きなクラックが入り、しばらくするとひどい結露と壁一面のカビに悩まされるようになったが、それでも自宅には住めた。ライフラインの回復（いちばん遅いガスの復旧が2か月後）まで生活の不便はあったが、その程度ならばとても被災者などとはいえない。もっと深刻で悲劇的な被害を被った方が、周りに数え切れないほどいたからだ。

*

　それでも、阪神・淡路大震災を当事者の端くれとして経験したことは、その後、災害財政制度のあり方を研究者として考える際の動機となったところがある。阪神・淡路大震災では、個人の資産形成につながるものに公費を投入することの是非が問われた。それを安易に許してしまうと、公費負担が際限もなく拡大するという懸念から、国の財政当局として、そこで歯止めをかけようとしたものと考えられる。

　しかし、16年後の平成23年3月の東日本大震災では、災害救助や救援、災害復旧、復興の各段階で支援内容が拡充され、それに伴って災害財政制度が大きく見直されて公費投入の範囲は大きく広がった。被災自治体の多くが過疎化や高齢化が進む地域であったこともあって、災害で地域の衰退が一気に進むことがないように、過去の災害ではなかったような手厚い財政支援がなされた。

　本書で述べているように、災害財政のスキームは、大きな災害を契機

に、段階的にグレードアップするように発展してきた。阪神・淡路大震災から東日本大震災への制度の拡充は、その典型例である。その見方が正しいならば、東日本大震災のあとは、それが標準型となって、その後の災害でもそれに準じた財政支援が行われるはず、と筆者はみていた。

そのようなときに発災したのが、平成28年の熊本地震である。その被災者が、国に対して東日本大震災並みの支援を求めるのは当然であるが、懸念されることがあった。東日本大震災では、復興増税で財源を調達することを担保に、過去に例のない内容と規模の財政支援を展開した。復興増税抜きの熊本地震では、いったいどこまでできるのか。結論をいえば、関係者の努力で、それに近い線までの財政支援を引き出すことができた。その結果、熊本地震が現在の標準型となった。

＊

本書は、月刊『地方財務』に掲載した拙稿「大規模災害に対する財政上の危機管理—災害財政制度の成り立ちから熊本地震の経験までを通じて」(令和5年9月号～令和6年5月号)をもとに加筆したものである。折しも、出版準備をしていた令和6年1月1日に、能登半島地震が起きてしまった。本書を執筆する令和6年冬の時点では、救援・救助やガレキ処理等こそ全体がみえてきているが、一部の地域では、復旧は遅々として進まない。9月の豪雨災害が重なったことで、さらなる被害が発生している。そこからさらに復興となると、計画策定に入った段階に過ぎない。現在のところ、熊本地震での財政支援を基礎として、それに一部を上乗せする方向で進む様子である。そこで、急遽、能登半島地震の財政支援について、新たに1章を起こし、脱稿時点で明らかになった財政スキームについて書き加えることとした。

＊

首都直下型地震は、やがて来ると思っていなければならない。熊本地震と同じ水準のことができるのかどうかは大きな課題であり疑問である。首都直下型地震の場合、被害規模が、過去の災害と比較にならない

ほど大きくなると懸念されるが、そこで問題となるのは、財源もさることながら、経済資源や働き手の「制約」である。容易なことではない。首都直下型地震の経済的な被害はきわめて大きいであろうが、それでも災害復旧・復興そのものは、経済振興にもなる。自然災害では国は滅びないという強い気持ちをもって対応すべきである。

　個人的には、大学を辞し、総務省地方財政審議会に転籍したことで、住み慣れた関西を離れて、平日は単身での都内在住となっている。首都直下型地震に襲われたときのイメージトレーニングくらいはしておかなければと思うところである。

＊

　本書が、自治体で財政を担当する職員の必携の書となることを願っている。制度に対して確かな見通しを持つことが、結局、自分の自治体を守ることになることを、この機会に改めて自覚してほしい。財政担当者ならではの災害への備えを怠ることなかれ。

　月刊『地方財務』編集局の勧めによって、本書は公刊されることとなった。編集の労に感謝申し上げたい。熊本地震に関する箇所では、熊本県職員で当時対応にあたった幹部のみなさまから資料の提供と多くの示唆を得た。お名前を挙げることは差し控えるが、ここに記し、発災時におけるお働きを心から称え、また筆者へのご協力に謝意を表したい。能登半島地震への対応をはじめ、総務省自治財政局財政課や調整課、公営企業課、自治税務局企画課や市町村税課のみなさまには、原稿作成の過程で多くの協力を得た。ここに記し感謝を表すものである。

　最後に私事ながら、妻とふたりの娘による支えに感謝を述べることをお許しいただきたい。

　　　　　令和6年　出張先の旭川でまばゆい陽に照らされながら
　　　　　　　　　　　　　　　　　　　　　小西　砂千夫

目　　次

はしがき

序章　大災害発生！
　　　自治体の財政担当者はどうする？

1　自治体財政担当者の災害時の心得 …………………………… 2

2　発災直後に財政担当者が行うべきこと ……………………… 3

3　災害財政のクイックQ＆A ……………………………………… 6
　Q1　そもそもの災害財政の基本的な考え方を教えてください。　6
　Q2　災害財政の全容を教えてください。　6
　Q3　災害財政の法律的な枠組みはどのように形成されてきたのですか。　7
　Q4　通常の災害と特別に被害の大きな災害では、財政制度にどのような違いがあるのでしょうか。　7
　Q5　災害に備えてどれほどの基金を持っていればよいのでしょうか。　8

第1章　災害のために財政担当者が
　　　　備えておくべきこと

1　当面の救援・救助等で財源を出し惜しみしない ………… 12

2　財政担当職員の初動対応と危機管理 ………………………… 13

3　復旧・復興段階における財政支援の見極め……………14

 4　災害財政の机上演習のすすめ……………………………16

第2章　災害財政制度の形成と
その基本的な考え方

 1　災害救助法………………………………………………18
 　（1）救助の種類　18
 　（2）法の目的　19
 　（3）救助の実施主体　19
 　（4）費用の地方負担と国庫負担　20
 　（5）災害救助基金　25
 　（6）法の対象となる災害の規模　26

 2　昭和25年度の災害復旧事業費の全額国庫負担…………29
 　（1）シャウプ勧告の指摘（昭和24年）　29
 　（2）昭和二十五年度における災害復旧事業費国庫負担の特例に関する法律　31
 　（3）国会における法案審議の経過　32
 　（4）旧内務官僚・地方自治庁の全額国庫負担制度への反応　35

 3　第2次シャウプ勧告と神戸勧告…………………………38
 　（1）第2次シャウプ勧告　38
 　（2）神戸勧告　40
 　（3）全額国庫負担制度の問題点　42

4 公共土木施設災害復旧事業費国庫負担法を中心とする制度の形成……………………………………………45

（1）公共土木施設災害復旧事業費国庫負担法の成立　45

（2）地方財政法第10条の3と国庫負担の根拠法　50

第3章　災害財政制度の基本的な枠組み

1 土木事業の災害復旧……………………………………………58

（1）対象事業　58

（2）補助率　58

（3）適用除外要件　59

（4）激甚災害指定時の国庫負担の上乗せ　64

（5）地方財政措置　65

2 特別交付税の算定………………………………………………66

3 公立学校、農地等………………………………………………67

（1）公立学校と公営住宅　67

（2）農地等　70

4 都市施設、社会福祉施設、教育施設等…………………………70

（1）都市施設・単独災害復旧事業　70

（2）社会福祉施設等　71

（3）教育施設・罹災者公営住宅建設　77

5 公営企業、災害廃棄物処理、災害救助等………………………78

（1）公営企業　78

（2）災害廃棄物処理・災害救助　79

（3）歳入欠かん債・災害対策債　85
　（4）その他の補助制度等　86

6　制度設計の考え方 …………………………………………… 87
　（1）国庫負担金と国庫補助金の違い　90
　（2）国庫補助率　92

7　災害財政制度を総覧する ………………………………… 92

8　激甚災害法の指定要件 …………………………………… 95
　（1）本激指定と局激指定　95
　（2）指定のフローと要件　96
　（3）査定と審査手続き　98
　（4）小災害特例債制度　99

第4章　阪神・淡路大震災における財政措置

1　阪神・淡路大震災までの災害財政制度の経緯 ………… 102

2　特例法で対応した阪神・淡路大震災 ………………… 104
　（1）特例法と被害の特徴　104
　（2）災害対策債の特例措置　106
　（3）公費によるガレキ処理に対する特例措置　107
　（4）激甚指定の特例措置　108
　（5）災害復旧に係る特例的な地方財政措置　108

3 阪神・淡路大震災における財政支援措置の総括 ………… 111
　（1）措置の全体像　111
　（2）全体像からみえてくること　113
　（3）歳入欠かん債の特例措置　114

4 復興のための財政制度 …………………………………… 114
　（1）復興基金の設立　115
　（2）震災復興事業用地の先行取得事業に係る措置　115

第5章　東日本大震災における財政措置

1 被害規模と東日本大震災で考慮すべき特殊事情 ………… 118

2 災害救助法、災害廃棄物処理、
　当面の特別交付税対応 …………………………………… 119
　（1）災害救助費に係る財政措置　119
　（2）災害廃棄物処理に係る財政措置　120
　（3）地方税の減免措置とその補填　121
　（4）特別交付税措置　121

3 災害復旧対策等 …………………………………………… 122

4 東日本大震災財特法 ……………………………………… 123
　（1）国庫補助対象の拡大　123
　（2）特定被災地方公共団体　124
　（3）地方債の特例措置　126

5　補正予算第1号等に係る地方財政措置 ……………………… 126
　（1）特別交付税の加算　126
　（2）追加の財政需要に対する措置　127
　（3）地方公営企業に係る財政措置　127

6　補正予算第2号とそれに伴う地方財政措置 ……………… 131
　（1）被災者生活再建支援制度の特例　132
　（2）予備費の確保　132
　（3）特別交付税の増額等　132

7　特別交付税の第2回特例交付 ……………………………… 133

8　東日本大震災からの復興の基本方針 ……………………… 134

9　補正予算第3号とそれに伴う地方財政措置 ……………… 136
　（1）東日本大震災復興交付金　136
　（2）震災復興特別交付税の創設　137

10　復興基金の創設 ……………………………………………… 140

第6章　熊本地震における財政措置

1　熊本地震の被害と財政措置をめぐる課題 ………………… 144

2　発災直後の対応 ……………………………………………… 146
　（1）災害救助法と激甚災害法の適用　146
　（2）国、県、県内市町村の連携　148

3　平成28年度補正予算第1号における熊本地震への対応 ……………………………………………………………… 150
　（1）災害財政対応で必要なことと現場の実際　150
　（2）補正予算第1号の概要　151

4　平成28年度補正予算第2号・第3号における熊本地震への対応 ……………………………………………………… 153

5　熊本地震の財政措置の概要 ………………………………… 154
　（1）災害救助事業、応援派遣職員受入等　154
　（2）歳入欠かん債　154
　（3）災害復旧事業、災害関連事業　154
　（4）地方公営企業　156
　（5）災害廃棄物処理　157
　（6）グループ補助金　157
　（7）復興基金等　158
　（8）緊急防災・減災事業債の拡充　158
　（9）個別事業ごとの措置の整理　158
　（10）過去の災害における歳入欠かん債と災害対策債の措置との比較　163
　（11）熊本県の資料から措置を読み解く　163
　（12）その他の措置　166

6　財政負担ゼロから地方負担の最小化へ ………………… 166
　（1）東日本大震災における措置と比べて　166
　（2）熊本県財政への影響　167
　（3）熊本県の復旧・復興事業費の負担額　167
　（4）市町村負担額と後年度の財政への影響　169

7 復興基金の運用 …………………………………………………… 170
（1）特別交付税措置額の算定手順　170
（2）基金の運用方法　171

8 熊本地震における財政措置を振り返って ………………… 173

第7章　能登半島地震における財政措置

1 熊本地震と同等かそれ以上の財政支援を目指して ……… 176

2 「被災者の生活と生業支援のためのパッケージ」の策定 …………………………………………………… 178
（1）パッケージの概要　178
（2）国によるプッシュ型支援　180
（3）予備費の活用　180

3 地方への財政措置 ……………………………………………… 182
（1）地方債を充当することができる事業　182
（2）地方債の対象とならない経費　185
（3）歳入欠かん債　185
（4）その他の措置等　186

4 地方公営企業への財政支援 ………………………………… 187
（1）減収対策企業債　187
（2）上下水道の災害復旧についての地方財政措置　188
（3）港湾機能施設の災害復旧に関する地方財政措置　189

5 特別交付税措置と復興基金への財源措置 ………………… 191
　（1）特別交付税の算定と繰上交付　191
　（2）復興基金　192

6 その他の能登半島地震における特徴的な対応 …………… 195
　（1）災害対応に係る人的資源の確保　195
　（2）特徴的な財政措置　200

7 熊本地震と遜色のない財政措置 ……………………………… 200

第8章　市町村が持つべき災害対応のための基金の規模

1 災害に備えるための財政調整基金のあり方 ……………… 204
　（1）基金額の根拠　204
　（2）地方財政法の規定を読み解く　204

2 熊本地震の被災団体予算から分析するあるべき基金の額 ……………………………………………………………… 207

3 益城町の平成28年度補正予算から ………………………… 208
　（1）7回の補正予算の概要　208
　（2）歳出項目別の動き　221
　（3）財源調達　224
　（4）決算・財政指標の動き　226
　（5）益城町の補正予算から得られる示唆　228

4　南阿蘇村の平成28年度補正予算から……………………………229
    （1）11回の補正予算の概要　229
    （2）歳出項目別の動き　240
    （3）財源調達と必要な基金の額　241
    （4）決算・財政指標の動き　241

   5　2町村の例からわかること……………………………………244

終章　財政担当者が持つべき災害への備え

著者紹介

本書では、平成28年4月の熊本地震と令和6年1月能登半島地震を取り上げている。災害の名称としては、内閣府の防災情報ページにおいて「平成28年熊本地震」「令和6年能登半島地震」とされているが、本書では、それぞれ「熊本地震」「能登半島地震」と表記している。

続いて復旧の段階となる。発災直後から、応急措置で、道路や橋りょうなどのインフラ、水道や下水道などの公営企業施設・設備の復旧を図った後、本格復旧のための工事が必要となる。学校などの教育施設、プールや運動場、図書館などの諸施設の早期復旧が求められる。

　そして、復興計画をもとにした復興の段階に入っていく。そこでは、新たなまちづくりのプランのもと、まちの復興を実現していくことになる。

　本書が焦点に置いているのは、もっぱら初期の救命、救援、救助の段階から復旧の段階の初期までである。復旧や復興の段階になると、財源スキームはがっちり固まっており、それに則って財政計画を作る作業が待っている。財政担当者として、十分に情報を収集して、じっくり腰を据えて対応することとなる。

　それに対して、発災直後は反射的な対応が必要となる。そのときには、財政担当者としての事前準備が整っているかどうかが問われる。災害時、財政的にどのように対応するのか、そのシミュレーションができていないと、無用な混乱を招き、結果的に被災者への支援が遅れるといった事態につながりかねない。自治体の財政担当者には、自分の準備不足が災害対応の足を引っ張るようなこととならないよう、くれぐれも入念な予習を欠かさないでいただきたい。

2　発災直後に財政担当者が行うべきこと

　市町村の場合、災害直後には、直接的に住民の生命を守り、安全を確保するための救援活動が求められる。市町村の職員は、それぞれの現場で作業や連絡調整に当たることになり、災害対策本部要員を除いて、役所が空っぽになることもあるだろう。その際、財政課長は、災害対応のための補正予算を作成する必要がある。議会の招集が現実的でない場合には、やむを得ず専決処分することもあるだろう。

　しかし、福祉部局、土木担当部局、教育委員会などの担当者の意見を

聞きたいと思っても、現場対応が優先され、忙殺されているなかで、意見の集約などに時間が割けない状況となっても不思議ではない。そもそも、予算書を作成しようにも停電でパソコンが動かないことだって十分にありうる。その一方で、厳密にいえば、災害対応の補正予算が成立してからでなければ、災害関連の事業は一切執行できないのであるから、発災日の翌日には、最初の補正予算を成立させなければならない。

　それではどう備えればよいのか。発災直後から１週間程度の補正予算はあらかじめ作っておいて、日付だけ入れれば完成する状態にしておくくらいのことはあってよい。そのためには、災害の種類・規模に応じて、直後の対応にどのような財政需要が生じるかの予測を立てておかなければならない。加えて、歳出予算に一定の枠で予備費を計上して、不測の事態に対処できる財源枠を設けておくことも重要である。発災後１週間を想定した補正予算では大枠で計上し、１週間後、発災から時間が経って全体がみえてきたところで、減額や追加のための２回目の補正予算を作って対応することもできる。

　そこで必要となる情報は、どのような財政需要に対して、どのような財源措置があるかである。例えば、避難所は市町村が開設して運営するのが普通であるが、災害救助法によるものであるので、財政負担は都道府県である。すなわち、市町村は都道府県から負担金を受け取り、都道府県は特別交付税と災害対策債などで、市町村への負担金の財源を賄うこととなる。ガレキ処理も、大きな災害になればなるほど、市町村の実質的な負担は小さくなるように、国費や特別交付税、災害対策債などが充てられる。災害そのものに対する特別交付税は、死傷者数や倒壊家屋数、災害復旧事業費の一定割合といった形で交付される。その積算根拠を知っていれば、特別交付税の交付額は容易に導き出せる。財政担当者としてその知識があるかどうかで、災害時の心の持ち方がまったく違ってくる。

　大災害時のエピソードとして、次のような東日本大震災における県の

序　章

大災害発生！
自治体の財政担当者はどうする？

1　自治体財政担当者の災害時の心得

　本書は、大災害時のために自治体の財政担当者が備えておくべきことを記したものである。自治体の財政担当者とは、具体的には、都道府県の財政課、市町村の財政課のほか、忘れてはならないのは、都道府県の市町村課の財政担当である。小規模団体で大災害が発生して、役場が被災地のど真ん中にあったりすると、機能不全を起こすことも珍しくない。そのときに、都道府県の市町村課職員が被災地に乗り込んでいって、常駐してサポートするくらいのことは当然の責務だ。最近の災害では、被災団体の要請を待たずに、国の各府省が審議官級や課長級を含む職員を現地に送り込んで、地方オフィスを作って対応している。国の職員が来ているのならば、県職員も県庁だけでなく、被災地でリエゾン機能を構築することが望ましい。県と県内市町村の日頃からの信頼関係が、そこでものをいうこととなる。

　災害発生時にまず行うのは、救命、救援、救助である。また、それと並行して、避難所の開設・運営（台風など予見できる災害の場合には、台風到来前に避難所を開設する）、水や食糧、毛布、医薬品、粉ミルクや生理用品などの確保が必要になる。行方不明者の捜索、死傷者への対応などには万全を期さなければならない。土砂崩れや河川の氾濫などがあった場合には、緊急工事で安全の確保を図り、災害廃棄物であるガレキを処理しなければならない。

　しばらくすると、市町村の窓口には、罹災証明の発行などを求めて住民が殺到する。全壊、半壊、一部損壊など、建物の被害状況の確認等の作業が続く。住宅を失った方のために仮設住宅を建設して、居住環境の改善も図らなければならない。税務担当は、固定資産税をはじめ、税の減免に関する処理に追われるようになる。災害の規模にもよるが、発災時から概ね3か月から半年以上、ときにさらに長期間、そのような業務が押し寄せてくることとなる。

財政課の例がある。発災の当日、地震発生が午後だったということもあって、財政課長の判断で、当番で居残る人を除いて課の職員に早い時間での帰宅を促したという。まずは、職員は自分と自分の家族の安全を確保し、そのうえで明日から県庁職員としての業務に力を尽くせというわけである。課長自身は遅くまで残って仕事をしていると、そこに知事が単身で現れて、「お金のことは大丈夫か」と尋ねてきたという。そこで財政課長は、「当面のお金のことは心配ありません。まずは住民の安全確保に全力で取り組みましょう」と言ったという。

　財政課長がそのように自信を持って言うことができたのは、財政調整基金がうなるほどあったからではない。特別交付税や災害対応で発行が可能な地方債、国からの補助金など、発災時の財源スキームについての知識を持っていたからである。復旧・復興事業のように起債を伴う財政負担は別として、救命、救援、救助の段階で、必要不可欠な財政支出については、何らかのかたちで財源の手当てがされるという確信が持てたからこそである。

　本書で述べるように、災害財政制度の基本は、救命、救援、救助から基本的な復旧の段階において、所要となる財源については、それが当然必要と判断されるものであれば、災害の規模が大きくなるほど財政支援の程度が大きくなるように設計されており、いわゆる自治体の持ち出しが小さくなる。ガレキ処理などが典型であるが、最近では、災害の規模が一定以上になると市町村の実質的な財政負担はほぼゼロに近くなる。

　災害が起こったとき、市町村の財政課長は、先のエピソードに倣って、市町村長に「お金のことは心配しないでください。市町村長から担当課に、救命、救援、救助の段階では、必要な事業であれば、お金の心配をしないで、現場の判断でどしどし執行してよろしい、財政課には事後報告でよい、そのための補正予算はできていると言ってやってください。」と囁くべきである。それができずして、財政課長の責務を果たしたことにはならない。

3 災害財政のクイックQ&A

Q1 そもそもの災害財政の基本的な考え方を教えてください。

　救援・救助や復旧などの災害時の対応は、国と地方の双方に責任のある事務であって、国は財政需要の大きさと被災団体の財政力に応じた財政負担を行う一方で、自治体は可能な範囲で一定の自己負担をしながら、救援・復旧・復興などにおいて執行責任を負う（第2章、18ページ）。

　災害復旧等は、国と地方の共同所管事務である。地方財政法第10条の3にあるように、国には財政負担を負う責務があるとされる反面で、地方は一部でも負担することが原則である。ただし、災害の規模が大きくなればなるほど、また被災団体の財政力が弱ければ弱いほど、国からの財政支援は手厚くなるのが原則である。裏を返せば、非常に財政状況が逼迫している自治体であっても、そのことを理由に必要な救援や復旧ができないというような事態は避けるべきと考えられていることになる。

Q2 災害財政の全容を教えてください。

　災害財政の全体像は、『地方財政要覧』（地方財務協会）のなかに収められている。それらはコンパクトに資料としてまとめられているが、そこに解説があるわけではないので、とっつきやすいとはいえない。本書では、第3章（58ページ）を中心にこれを解説している。特に、93ページの図1は、制度の全体像を示したものとして重要であるので、基本的な知識として押さえておいた方がよい。本書で考え方を身につけたうえで、財政スキームの情報そのものは、『地方財政要覧』の最新年度分で確認してほしい。

　すなわち、激甚災害法の適用があるかどうか、国庫負担がされるかどうか、また法律には災害時の財政支援は規定されていないが、過去の災害時に予算措置として補助率のかさ上げの実績があったかどうかなど

が、個別の対象事業によって異なることに特に注意が必要である。

> Q3　災害財政の法律的な枠組みはどのように形成されてきたのですか。

　歴史的には災害救助法がもっとも古く、その後、災害対策基本法が設けられ、激甚災害に対処するための特別の財政援助等に関する法律（以下「激甚災害法」という）がさらに加わって制度の大枠が整えられている。一方、地方財政法にも災害財政の基本的な原則が定められている。このように、災害財政の制度は歴史的に形成されてきたものであり、段階的に拡充されてきた経緯がある。それらを基礎的な知識として持っておきたい場合は、第2章に当たっていただきたい。

> Q4　通常の災害と特別に被害の大きな災害では、財政制度にどのような違いがあるのでしょうか。

　災害財政の法制度は、救援・救助等を中心とする災害救助法と、インフラの復旧関係を規定する公共土木施設災害復旧事業費国庫負担法などの対象施設等の個別法の上に、災害対策基本法がその全体を体系的に整理し、さらに一段と大きな災害では激甚災害法が適用され、同法が個別法に定められた補助率の引き上げを行うかたちを基本としている。これらは昭和30年代後半には形成されている。

　そのようないわば通常規模の災害時における財政制度に対して、平成7年の阪神・淡路大震災や平成23年の東日本大震災では、その規模の大きさに鑑みて、被災団体の財政負担が従来の法制度ではカバーしきれないとの判断から、それぞれで特別法が規定されたほか、国の補正予算を通じた財政措置が講じられた。

　阪神・淡路大震災では、もっぱら復旧にウエイトを置いた財政措置が敷かれ、そこでは飛躍的な拡充がなされた（例えば、阪神高速道路公団（当時）の高速道路や私鉄の鉄道施設、埠頭公社の港湾施設の復旧に対

する財政措置などがある）ものの、復興事業に関しては限定的にしか措置されていない。

それに対して、東日本大震災では復興に対しても相当な財政措置が講じられた。津波被害に対する高台への集落移転である防災集団移転促進事業などがその典型である。また、たとえ一部でも被災団体が財政負担を行う（災害の規模が大きくなるほど自治体の負担率を引き下げる）というそれまでの原則に対して、復興増税で国民全体が負担をする代わりに、被災団体の財政負担を実質ゼロかそれに近い水準とするという、過去に例のない措置が講じられた。

ところが、その後も大きな災害が起きるものの、その都度、復興増税をするわけではないので、その後の災害では、はたして東日本大震災並みの財政措置が講じられるのかが大きな問題となった。東日本大震災から5年後の平成28年の熊本地震はその試金石となった。そこでは、東日本大震災と同等ではないが、それに遜色のない規模での財政支援が実現している。さらに、能登半島地震への対応でも、熊本地震での措置を基本として、それに一部で積み上げがされている。

したがって、熊本地震と能登半島地震が、現在の大災害における財政措置の標準形であるといえるので、財政担当者としては、その措置の内容について、特によく学んでおく必要がある。本書では、第4章：阪神・淡路大震災（102ページ）、第5章：東日本大震災（118ページ）、第6章：熊本地震（144ページ）、第7章：能登半島地震（176ページ）を順次取り上げている。

Q5　災害に備えてどれほどの基金を持っていればよいのでしょうか。

この質問は、財政担当者からよく受けるものである。しかしながら、それは他者に聞くものではなく、そもそも自ら査定すべきものである。査定するためには、次のことが十分にできていなければならない。

①　財政調整基金で対応すべき災害時の財政需要は、もっぱら発災後の救援、救助であり、避難所の設営と運営、仮設住宅の建設、当面の公共施設の応急復旧、ガレキ処理などであることを具体的にイメージする
②　当該自治体で想定される災害において、どの程度の避難住民が発生し、公共施設や上下水道等でどの程度の規模の被害が発生するかを予想する
③　①②について、どのような財政支援の仕組みがあるかについて周知する

　これらができていれば、他者に聞かずとも、必要な財政調整基金の額がおおよそ理解できるはずである。本書では、発災時の災害対応についての補正予算は、あらかじめ作っておくことを勧めているが、それも上記①〜③を踏まえてのことである。

　そうしたことをするためには、実際に被災した団体の財政担当者を訪ねてヒアリングしたり、補正予算の内容を分析したりすることが必要となる。本書の執筆にあたっては、このヒアリングと分析を熊本地震の被災団体に対して実際に行い、第8章でその概要を示している（204ページ）。その結果は、被災団体では、財政調整基金を当初こそ大きく取り崩しているが、決算ベースでは実質的にほとんど積み戻しているというものであった。すなわち、極論をいえば、財政調整基金が皆無であっても、救援・救助から復旧の初期段階は乗り切れるということである。

　考えてみればそれは当然のことである。被災団体の財政状況によって、被災者の災害時の対応に差が出るなどということは、わが国にあっては許されないということの裏返しである。財政の豊かな自治体の避難所では水も食糧も医薬品もあるのに、そうでない隣の自治体の避難所では不足だらけなどといったことは許されない。これが、わが国の常識である。

　もっとも特別交付税の交付など、国の財政支援は時期が遅くなることがある。災害発生の時期次第で、特別交付税等の財政措置が年度を超え

るという場合には、発災年度に財政調整基金がなければ赤字決算となって、それは翌年度に解消されるとはいえ、いかにも体裁が悪い。発災時の財政需要を、一時的に立て替え払いできる規模の財政調整基金を備えておけば、赤字決算になる懸念はない。そうなると、やはり、①〜③について、個々の自治体が自ら積算するしかない。第8章では、一応、財政調整基金の所要額として、標準財政規模の2〜3割程度と積算しているが、それは一定の目安に過ぎない。また、その規模は、比較的小規模団体では造成が可能であるが、政令市などではそもそも不可能な水準である。そこでは現実的な判断が必要となる。

第1章

災害のために財政担当者が備えておくべきこと

1 当面の救援・救助等で財源を出し惜しみしない

　大規模な自然災害が起きたとき、その対応は、当然災害の種類によって異なる。自然災害の種類について、災害対策基本法は、第2条第1号において、以下のように定めている。

　暴風、竜巻、豪雨、豪雪、洪水、崖崩れ、土石流、高潮、地震、津波、噴火、地滑りその他の異常な自然現象又は大規模な火事若しくは爆発その他

　もっとも、同法が成立した昭和36年時点の定義では、下線で示した災害は含まれておらず、その後の改正で加えられた。災害大国であるわが国において、実際に大きな自然災害が起きるたびに、災害対策基本法等の法制度が整えられ、逐次改正されて、対策の考え方が見直され、基本的に拡充されてきたことを示す1つの傍証である。

　災害からの復旧や復興、地方税財政における多様な課題への対応のために法令で定められたものを、本書では「災害財政制度」と呼ぶことにするが、この制度は、戦後、幾多の悲劇的な出来事を通じて、段階的に拡充されてきた。また、過去の例に照らせば、**被災規模が大きく、復旧・復興のための財政需要が多額になるほど、またそれを担う自治体の財政力が弱ければ弱いほど、支援の度合いを拡充する**ことが基本である。すなわち、中心部分は確立された制度であるが、個々の災害の状況に応じて機動的に対応するという意味で、被災自治体に寄り添う運用がなされるのが基本的な考え方である。

　したがって、災害に見舞われた自治体の財政担当者が発災時に心がけることは、救援活動や被災者支援、ガレキ処理などに膨大な事務と費用が発生するが、当面の被災者支援及び応急対策については、当該被災自治体の財政状況にかかわらず、財政的に実施可能となるよう措置されるものと腹をくくって、速やかに実施すると決断することである。その後

の復旧、復興事業は、過去の例に照らして妥当といえる内容のものであれば、同様に財源手当がされるので、後年度の財政負担を案じて、活動が滞るようなことはあってはならない。ただし、後述する熊本地震の際の対応のように、他の災害でも例のないような特有の被害が生じるなど、新たな制度の創設が必要と想定される場合、速やかに状況を把握し、国とのコミュニケーションを図るなど、今後の対応を想定した迅速な判断と行動が求められる。

2　財政担当職員の初動対応と危機管理

　大規模な自然災害が発生した際、市町村であれば、まずは被災者の人命救助や住民の安全確保、消火活動、避難所の開設運営や医療的なケアなど、たちまち大きな責任を負うことになり、職員はそれに東奔西走する事態となる。それが一段落しても、ライフラインの回復、住民の安否確認などに追われる一方で、市町村の役所や役場の窓口には住民が殺到し、罹災証明の発行、建物の安全確認など、災害時に特有の事務に忙殺される。

　過去の例では、市町村の職員自体が被災して、住宅の確保ができておらず、家族に不幸が生じているにもかかわらず、そのケアもできずに、住民対応に追われる悲劇も起きている。そもそも、職員自身が災害対応の経験がないことも多く、何をどうしてよいのかわからず、目の前のことに忙殺されるだけで、何ができていないのかの把握すらままならないケースも少なくない。市町村の窓口に押し寄せる住民は殺気立ち、いらだち、担当者の無力さをなじり、市町村に対する不信感をいたずらに高めることすらないわけではない。それを少しでも避けるためには、発災直後に県や市町村が対応しなければならない業務をあらかじめ網羅的に把握し、何から優先的に取り組むべきかの業務フローを明らかにしておく危機管理の取り組みが必要である。

　その一方で、財政担当者は、自分たちにしかできない仕事をする必要

がある。そこでは、財政担当者としての危機管理能力が問われる。まずは、救援活動等への補正予算を組むことである。災害の規模が大きい場合、議会の早期の招集が難しくなり、やむを得ず専決処分とすることも多い。その際に、通常のように事業担当課からの要求を待っているようでは、迅速な予算編成ができない。事業担当課と相談することは当然だとしても、事業担当課は目の前の救援活動に精一杯であることが多い。経験に照らしてどのようなものが必要になるのか、過去の災害や類似の災害に見舞われた県や市町村の例を調べて、所要となる財政需要を大まかに見積もって、事業担当課に代わって財政担当が歳出予算を組むくらいの技量が必要である。どうしてもそれが難しい場合には、補正予算の編成が遅れる最悪の事態を回避するために、歳出の詳細をいっさい詰めずに、予備費として一定の金額を確保するという離れ業があるが、歳出予算の全額を予備費で専決処分というのはあまり褒められたことではなく、できれば避けたい。予備費は予見しがたいものに限るべきである。

　そうなると財政担当者は、常日頃から起こりうる自然災害の種類と規模、あるいは季節などの前提条件を置いて、発災時の救援活動でどのような財政需要が発生するか、イメージトレーニングしておく必要がある。

3　復旧・復興段階における財政支援の見極め

　次いで、復旧・復興段階に進んだときに、既存の災害財政制度のなかでどのような支援がなされるかを見極めた上で、過重な財政負担をもたらさない範囲で、どのような事業が、どの水準まで可能なのかを判断できなければならない。言い換えれば、被災団体として必要と考える事業だからといって、財政負担を気にせず無限にできるわけではないということだ。そこが、救命、救援、救助の段階とは異なるところである。

　災害財政のスキームに照らして、所要となる事業のコストが自団体の財政力で賄いきれるかの判断が問われることとなる。そのためには、直近の類似の災害の事例で、上乗せや横出しなど、既存の制度とは別に、

の復旧、復興事業は、過去の例に照らして妥当といえる内容のものであれば、同様に財源手当がされるので、後年度の財政負担を案じて、活動が滞るようなことはあってはならない。ただし、後述する熊本地震の際の対応のように、他の災害でも例のないような特有の被害が生じるなど、新たな制度の創設が必要と想定される場合、速やかに状況を把握し、国とのコミュニケーションを図るなど、今後の対応を想定した迅速な判断と行動が求められる。

2　財政担当職員の初動対応と危機管理

　大規模な自然災害が発生した際、市町村であれば、まずは被災者の人命救助や住民の安全確保、消火活動、避難所の開設運営や医療的なケアなど、たちまち大きな責任を負うことになり、職員はそれに東奔西走する事態となる。それが一段落しても、ライフラインの回復、住民の安否確認などに追われる一方で、市町村の役所や役場の窓口には住民が殺到し、罹災証明の発行、建物の安全確認など、災害時に特有の事務に忙殺される。

　過去の例では、市町村の職員自体が被災して、住宅の確保ができておらず、家族に不幸が生じているにもかかわらず、そのケアもできずに、住民対応に追われる悲劇も起きている。そもそも、職員自身が災害対応の経験がないことも多く、何をどうしてよいのかわからず、目の前のことに忙殺されるだけで、何ができていないのかの把握すらままならないケースも少なくない。市町村の窓口に押し寄せる住民は殺気立ち、いらだち、担当者の無力さをなじり、市町村に対する不信感をいたずらに高めることすらないわけではない。それを少しでも避けるためには、発災直後に県や市町村が対応しなければならない業務をあらかじめ網羅的に把握し、何から優先的に取り組むべきかの業務フローを明らかにしておく危機管理の取り組みが必要である。

　その一方で、財政担当者は、自分たちにしかできない仕事をする必要

がある。そこでは、財政担当者としての危機管理能力が問われる。まずは、救援活動等への補正予算を組むことである。災害の規模が大きい場合、議会の早期の招集が難しくなり、やむを得ず専決処分とすることも多い。その際に、通常のように事業担当課からの要求を待っているようでは、迅速な予算編成ができない。事業担当課と相談することは当然だとしても、事業担当課は目の前の救援活動に精一杯であることが多い。経験に照らしてどのようなものが必要になるのか、過去の災害や類似の災害に見舞われた県や市町村の例を調べて、所要となる財政需要を大まかに見積もって、事業担当課に代わって財政担当が歳出予算を組むくらいの技量が必要である。どうしてもそれが難しい場合には、補正予算の編成が遅れる最悪の事態を回避するために、歳出の詳細をいっさい詰めずに、予備費として一定の金額を確保するという離れ業があるが、歳出予算の全額を予備費で専決処分というのはあまり褒められたことではなく、できれば避けたい。予備費は予見しがたいものに限るべきである。

そうなると財政担当者は、常日頃から起こりうる自然災害の種類と規模、あるいは季節などの前提条件を置いて、発災時の救援活動でどのような財政需要が発生するか、イメージトレーニングしておく必要がある。

3　復旧・復興段階における財政支援の見極め

次いで、復旧・復興段階に進んだときに、既存の災害財政制度のなかでどのような支援がなされるかを見極めた上で、過重な財政負担をもたらさない範囲で、どのような事業が、どの水準まで可能なのかを判断できなければならない。言い換えれば、被災団体として必要と考える事業だからといって、財政負担を気にせず無限にできるわけではないということだ。そこが、救命、救援、救助の段階とは異なるところである。

災害財政のスキームに照らして、所要となる事業のコストが自団体の財政力で賄いきれるかの判断が問われることとなる。そのためには、直近の類似の災害の事例で、上乗せや横出しなど、既存の制度とは別に、

特例的に行われた国の予算措置等についても知っていなければならない。それらは、国等に対して財政支援の要望活動を行う際の出発点となるものである。その際の説明資料を作成するのは、財政担当者の役割である。すなわち、災害財政制度の全容を理解し、法律に書き込まれた恒久措置の部分と、過去の運用事例として予算措置による上積みがなされた部分の区別がついていなければならない。容易なことではないが、県や市町村の財政担当者としては、本来、できて当たり前のことである。

過去の災害の例では、被災自治体から復旧・復興時の財政支援を求める声が上がり、政府に対してさまざまなルートで陳情活動が行われたものの、そのほとんどが、本来陳情の必要のない、すなわち法令に規定があって災害財政制度で措置される部分であったり、過去の類似の災害で国が予算対応した部分であったりする反面、その災害で固有に必要と考えられる措置が、要望事項に含まれていなかったということがあった。被災自治体の財政担当者において、災害財政制度への理解が十分に備わっていれば、そのような不幸な出来事は生じないはずである。

したがって、災害が発生した際には、復旧・復興にかかる財政需要の全体像をできるだけ早期に確定すべく（実はこれがきわめて難しいのであるが）、現状の被害状況をもとに、支援が必要な分野ごとのメニューを分類しつつ、想定される事業費の見込みを積み上げる作業に着手すべきことを心がけなければならない。法令に基づいて既定の財政制度で対応される部分と、そうでないものを峻別して、後者について、概算での事業費や、その見積もりが困難であれば、広範囲に被害が生じた資料等を示しつつ、特段の財政支援が必要であることを示す資料等を作成して、国庫補助制度創設等の道を開くことが財政担当者の責務と受け止めるべきである。そのために重要なことは、通常時から、県と県内市町村で意思疎通を図り、信頼関係を保っておき、発災時には、県を通じて県内の状況が総務省をはじめとする各府省に速やかに伝達されるようにすることである。

4　災害財政の机上演習のすすめ

　災害財政制度について財政担当者が必要な知識を身につけるために、県の財政課と市町村課の職員及び県内市町村の財政担当者が一堂に会して、大規模な自然災害とそれに伴う被害の規模を想定して、初動・応急対応から、救援・復旧・復興の各段階での財政需要を見積もり、それに対する災害財政制度を確認するといった、いわば財政上の危機管理の演習を行ってみてはどうか。そのようなことをしない限り、災害財政制度を理解することは難しい。本書は、そのようなことを行う際の一助となるように、熊本地震等の経験を踏まえながら、今日の災害財政制度について、制度形成の歴史に遡って解説するものである。

　県と市町村の財政担当者が、災害財政についての知識を総覧的に持つことで、災害時の対応は格段に向上する。災害が起きると、住民から災害対応が早かったと褒められることはない。遅すぎるとして、猛烈に叱られることが常である。遅くなってしまう原因はさまざまであるが、財政担当者として、自分の災害財政制度に対する知識のなさがその1つになったと後悔することだけは避けたい。財政担当者以外の職員は、財政担当者なら財政制度については何でも知っているのだろうとみている。しかし、それは容易ではない。十分な危機意識を持って、時間をかけて学んでいれば、災害時に自らの無力を嘆くこともない。

第 2 章

災害財政制度の形成と
その基本的な考え方

本書では、災害財政制度の基本的な枠組みは、次の第3章で示している。本章は、それに先だって、それが形成されてきた歴史的経緯を、法制度の制定や改正の過程に沿って示すものである。これまで触れてきたように、災害財政制度はこれまで段階的に拡充され、今日のかたちになっている。また、法制度化された基本型に対して、発災した個別の災害の規模に応じて、アドホックな法改正や予算措置がされることで、被災団体の財政力に即した財政支援がなされてきた。そのような制度形成の経緯を本章は述べる。第2章を踏まえて、第3章に当たっていただきたいが、時間を節約するならば、本章をスキップしても構わない。

1 災害救助法

(1) 救助の種類

今日の災害財政制度の展開は、敗戦直後の災害救助法に遡ることができる。災害救助法は、昭和22年、日本国憲法施行後の最初の国会で成立した法律である。施行時の同法第23条は、救助の種類について、以下の7つを具体的に挙げている。

①収容施設の供与
②炊出しその他による食品の給与
③被服、寝具その他生活必需品の給与又は貸与
④医療及び助産
⑤生業に必要な資金、器具又は資料の給与又は貸与
⑥学用品の給与
⑦埋葬　等

その後、昭和28年の改正では、①「収容施設」を「収容施設（応急仮設住宅を含む。）」として応急仮設住宅を対象とすることを明文化するとともに、②「食品の給与」の下に「及び飲料水の供給」を加えた上で、

新たな項目として、「災害にかかつた者の救出」と「災害にかかつた住宅の応急修理」を加えている。その他、救助の種類については、昭和34年の同法施行令の改正で、遺体の捜索及び処理、障害物の除去が明記されている。なお、現行法では救助の種類等の規定は第4条に移っている。

（2）法の目的

災害救助法の目的は、「非常災害に際して、国が地方公共団体、日本赤十字社その他の団体及び国民の協力の下に、応急的に、必要な救助を行い、災害にかかつた者の保護と社会の秩序の保全を図ること」（第1条、創設時以来変わらず）とあるように、発災時の応急的な措置を対象とするものであり、人命の救助や当面の衣食住の確保などを行うものである。

（3）救助の実施主体

① 原則は都道府県

災害救助法における救助の実施主体は、基本的に都道府県（第2条）である。そこでは、市町村の役割は都道府県を補助することとされている。基礎自治体である市町村を主体としていないのは、同法が昭和の大合併前の昭和22年の法律であり、当時、市町村の面積や人口などの規模が小さく、税財政基盤がきわめて弱かったからだと考えられる。災害救助法の対象となるのは、後述のように災害の規模が一定以上となった場合であるが、それに満たない小規模災害における救助等の主体は、後述の災害対策基本法の規定によって市町村とされている。

② 救助実施市

救助の実施体制を基礎自治体とする特例としては、「救助実施市」がある。この制度は、平成28年の熊本地震の経験を踏まえ、平成30年の改正で設けられた。防災体制、財政状況その他の事情を勘案し、災害に際

し円滑かつ迅速に救助を行うことができるものとして、内閣総理大臣が指定する市である救助実施市は、従来の都道府県の役割を担うとされている（第2条の2）。

③ 都道府県から市町村への事務の委託

さらに、事務処理の特例について定めた第13条第1項では、「都道府県知事は、救助を迅速に行うため必要があると認めるときは、政令で定めるところにより、その権限に属する救助の実施に関する事務の一部を災害発生市町村等の長が行うこととすることができる。」とされており、その場合には、都道府県は市町村に事務の委託を行うことができる。

（4）費用の地方負担と国庫負担

① 都道府県の財政負担

現実に、発災時に避難所を開設して、住民の迅速な安全確保を行う場合に、法律上の主体が都道府県であるからといって、市町村が関与しないということはおよそ考えられない。避難所の施設が、小中学校の体育館など、市町村の管理下にあることも多いことからなおさらである。ただし、法律上の実施責任が都道府県にあることから、費用の支弁区分を定めた第18条第1項では、「第4条の規定による救助に要する費用（救助の事務を行うのに必要な費用を含む。）は、救助を行った都道府県知事等の統括する都道府県等が、これを支弁する。」と規定されており、市町村以外の委託先として想定されている日本赤十字社分等も含めて、都道府県が財政負担をするとしている（ただし、救助実施市については当該市が財政負担を行う）。

② 国庫負担

都道府県の財政負担については国庫負担が行われるが、その割合は、当該団体の地方税収入（普通税を標準税率で徴収する際の収入見込額）に対して要した救助費用等の割合が大きいほど高い割合になるように、次のように定められている（第21条）。

一　収入見込額の100分の2以下の部分については、その額の100分の50
　二　収入見込額の100分の2を超え、100分の4以下の部分については、その額の100分の80
　三　収入見込額の100分の4を超える部分については、その額の100分の90

　すなわち、救助費用が地方税収入に比べて甚大になるほど、高い割合で国が負担するとしている。このような超過累進方式での国庫負担率の決め方は、昭和22年の法制定時では、区分等が現在と異なっているものの、税収入に対する救助費用等の割合が高くなるほど引き上げられ、50％から90％の範囲で定めるという点では同じである。**災害規模が、地方税収入の多寡で表した財政力に対して相対的に大きくなるほど、国庫負担率を引き上げるなどして、被災状況に比して財政力に乏しい団体ほど手厚く財政支援するという点は、災害救助法で導入され、それ以外の災害財政制度においても共通することが多い考え方となっており、重要なポイントである。**

③　地方負担に対する特別交付税措置

　このように、国庫負担の割合は高率ではあるが、全額ではないので、一定の割合で地方負担が発生する（自己負担の救助費用等に対する割合は、費用の収入見込額等に対する割合に応じて逓減する）。特別交付税に関する省令（昭和51年自治省令第35号）は、「道府県に係る12月分の算定方法」を定めた第2条で、「各道府県に対して毎年度12月に交付すべき特別交付税の額は、第1号の額から第2号の額を控除した額（当該額が負数となるときは、零とする。）に第3号の額を加えた額とする。」としたうえで、災害救助法の適用に対する財政負担については、第1号の1つである「四　災害による財政需要の増加又は財政収入の減少があること。」のなかで、次のように規定している。そのなかでも下線で示

した部分が、災害救助法の適用に伴い国庫補助がされる部分を除く、被災自治体の自己負担に対する特別交付税措置にあたる（下線は筆者）。
なお、救助実施市が行う災害救助法に伴う財政負担については、「市町村に係る12月分の算定方法」を定めた第3条で類似の規定が設けられている。

次の各号によつて算定した額の合算額とする。
一　その年の1月1日から10月31日までの間に発生した災害（火災を除く。）のため当該道府県の区域内において国の負担金又は補助金を受けて施行する災害復旧事業（森林災害復旧事業を除く。）及び国が施行する災害復旧事業並びに国の補助金を受けて施行する災害対策事業に要する経費の合算額に0.015を乗じて得た額
二　その年の1月1日から10月31日までの間に発生した災害（火災を除く。）について、総務大臣が調査した次の表の上欄に掲げる項目ごとの数値にそれぞれ下欄に掲げる額を乗じて得た額の合算額

項目	額
り災世帯数	17,600円
農作物被害面積（ヘクタール）	3,600円
（ただし、農作物作付面積に対する被害面積の割合が30パーセントを超えるものにあつては、6,100円）	
死者及び行方不明者の数	875,000円
障害者の数	437,500円

三　当該年度の10月31日までに発生した災害のため当該道府県が災害救助法（昭和22年法律第118号）の規定により負担する経費のうち、同法第21条の規定による国の負担金の額の算定の基礎となる額に0.4を乗じて得た額。ただし、当該額が同条の規定により当該道府県の負担すべき額を超えるときは、当該道府県が負担すべき額とする。

（備考）　令和4年12月12日改正による。

このように、特別交付税による措置額は、国の負担金の算定の基礎となる額の40％とされている。すなわち、救助費用が普通税収入見込額の2％未満であった場合、国庫負担の割合は50％であるから、全額は措置されないこととなる。救助費用が普通税収入見込額Ａの3％に等しい場合、国庫負担額を計算すると、以下のようになる。

　Ａ×2％×50％＋Ａ×1％×80％＝Ａ×1.8％

　地方負担分は、救助費用Ａ×3％から国庫負担であるＡ×1.8％を控除したＡ×1.2％となる。

　一方、特別交付税の額は、以下となる。

　Ａ×3％×40％＝Ａ×1.2％

　したがって、救助費用が、普通税収入見込額の3％に満たない場合には、国庫負担でも特別交付税でも措置されない部分が残るが、それ以上になると、全額が特別交付税で措置されるようになる。このことは、救助費用が大きくなればなるほど、特別交付税で措置される程度が下がって、国庫負担の割合が上がることを意味する。端的にいえば、災害が甚大であって救助費用が多くなるほど、自治体の財政負担は頭打ちである反面、国の財政負担への責任が相対的に重くなって、自治体の共有財源である特別交付税で措置される割合が下がることを意味する。なお、国庫負担の残りのうち特別交付税が充当されない部分については、次に示す一定の要件を満たす自治体は災害対策債が発行できる（元利償還金の基準財政需要額への算入割合は57％）。

◆災害要件：激甚災害
◆団体要件：以下のいずれかに該当する地方公共団体
（1）激甚災害のための、地方税等の減免額と災害救助対策費等の合計額が限度額※を超え、かつ、以下のいずれかに該当する地方公共団体（災害対策基本法施行令第43条第1項）

　※都道府県・指定都市　　　　1,000万円

市（人口30万人以上）　　　500万円
　　　市（人口10万人～30万人）　300万円
　　　市（人口５万人～10万人）　150万円
　　　その他の市町　　　　　　　80万円

① その年の激甚災害に係る補助・直轄災害復旧事業費の合計額　＞　当該地方団体の標準税収入額

② 激甚災害を受けた市町村における災害救助費のうち都道府県支弁額　＞　当該市町村の標準税収入額×１％

（２）著しく異常かつ激甚な非常災害※が発生した場合に当該災害によりその財政運営に特に著しい支障が生じ、又は生じるおそれがあるものとして総務大臣が指定する地方公共団体（災害対策基本法施行令第43条第３項）

　　※　令和元年台風第19号以降、著しく異常かつ激甚な非常災害は、国の特別の予算措置（中小企業グループ補助金及び災害廃棄物処理のグリーンニューディール基金）がある場合を対象

① 災害対策債等対象経費の地方負担　＞　標準税収入額×５％（令和元年度から、同意等基準運用要綱に明記）

② 災害発生日の属する年度内に災害対策債等対象経費を算定することが困難であるなどの場合は、住家の被害の状況等を勘案して、財政運営に特に著しい支障が生ずるおそれがあると認められるもの（令和５年度から、同意等基準運用要綱に明記）

（注）（２）は東日本大震災後、平成25年の政令改正で新設された要件の特例。（１）の要件による発行対象団体の指定が年度末の事業費の確定を待つ必要があるのに対し、早期指定を可能とする趣旨で新設。

（5）災害救助基金

災害救助法は、災害救助のための費用の財源として、都道府県等に対して「災害救助基金」の積立を義務付けている（第22条）。その規模は、第23条において、次のように定められている。

> 第23条　災害救助基金の各年度における最少額は次の各号に掲げる都道府県等の区分に応じ当該各号に定める額とし、災害救助基金がその最少額に達していない場合は、都道府県等は、政令で定める金額を、当該年度において、積み立てなければならない。
> 一　都道府県（次号に掲げる都道府県を除く。）　当該都道府県の当該年度の前年度の前3年間における地方税法に定める普通税の収入額の決算額の平均年額の1000分の5に相当する額
> 二　救助実施市を包括する都道府県　当該都道府県の当該年度の前年度の前3年間における地方税法に定める普通税の収入額の決算額の平均年額の1000分の5に相当する額から、当該額に救助実施市人口割合（救助実施市を包括する都道府県の人口（官報で公示された最近の国勢調査又はこれに準ずる人口調査の結果による人口をいう。以下この号において同じ。）に占める救助実施市ごとの人口の割合をいう。次号において同じ。）の合計を乗じて得た額を減じた額
> 三　救助実施市　当該救助実施市を包括する都道府県の当該年度の前年度の前3年間における地方税法に定める普通税の収入額の決算額の平均年額の1000分の5に相当する額に、当該救助実施市に係る救助実施市人口割合を乗じて得た額

すなわち、救助実施市のない都道府県（第1号）及び救助実施市（第3号）では、前3年間の普通税の収入決算額の平均の0.5％、救助実施市のある都道府県（第2号）では、救助実施市分を人口割りで除いた額としている。

内閣府（防災担当）「災害救助事務取扱要領」（令和5年6月）によれ

ば、災害救助基金から支出することができる費用としては、①法による救助に要した費用、②法による給与品の事前購入に必要な費用、③基金の管理に必要な費用（基金の管理に直接必要な手数料、保管料等の費用をいい、都道府県職員の人件費の類は含まれない）とされ、災害の際の見舞金品又は平常時の災害救助訓練に要する費用等には、原則として基金から支出できないとされている。②の給与品の事前購入については、救助を行うために必要となる被災者への給与品であり、応急的に必要になると考えられる食料、飲料水、毛布、その他の生活必需品等が該当する。救助を行う者が使用する機器の類、救出用の重機等、被災者に給与されない物品は救助に必要な物資であっても厳密には認められない。なお、要配慮者の生活必需品として、紙おむつ、ストーマ用装具等の消耗器材についても、基金による備蓄が可能であるとされている。

（6）法の対象となる災害の規模

災害救助法の対象となる災害の規模については、同法施行令で次のように定められている。

（災害の程度）
第1条　災害救助法（昭和22年法律第118号。以下「法」という。）第2条第1項に規定する政令で定める程度の災害は、次の各号のいずれかに該当する災害とする。
　一　当該市町村（特別区を含む。以下同じ。）の区域（地方自治法（昭和22年法律第67号）第252条の19第1項の指定都市にあっては、当該市の区域又は当該市の区若しくは総合区の区域とする。以下同じ。）内の人口に応じそれぞれ別表第1に定める数以上の世帯の住家が滅失したこと。
　二　当該市町村の区域を包括する都道府県の区域内において、当該都道府県の区域内の人口に応じそれぞれ別表第2に定める数以上の世帯の住家が滅失した場合であって、当該市町村の区域内の人口に応

じそれぞれ別表第3に定める数以上の世帯の住家が滅失したこと。
　三　当該市町村の区域を包括する都道府県の区域内において、当該都道府県の区域内の人口に応じそれぞれ別表第4に定める数以上の世帯の住家が滅失したこと又は当該災害が隔絶した地域に発生したものである等被災者の救護を著しく困難とする内閣府令で定める特別の事情がある場合であって、多数の世帯の住家が滅失したこと。
　四　多数の者が生命又は身体に危害を受け、又は受けるおそれが生じた場合であって、内閣府令で定める基準に該当すること。

　そのうち、第1号にある別表第1の内容は、以下のとおりである。

市町村の区域内の人口	住家が滅失した世帯の数
5,000人未満	30
5,000人以上15,000人未満	40
15,000人以上30,000人未満	50
30,000人以上50,000人未満	60
50,000人以上100,000人未満	80
100,000人以上300,000人未満	100
300,000人以上	150

　第2号では、当該市町村の区域を包括する都道府県の区域内の被害世帯数が別表で示した基準を超えていてかつ当該市町村の区域内の被害世帯数が、先の別表を下回る基準を超えている場合に適用されるとしている。

　第3号は、当該市町村の区域を包括する都道府県の区域内の被害世帯数が第2号の基準を上回る水準であって、当該市町村の区域内の被害世帯数が多数である場合であって、第3号後段にある特別の事情とは「被災者に対する食品若しくは生活必需品の給与等について特殊の補給方法を必要とし、又は被災者の救出について特殊の技術を必要とする」（災

害救助法施行令第一条第一項第三号の内閣府令で定める特別の事情等を定める内閣府令第1条）と定められている。

また、第4号は、生命・身体への危害が生じた場合であって、これは、先の内閣府令第2条によって、次のように定められている。

> 一　災害が発生し、又は発生するおそれのある地域に所在する多数の者が、避難して継続的に救助を必要とすること。
> 二　被災者に対する食品若しくは生活必需品の給与等について特殊の補給方法を必要とし、又は被災者の救出について特殊の技術を必要とすること。

上記の第1号において、「発生するおそれ」とあるのは、令和3年5月の災害対策基本法等の一部改正における災害救助法の改正の趣旨を反映させたものである。同改正では、それまでは災害発生後に被害状況を見極めてから適用されていたものが、非常災害等が発生するおそれがある段階においても、国の災害対策本部が設置されたときには、第4号に基づいて災害救助法の適用を可能とし、都道府県等が避難所の供与を実施できることとされた（「おそれ適用」といわれるものであり、迅速な災害対策の一助となるものである）。台風の進路予想で、被災が想定される場合に有効である。

以上のように、災害救助法の対象となる基準は、人口に対する住家滅失世帯数の大きさとすることが基本とされると同時に、それだけでなく、救援や救助等が必要と考えられる場合を含めることができるように定められている。実際に、災害救助法の適用は、救助の発動であるだけにできるだけ早期に判断されることが望ましく、短い場合では災害が発生してから翌日（能登半島地震では当日）にされている。その場合、適用基準は第4号によることが多い。第1号から第3号のように、被害世

帯数を確定させるには一定の時間が必要であり、それをするまでもなく被害が甚大だと判断される場合には、内閣府（防災担当）の助言に基づいて、第4号により都道府県知事が発災直後に適用を判断している事例がほとんどである。

2　昭和25年度の災害復旧事業費の全額国庫負担

（1）シャウプ勧告の指摘（昭和24年）

　災害復旧費については、国費で一部負担する仕組みが戦前からあったが、そうした災害財政制度のあり方に一石を投じたのが、昭和24年の「シャウプ勧告」であった。「第2章　国家財政と地方財政との関係」の補助金についての箇所で、災害復旧事業について、次のように述べている。

> 　災害復旧を依然として地方団体の所管とするなら、それは全額補助金によって賄われるべきである。

　シャウプ勧告では、国と都道府県、市町村の事務配分が複雑で重複していることが、地方自治や「地方的責任」にとって有害であると問題にしており、補完性の原則に基づいて、担い手をどれか1つに割り当てることが望ましいと考えられている。そこで、災害復旧等は、基本的に国が担うべき事務として位置づけられており、付録A「地方団体の財政」の箇所の事務配分のあり方に関する記述のなかで、次のように述べられている。

> 　中央政府は災害復旧に対する財政上の全責任を引き受けてよいであろう。しかし、地方で統制している施設に関係した実際の仕事は地方団体

> が行うことができよう。現在は、中央政府はこの負担の一部を引き受けているが、都道府県および市町村もまた負担を負うている。天災は予知できず、緊急莫大の費用を必要とさせるものであるから、天災の勃発は罹災地方団体の財政を破綻させることになる。その結果、地方団体は、起債、非常予備金の設定、高率課税および経常費の節減を余儀なくされる。この問題は中央政府だけが満足に処理できるものである。

 すなわち、災害復旧の財政上の責任は国とすべきであり、その事業の実施は都道府県又は市町村とするべきであるとされている。また、シャウプ勧告は財源保障型の財政調整制度である地方財政平衡交付金の導入を謳っているが、そこでは、財源保障の対象に災害復旧にかかる財政需要は基本的に含まれていないことから、災害復旧の財政負担については、自治体は負いきれないという認識がされている。
 さらに、補助金に関する記述の箇所では、次のように述べて、現行制度とは異なる全額国庫負担制度の導入を求めている。

> 災害復旧補助費は現在では大きな災害に基く事業費の３分の２の割合で支給されている。この補助金を受ける資格のある事業は、主として、堤防、道路、港湾および潅漑施設等で、通常建造物補修費は含まない。われわれは災害補助費に関してはその金額を所要費用の金額に引き上げ、あらゆる種類の復旧事業費を含むように勧告する。中央政府は、毎年最近５ヶ年間の災害費の平均見積額に相当する金額の予算をたて、この基金を洪水、台風、地震その他類似の災害に基く全公共費を支弁するのに利用すべきである。ある１年間にこの予算の全額が費消せられなかった時には、その年度末の残金は公債償却に用いられるであろう。この勧告は、もし実行されれば、災害に対する国家保証制度を設けることになろう。この計画の実際運営に際し「災害」の定義は自由であるが、罹災地域の予算の僅かの部分（たとえば任意の１年度の５または10％）しか占めないような軽微な被害を含めてはならない。

この箇所では、災害復旧への財政支援について、従来のいわゆるインフラのみにとどまらず、建造物にまで対象事業を広げて、全公共費を支弁することで、災害に対する国家保証制度として機能するとみなしている。もっとも、対象事業は、罹災自治体の年額予算の10％しか占めないものは軽微であって、対象とはしないとあるので、いわゆる災害復旧事業として自治体が実施する事業全体ではなく、大災害だけを念頭に置いている。

（2）昭和二十五年度における災害復旧事業費国庫負担の特例に関する法律

　このような、シャウプ勧告の求めに応じて定められたのが、「昭和二十五年度における災害復旧事業費国庫負担の特例に関する法律」である（昭和25年5月19日公布）。対象となる災害は、「暴風、こう水、高潮、地震その他の異常な天然現象に因り生じた災害」（第1条第1項）であって、1箇所の工事費用が15万円以上（同条第2項）のものが「災害復旧事業費」と定義されている。災害復旧事業に対する全額国庫負担等を定めた第2条は以下のとおりである（下線は筆者）。

　第2条　国は、昭和25年度に限り、法令により地方公共団体又はその機関の維持管理に属する左に掲げる施設のうち公共的土木施設の部分に関する災害の災害復旧事業で、当該地方公共団体又はその機関が施行するものについては、他の法令の規定にかかわらず、その事業費の全額（前条第3項に規定する事業については、当該事業の事業費が、当該施設を原形に復旧するものとした場合に要する金額をこえる場合においては、原形に復旧するものとした場合に要する金額に相当する金額にそのこえる金額の3分の2に相当する金額を加えた金額）を負担することができる。
　一　河川
　二　海岸堤防

三　砂防設備
　　四　道路（道路法（大正8年法律第58号）第1条の道路をいう。）
　　五　港湾
　2　国は、昭和25年度に限り、前項に規定する施設に関する災害に対し国が施行する災害復旧事業で、地方公共団体がその費用の全部又は一部を負担するものについては、他の法令の規定にかかわらず、その負担金の全部又は一部を免除することができる。

※　「前条第3項に規定する事業」とは、「災害に因つて必要を生じた事業であるが災害にかかつた施設を原形に復旧することが著しく困難又は不適当な場合においてこれに代るべき必要な施設として施行される」ものを指す。

　第2条第1項の下線で示した部分は、国会修正で付け加えられた箇所である。続く第3条では、適用除外として、「一　経済効果の小さいもの」「二　昭和26年度以降に着工してもさしつかえないもの」「三　維持工事とみるべきもの」などのほか、災害復旧事業とは認められないものや小規模な施設に当たるもの8項目を挙げている。

　この法律は、あくまで昭和25年度に限るものとして、恒久措置の導入に必要な関連法の改正を行わずに施行されている。また、シャウプ勧告がめざしたものよりも対象となる災害復旧事業の幅が狭い反面で、対象事業の規模では15万円以上とあるので勧告よりも対象が拡大されている。

（3）国会における法案審議の経過

　国会での法案審議では、同法の提案理由について、以下のように説明されている。

　　地方自治の拡充強化は、新憲法の基本方針の一でありますが、これが実現を期するためには、その裏付となるべき地方財政を充実安定させることが是非とも必要であることは、申すまでもないところであります。

然るに、近年頻繁に発生する台風、地震等は、戦時中の国土の荒廃と相俟つて甚大なる被害をもたらし、ために地方公共団体の財政は、深刻な危機に瀕しているのであります。即ち、予知せざる災害の発生によりまして、関係地方公共団体は、税収その他の歳入に激減を来たす反面、住民の生命及び財産の保護のため必要な救助事業等に要する経費の支出を余儀なくせられ、就中公共施設の復旧事業につきましては、累年巨額の経費負担を課せられているのであります。従いまして、罹災地方公共団体はこれらの経費捻出のため、高率課税、起債或いは経営費の縮減等を余儀なくされ、殊に最近におきましては、地方公共団体が負担する災害復旧費の大半が起債に求められる結果、その償還費が長年月に亘る過重な住民負担となり、地方財政の健全化に暗い影を投げているのであります。先般来朝したシャウプ使節団もこの点を指摘し、災害復旧費は軽微なものを除き全額国庫において負担すべきことを勧告しているのであります。政府におきましても、従来高率補助金の交付又は災害債の利子補給等の方法により、災害復旧費に関する地方財政負担の軽減にできるだけ勢力をいたして参りましたが、逐年急激な増加を示しつつある災害復旧費の地方財政に及ぼす深刻な影響に鑑み、且つは、シャウプ勧告の趣旨をも尊重いたしまして、従前の災害復旧事業費に対する一部国庫負担の制度に代え、新たに公共的土木施設の災害復旧事業費については全額国庫負担の建前を採ることにより、罹災地方公共団体の財政負担の軽減を図ると共に、災害復旧事業の円滑な施行を期することとした次第であります。このために、政府は、昭和25年度の予算編成に際し、公共事業費中に470億円に上る災害復旧費を計上すると共に、この制度を実施するために必要な基準を法律で定めることといたしたのであります。

（第7回国会参議院大蔵委員会、昭和25年3月27日、
発言者は本多市郎地方自治庁長官）

　すなわち、災害が多発して、それが自治体財政の逼迫の要因となっていることを挙げたうえで、シャウプ勧告を踏まえて全額国庫負担制度を導入したとしている。この措置を、昭和25年度に限った措置としたことについては、先の続きの部分において、以下のとおり、恒久的な措置の

導入までの暫定措置と述べるにとどまっている。

> 尚本法律案を昭和25年度限りの特例法といたしましたのは、地方財政の転換期ともいうべき昭和25年度において、取敢ず、この制度を実施し、昭和26年度以降については、本制度の実施状況と地方財政の状勢とを睨み合せまして合理的且つ恒久的な制度を樹立したいという考え方に基くものであります。更に、本法律案の実施細目は政令に委ねることとしてありますが、劃期的な本制度の実施に備え、着々その準備を整えている次第であります。

その後の国会質疑では、昭和25年度限りの措置としている趣旨について、政府委員である荻田保地方自治庁次長は、次のように答弁している。

> ○荻田政府委員　御承知の通り、今回政府の考えておりますこの地方財政全般の改革、税法の改正、平衡交付金、災害復旧費、こういうものはすべてシヤウプ勧告の趣旨を適当と認めまして実行しておるのでありまして、その中におきましては、災害費は大体小さなものを除いて全額政府の負担とするということになつておりますので、この方針にのつとつて行いたいと思うのでありますが、何分にも急なことでありましたので、細目まで検討するひまがございませんでしたので、さしあたり法案のかつこうとしましては、25年度だけという立案になつております。しかし将来もやはりこの精神によりまして、26年度以降も恒久的な立法を考えたいと考えております。なおその点につきましては、各般の事務の配分調整、補助金の整理等を審議する地方行政調査委員会もできておりますので、その結果を見まして、そのような恒久対策を講じたいと考えております。

（第7回国会衆議院大蔵委員会、昭和25年3月29日）

そこでは、災害復旧費の全額国庫負担はシャウプ勧告に沿ったものであって、今後も継続する予定ではあるが、地方行政調査委員会議（正式な名称）で審議中であるので、それを待って恒久制度とすると述べられている。そのほかに、国会審議では、単なる災害復旧ではなく、防災の対策の意味で改良した部分を国庫負担の対象に含めるべきではないかという意見が多く出され、先に紹介した国会修正につながっている。

（4）旧内務官僚・地方自治庁の全額国庫負担制度への反応
1　既存の地方財政法における整理

災害復旧事業費の国と地方の負担区分について、旧内務省である当時の地方自治庁はどのように考えていたのか。内務省解体直後の昭和23年に、旧内務省地方局の地方財政所管事務を引き継いだ暫定組織である地方財政委員会が地方財政法を創設しているが、その第10条では、「国と地方公共団体とが負担する経費」について定めていた。すなわち、第1項で「国と地方公共団体相互の利害に関係のある事務を行うために要する経費は、国と地方公共団体とが、これを負担する。」とした上で、災害関連の経費としては、第2項で「災害応急事業、災害事業及び災害救助事業に要する経費」「災害防止施設に要する経費」の2つを掲げていた。

復旧等の災害に伴う財政需要は、国と地方の双方に利害があるので、国と地方が法律に基づいて負担区分をすることが望ましいと整理されていた。そこでは、国と地方の双方に利害があるという、いわば共同所管事務と呼ぶべき事務を想定しており、災害関連事業はまさにその1つとして考えられていた。

2　シャウプ勧告による否定

一方、シャウプ勧告は、その共同所管事務という存在を、地方自治のために望ましくないものとして否定した。それがあることで、国が地方に関与する機会が生まれるので、地方自治が尊重されないというのであ

る。その考え方自体は首肯されるものではあるが、現実に国と地方に事務を切り分けることが可能なのかという問題は大きい（その考え方を整理するために設けられたのが地方自治調査委員会議である）。シャウプ勧告の書きぶりでは、災害復旧事業を全額国費としたのは、事務の性格上からというよりは、大規模災害の場合、自治体が財政負担を負いきれないという判断に基づいてのものと思われる。

3 旧内務官僚からの批判

そのようなシャウプ勧告による災害復旧事業の全額国庫負担には、当時、旧内務官僚から批判する声があがっている。後の自治事務次官の小林與三次は、「シャウプ勧告の實現に寄す－國政と地方自治との關係に關連して－」（『自治研究』昭和25年4・6・9月号、森美智雄というペンネームで寄稿）という論考において、シャウプ勧告がめざしている地方自治の強化のための国と地方の事務配分の整理という出発点に対して強く賛意を示しながらも、それは「能う限りまたは実行できる限り」のものでなければならず、わが国の行政の実態に即したものであって、わが国の自治体の現実を基礎とするものである必要があるという点では、事務を切り分けることは現実的でないなどと批判している。すなわち、あくまで方向性の議論としてのみ妥当であると受け止めている。同論考では、シャウプ勧告に対して具体的に批判を展開しているが、その中で、以下のように災害復旧費全額国庫負担制度もやり玉にあがっている。

　特定の地域に、不測の間に突發的に起って、緊急不可避の、而も莫大な幾用を必要とさせる、各種の天災地變は、罹災地方團體の財政に對して、深刻な、時には破滅的な影響を及ぼすことは事實である。特にわが國においては「風水害の發生が多く、而もそれが或程度地域的に偏在し、いわゆる災害府縣、災害市町村といわれる、免がれ難い運命を背負つて、連年、災害の重壓の下に、過重な負擔に喘ぎつづけ、過少な行政のサービスを餘儀なくされて、進歩と向上とから取り残されているものが少く

ない。そして、それはたしかに、當該團體の力のみを以てしてはいかんともしがたく、中央政府の力を借りてのみ滿足に處理できる問題ではある。さりながら、このことは直ちに、災害の處理は、地方公共團體の責任から一切解放して、中央政府のみの責任に移すべきだという結論にはならぬ。自己の責任に歸することのできない天災事變であろうとも、そして、よしんば、自己一箇の現在および將來の力のみでは、復興が不可能であろうとも、獨立の人格の主體として、獨立の意思と責任と活動能力を有する限りは、自ら蒙つたところの、何人の責にも歸すことのできない災禍については、再起復興の責任を免れさせてはならず、又、放棄させてはならぬ。必要なものは、國からの援助であるが、國への責任の移讓ではない。災害の復舊は、場合によつては、極めて高率多額の補助金を必要とすることがあろうが、國がすべての責任を取つて代るべきではない。自奮自立の意思と能力に相應した國の援助のみが、必要にして且つ充分であつて、これ以上のものは、無用にして、寧ろ有害でさえある。これは自治の根本の要請といわねばならぬ。況んや、全額國庫負擔制度には避け難い、而も、看過できない、多くの弊害が伴うのである。

　すなわち、災害復旧について、その財政責任を中央政府のみに帰属させることはあってはならず、責任はあくまで被災自治体にあるのであって、国は高率の補助金なりを交付して、自治体の財政力に応じた支援をすることが必要かつ十分であるとしている。引用箇所に続く部分で、全額国庫負担として自治体の自己負担がなくなると、不適切な使途が生まれる懸念は払拭できないという趣旨のことが述べられている。すなわち、**災害復旧事業などの災害時の対応は、国と地方の双方に責任のある事務であって、国は、災害復旧等に伴う財政需要の大きさと被災団体の財政力に応じた財政負担を行う一方で、自治体は可能な範囲で一定の自己負担をしながら、救援・復旧・復興などにおいて執行責任を負う**というのが、小林論考で示された論理である。それは、今日に至るまで災害財政制度の柱となる考え方である。

3 第2次シャウプ勧告と神戸勧告

(1) 第2次シャウプ勧告

　災害復旧事業費の全額国庫負担に対しては、「実施早々から政府各省庁等から、全額国庫負担制度は地方団体の国庫依存度を高めるばかりでなく、地方団体側による被害の過大見積りを招いているとの批判が高まった」（自治大学校編『戦後自治史ⅩⅣ　地方税財政制度の改革（下巻の二）』（昭和53年）269頁）とされている。そこで、昭和25年7月11日に閣議決定された「昭和26年度予算編成方針」では、「第8．税制の改正と地方財政の確立」の箇所で、次のように災害復旧費の全額国庫負担は昭和25年度に限ることが明記されている（地方財政委員会と地方側はそれに強く反対し、7月28日の閣議に再度諮られたが覆ることはなく、従前のとおり、国庫負担を3分の2とすることとなった）。

（3）地方財政については、国と同調して行政の合理化と経費の節減とに努めるとともに地方自治の本旨に従い、国と地方との事務および経費の負担区分の確立を図ること。
　なお、災害復旧費の全額国庫負担の制度はこれを廃止すること。

　このように災害復旧費の全額国庫負担の廃止は閣議決定されているものの、占領統治下のGHQの意向で閣議決定が覆ることを期待してか、第2次シャウプ使節団の来日時期に当てるように全国知事会が昭和25年8月に取りまとめた意見書では、災害復旧に対する国の予算措置が十分でなく、全額国庫負担の内実が伴わないことに不満を募らせており、むしろ同法の対象を広げる方向で制度の拡充を求め、全額国庫負担の堅持を主張している。同時期に地方財政委員会が取りまとめた意見書でも、全額国庫負担制度については同じ趣旨であった。

第 2 次シャウプ勧告は、昭和25年 9 月21日に新聞発表のかたちで行われている。そこでは、「F　国と地方団体との財政関係」の「2　災害復旧費」として、次のように記述されている。

> 台風、地震、その他の天然災害が日本の一地方を襲うと、道路、公共建物、農業用潅漑、排水施設、その他に対して甚大な被害を与え、しかも速かにこの災害の復旧をしなければならないので、この負担を国と分担するか、或いは数年に亘って均分するか、何らかの方法が見出されない限り、地方税制に甚だしい無理を生ずることになるであろう。
> 　昨年までは、国は、天然の災害により被害を被った財産を復旧するに当って地方団体を援助するため、一定の負担区分により、公共事業補助金を交付していた。大規模な公共財産に対しては、この補助金は、復旧費の 3 分の 2 であった。これは、比較的富裕な地方団体には充分すぎるものであったが、一方比較的貧弱な地方団体は、依然として、財政的に甚だしく窮迫したままとなっていたのである。われわれの報告書は、この補助金を復旧費の全額に増額すべきことを勧告した。1 カ所15万円以下の災害を除いては、このことは実行された。相互の間隔が20米以内の災害は、1 カ所とみなされている。この新計画は、1 年限りの特例法であった。何らかの措置がとられないなら、災害復旧費補助金は、来年度富裕な地方団体も、貧弱な地方団体も、同様におしなべて、従来からの古い制度に戻ることになろう。そして、改正地方税制の成果は、多くの都道府県、市町村で危殆に瀕することになろう。
> 　昨年来、更に考えた結果、もっとよい解決方法があるということを確信するに至った。全額国庫負担制度は、復旧費が過大にふくらませられないようにするため、政府に不当に大きな行政事務を課することになり、更にそれは、地方団体をして復旧費を最少限度に止めることを怠らしめるとなり、且つ、地方団体は、災害にかかったものよりも立派な橋梁、堤防等を建設するための余分の費用をすべて支払わなければならないから、将来の災害防除になるように復旧するという意欲を喪失せしめることにもなる。
> 　われわれは、妥当な案とするためには、次の 2 つの条件を充たさなけ

ればならないと考える。すなわち
(a) 復旧事業の設計及び施行については、地方団体にほとんど完全な自由を与えうるような充分な支払責任を地方団体に移譲すること。
(b) いかなる地方団体も、災害復旧費とそれに関連した改良費との総額のうち、それぞれの団体の適正な負担能力以上には、負担しなくてもすむという保障を与えること
の2つである。
　われわれは、これ等の条件を充す案を作ったものと信ずる。この点については、近く発表される附録書で述べる。

　ここでは、災害復旧費の全額国庫負担は撤回されている。全額国庫負担によって、復旧費が過大にならないようにと国の行政事務が過重になると同時に、自治体も災害復旧費を全額国庫負担の対象の範囲にとどめようとして将来の防災対策を怠るなどといった弊害が指摘されている。しかし、旧来の制度に戻ることは多くの自治体の財政逼迫が懸念されるとして、災害復旧事業の設計や施行で自治体の自由度が確保されるように支払責任を自治体が持つようにし、どのような自治体であっても支払能力の範囲で災害復旧費と関連する改良費の負担ができるようにする財政制度が必要としている。すなわち、災害復旧事業等は自治体の事務であって、それぞれの能力に応じて負担できるような財政支援が受けられるようにするというのである。

（2）神戸勧告

　第2次シャウプ勧告のおよそ1か月後に取りまとめられた地方自治調査委員会議による「国庫補助金制度等の改正に関する勧告」（昭和25年10月14日）では、災害復旧費について、第2次シャウプ勧告に沿って、次のように述べられている（同会議による勧告は、議長である神戸正雄の名前から「神戸勧告」と呼ばれているが、この勧告を含む3回の勧告

が取りまとめられている)。

二、災害復旧費
　災害復旧費国庫負担制度の改正に関する本会議の方針は、災害復旧事業は、被災施設の管理者がそれぞれの責任と負担とにおいて行うべきであるが、弾力性の乏しい地方財政をもつては、これに要する経費の全額を負担することは困難であることを認め、地方公共団体はそれぞれの財政力の堪え得る限度、すなわち、それによつて地方公共団体がその標準的な行政事務の遂行を著しく妨げられない程度において災害復旧費の一部を負担し、これを超える部分については国庫負担とすることにある。この方針に基いて、本会議は、昭和二十六年度において次の措置を採ること勧告する。
(一) 災害復旧事業には、土木、農林、水産、公用建物等地方公共団体の管理に属するすべての施設の復旧事業（必要やむをえない最少限度の機能復旧事業を含む。）を含ませるべきである。
(二) 災害復旧事業は、災害発生の年を含めて三ケ年度内に工事を完成することとし、工事施行の割合は、原則として各年度それぞれ三〇、五〇、二〇パーセントずつとし、復旧費の支出もこの割合に従うべきである。
(三) 破壊箇所一カ所当りの災害復旧費の額が、都道府県および五大都市にあつては十五万円、市町村（五大市を除く。）にあつては十万円に充たないものは、災害復旧事業とは見なさないこととし、地方公共団体は、これを除いた災害復旧費の額が当該地方公共団体の標準税率をもつて算定した普通税（法定外普通税を除く。）の前年度における収入見込額と前年度の地方財政平衡交付金の合算額の五パーセントを超えない場合はその全額を、五パーセントを超える場合は当該地方公共団体の財政状態に応じ、五乃至一〇パーセントに相当する額を負担すべきである。
(四) 地方負担の限度を超える部分については、国が負担すべきである。このため、国は、毎年度の予算に、災害復旧費の過去五カ年度における国庫負担額の平均額（明年度においては、過去三カ年度に発生した災害につき、この勧告の方式に従つて国の負担に属する災害復旧費の額を物価指数等で補正した額の平均額）を計上すべきである。なお、新たに特

> 別会計を設けて、右の予算額を繰り入れ、地方公共団体に対する国庫負担分の交付は、特別会計からこれを行うこととし、交付額が多額に上つて一般会計からの繰入金をもつて不足する場合には不足額を借り入れ、剰余を生ずる場合は先ず借入金の繰上償還にあて、なお残余があれば積立金として翌年度に繰越すことが適当である。
> (五) 過去の災害復旧事業に対して交付すべき国の補助金で未交付のものについては、再検討の上右の方式に準じて、早急に交付する方途を講ずべきである。
> (六) はなはだしく維持管理の義務を怠つたことに基因して生じたものと認められる災害については、国は、国庫負担額の全部または一部を減額することができるものとすべきである。

　以上のように、災害復旧事業の対象は自治体の管理するすべての施設であって、工事期間を3か年として事業費を割り当てるとし、小規模な工事を除いて、前年度の普通税＋地方財政平衡交付金（現在の考え方では標準財政規模）に対して5％未満は全額を、5％以上についてはその団体の財政状態に応じて5～10％に相当する額を負担するとしている。ここでは、第1次シャウプ勧告において微細な事業の規模を標準的な税収入の5～10％とした考え方を継承している。自治体の負担限度額を超える額は全額国庫負担として、国は災害復旧費のねん出のための基金を持つべきだとしている。それは大規模災害が毎年度起きるわけではないことを念頭にしたものと考えられる。

（3）全額国庫負担制度の問題点

　このように、シャウプ使節団自らが災害復旧費の全額国庫負担の旗を第2次勧告で降ろし、神戸勧告でそれを引き継いだ案がまとめられた。それを受けて、昭和26年度からは、国と地方が、一定の負担区分に沿って負担する制度に移行することが、すでに勧告の取りまとめ以前の昭和26年度予算編成方針で明記されていたことと併せて既定方針となった。

先述のように、全国知事会などの地方団体や地方財政委員会は全額国庫負担制度の維持拡充を求めていたが、自治体に財政負担がないことが、災害復旧事業を過大にして国費を多く引き出すことや、逆に全額国費の範囲で所要となる事業の全部の執行をしないことの誘因となるなど、弊害が指摘されていた。それは、先に引用した小林論考のほか、現役の地方自治庁の職員も認めていた様子である。それは例えば、次のような記述に表れている。

『地方税財政制度解説』（昭和26年5月）は、後述する新しい災害復旧財政制度である「公共土木施設災害復旧事業費国庫負担法」を解説している箇所で、旧制度の問題点として、次のように指摘している（記述は、後の自治事務次官である首藤堯による。肩書きは総理府事務官とあるので地方自治庁職員と思われる）。

> 全額国庫負担制度も又、多くの問題を内包して来た。即ち一つには、限られた国の予算を以て何とか可能な限りの事業量を増加しようという希いであり、二つには全額国庫の制度が窮迫の極に達した地方財政の現状を背景として、地方公共団体の中央への依存心を無用に刺激し、災害の過大報告や時によつては維持管理の怠慢更には災害への便乗の弊風すら醸生するおそれがあるかに見えた事である。これ等の点を重視する論者は、此処に災害の特別扱いを止め、出来得る限り一般の改良事業と同率の国庫の負担と厳格なその支出を行うべきである事を主張する。これ等の種々の論議に対しては、固より又種々の批判があり得るが、ともあれこの相反した二つの立場からの主張は、特例法の失効と共に新しい負担制度の樹立の必要性をめぐつて鋭い対立を示した訳である。

災害財政制度については、自治体の国への依存を招くという批判は常にあるところである。これより時代はやや下がるが、柴田護（元自治事務次官）は、昭和27年の豪雨災害で、その復旧事業のための財源手当等

に特別法が多く設けられたことを紹介した著書の箇所で、以下のように述べている。

> 災害復旧は最も大切なものであるから、手厚い措置があってよい。しかし、余り手厚すぎることは、逆に地方団体や住民の自立復興精神を弱め、他力本願にしてしまう。この災害まではそれ程ではなかったが、この災害を契機として、そうした自力復旧の精神がいささか萎えてきたというのは言いすぎであろうか。

(『自治の流れの中で』(ぎょうせい、昭和50年) 122頁)

昭和27年度であるから、全額国庫負担ではなかった時期であってもそのような指摘があることに照らすと、ましてや全額国庫負担には大きな問題があったといえる。全額国庫負担制度がもたらした悲劇に、以下のいわゆる天狗橋事件がある(事件の詳細な内容は、拙著『地方財政の歴史を変えた8つの物語』(日本加除出版、令和元年)を参照)。

> 同事件では、災害被害にみせかけて、災害復旧事業で木橋を鉄筋橋に架けかえようとした。当時、老朽化した木橋の架け替えは安全性確保のために緊急性があったが、橋梁工事には多くの費用がかかり、容易に進まない事情があった。石川県手取川に架かる天狗橋で、石川県の工事担当者が、台風で受けた一部の被害を大きくみせるために、吊り線を故意に外して橋を落下させたところ、誤って通行人に死傷者を発生させてしまった。このような補助金の不適切な運用は、当時、少なからず行われていたとされ、その後の災害でも後を絶たなかったことから、国会でもその是正の必要性が大きく取り上げられ、補助金適正化法の制定につながっている。

(『地方財政学』(有斐閣、令和4年) 192頁)

4 公共土木施設災害復旧事業費国庫負担法を中心とする制度の形成

(1) 公共土木施設災害復旧事業費国庫負担法の成立

神戸勧告による新たな災害復旧財政制度の求めを受けて、「内閣審議室が中心となってまとめにあたり、地方自治庁をはじめ、大蔵、経済安定本部、建設、農林、運輸の関係各省庁等と協議の結果、地方団体の負担をその財政力に適応させるように国の負担を定めるという基本的方針について合意に達し」(前掲『戦後自治史ⅩⅣ』271頁)たものの、勧告のうち(二)の3年間での施行割合と、(四)特別会計の設置等の2つについては、国の財政状況では時期尚早とされ、それを修正したうえで成案化された。それだけの財源を確保する目途が立たないというところであろう。

1 **法の目的**

昭和26年3月31日に公布された「公共土木施設災害復旧事業費国庫負担法」では、目的を定めた第1条において、「この法律は、公共土木施設の災害復旧事業費について、地方公共団体の財政力に適応するように国の負担を定めて、災害の速やかな復旧を図り、もつて公共の福祉を確保することを目的とする。」とされている。すなわち、自治体の財政力に応じて国の負担を定めるという基本的な考え方が示されている。

2 **「災害」の定義**

ついで、定義を定めた第2条では、第1項で「この法律において「災害」とは、暴風、こう水、高潮、地震その他の異常な天然現象に因り生ずる災害をいう。」として、自然由来の災害を対象とするとしている。火災等の人災を対象にしていない理由については、人災ではその防止や被害の最小化を図る余地があるので、そうしたことができない自然災害と同一に取り扱うことは、「当該施設の維持管理の責任上より見ても適当とは云い難い」(前掲『地方税財政制度解説』218頁)とされている。

また、対象となる自然災害の種類は、条文では例示的に示されているだけであって、幅広く解釈されている。

③ 国庫負担の対象

同法が国庫負担の対象とする施設については、第3条で次のように定められている。なお、下線を引いたものは、昭和26年の法成立当初にはなく、その後加えられたものを指している。

> （国庫負担）
> 第3条　国は、法令により地方公共団体（港湾法（昭和25年法律第218号）に基づく港務局を含む。以下第4条、第4条の2及び第6条第1項を除き同じ。）又はその機関の維持管理に属する次に掲げる施設のうち政令で定める公共土木施設に関する災害の災害復旧事業で、当該地方公共団体又はその機関が施行するものについては、その事業費の一部を負担する。
> 一　河川
> 二　海岸
> 三　砂防設備
> 四　林地荒廃防止施設
> 五　地すべり防止施設
> 六　急傾斜地崩壊防止施設
> 七　道路
> 八　港湾
> 九　漁港
> 十　下水道
> 十一　公園

同法が、対象を公共土木施設に限ったことについては、当時、次のように説明されていた。

地方団体の財政負担の点からすれば当然土木災と共に農林、水産、学校、病院等すべての施設の災害が包含されるべきことになる。然し乍ら公共土木施設以外の施設には第一に住民全般の福祉に直接に関係のないものが多く、第二に収益性を有つものが多く、第三に所謂原形復旧の概念の適用が難かしい等の点において、この両者の間にはかなり根本的な性格の相異があるのであり、このため従来から両者は区別された取扱いを受けて来たものである。勿論これ等の災害に対する地方負担の軽減の措置もまた計らるべきであるが、この法律において土木災と一律に取り扱う事は不適当だとされ、本法は旧来の「都道府県災害土木国庫負担ニ関スル法律」及び「特例法」の系統を踏襲する意味において土木災のみを論じ、他の災害は他の措置に委ねることとしたわけである。

(前掲『地方税財政制度解説』219頁)

　そこにあるように、土木災害と施設等の災害には一定の相違があり、災害復旧制度において同等に扱わないこととしたとあるが、おそらくそこでは財源面の制約もあって、同法では従来の法律の対象を継承することとし、それ以外については別途措置するとしたと解すべきではないか。

4　国庫負担率

　国庫負担率を定めた第4条は、この法律でもっとも特徴的な箇所であるが、次のように定められている。

(国庫負担率)
第4条　前条の規定により地方公共団体に対し国が費用の一部を負担する場合における当該災害復旧事業費に対する国の負担率は、当該地方公共団体について、その年の1月1日から12月31日までに発生した災害につき、第7条の規定により決定された災害復旧事業費の総額を左の各号に定める額に区分して逓次に当該各号に定める率を乗じて算定した額の当該災害復旧事業費の総額に対する率による。この場合にお

> いて、その率は、小数点以下三位まで算出するものとし、四位以下は、四捨五入するものとする。
> 一　当該地方公共団体の当該年度（災害の発生した年の4月1日の属する会計年度をいう。以下本条及び第8条の2において同じ。）の標準税収入の2分の1に相当する額までの額については、3分の2
> 二　当該地方公共団体の当該年度の標準税収入の2分の1をこえ2倍に達するまでの額に相当する額については、4分の3
> 三　当該地方公共団体の当該年度の標準税収入の2倍をこえる額に相当する額については、4分の4

　すなわち、災害復旧事業費の総額を標準税収入と比較して、それが大きくなるほど補助率が引き上げられるように、超過累進方式で補助率が定められる仕組みが導入されている。このような仕組みは、既述のように災害救助法でも導入済みであった。

　このような補助率の定め方については、制定当時、次のような議論があったとされている。

> 　此の法律は地方公共団体の財政能力に適応する様に国及び地方の負担を定める事を主要目的の一とするのであるが、此の為には大体三つの方法又はその組合せが考えられる。即ち第一には本法の様に地方団体の財政力に災害額を比較対比し逓次に高額又は高率の国の負担を定める方法であり、第二には地方行政調査委員会議の勧告の様に地方団体の財政力に応じた一定限度を限り毎年それ以上には地方負担がない様に保障する方法であり第三には事業に対する国庫負担率は一定率とし地方負担の調整は別途財政補給金を以て行う方法である。
> 　第二の方法は勧告にもある一通り概ね毎年度の災害が一定歩調を以て一定年間に完全復旧出来るだけの国の予算が用意されて始めて国と地方との負担関係が正当に調整されるのであり、この方法を取る限り国と地方との義務負担額は勧告の様な方式により用意され積立てられなければ意味のない事である。更には、一定限度を界として全額地方と全額国庫

の負担を截然と区分する事は、「特例法」の全額国庫負担に投ぜられた様な批判を再び呼び起すおそれなしとしないであろう。第三の方式については平衡交付金中に此の種の補給金を算入する事は甚だ困難であるので、別途財政補給金制度が確立されその予算が確保され要すれば基金等が設置されねばならず、又補給金を交付する基準を算定する為には第一、第二の方法の加きがやはり必要となる訳である。此等二つの方式は現在の国家財政の状況からは当分困難を伴うものと云わねばならない。

　従つて先ず妥当な方法として第一の方式が取られた訳であるがこの方法についても種々の問題がある。卽ち一には著しく煩雑ではないかという事であり、二には災害額の基準、財政力の基準には何を用いるかという事であり、三には国費の支出方法はどうするかという事、その他雑多な附随問題である。

（前掲『地方税財政制度解説』227～228頁）

　すなわち、財政力に応じて国費を投入するには、神戸勧告のように定額を超える部分を全額国費にすることを含めて3通りの方法とその組み合わせがあるが、第4条のような方法を採用したのは、他の案が国の財政状況からみると困難であるという判断であったとされる。すなわち、国の財政当局の強い主張によって第4条の方法に落ち着いたのではないかと推測される。

5　背景にある財源保障制度の存在

　以上のように、災害復旧事業費のための財政制度は、全額国庫負担が、シャウプ勧告を受けて昭和25年度に限って導入されたものの、同法が失効し、昭和26年度から公共土木施設災害復旧事業費国庫負担法が施行されたことによって、財政力に応じた国庫負担というかたちに落ち着いた。全額国庫負担ではなく、自治体負担が一部とはいえ残されたことに対して注意すべき点がある。その際、背景として、シャウプ勧告によって導入された財源保障型の財政調整制度である地方財政平衡交付金（昭和29年度からは地方交付税）の存在があったことである。災害復旧

事業に対する地方負担は、いったんは地方債で充当されたうえで、その元利償還金を95％という高率で基準財政需要額に算入して、財源保障の対象にされる。災害復旧事業に伴う国費を除いた自治体負担は、地方税だけでなく、地方共有財源である地方交付税（制度開始時は地方財政平衡交付金）で対応される。財政負担のあり方として全額国費を止める論理は、地方財政平衡交付金によって（大半について）財源保障の対象となることで自治体が負担可能という状況の下でこそ正当化される。もっとも、制度開始の当初は、経済が極端な資金不足状態であったので、地方債を充当する資金が十分に用意できずに、災害復旧事業債の発行に対して量的な制約がかかるという状況はあったが、現在はそれも遠い過去のこととなっている。

（２）地方財政法第10条の３と国庫負担の根拠法

シャウプ勧告は、国と地方の共同所管事務に対する国庫負担という考え方に否定的であったので、先に紹介した地方財政法の国と地方の負担区分に関する規定は、附則において昭和25年度と26年度について停止している。その趣旨は、神戸勧告による事務再配分（国と地方の事務を切り分けて割り当てるなど）の勧告を待って、その成果を見極めるためとされていた。しかし、神戸勧告の事務最配分案が当面実現しないことが明確になった昭和27年に、シャウプ勧告の趣旨を汲んだうえで、地方財政法の当該箇所は改正された。すなわち、シャウプ勧告に従って地方に利害があり地方が執行する事務は国に利害のある事務も含めて地方が全額負担することを原則（第９条）とする一方で、国に利害がある事務のうち、特に法律で国が全部又は一定割合を負担すると定めるものとして、第10条（経常経費）、第10条の２（投資的経費）を設けており、その並びで災害復旧事業（第10条の３）を以下のように定めている。

> （国がその一部を負担する災害に係る事務に要する経費）
> 第10条の3　地方公共団体が実施しなければならない法律又は政令で定める災害に係る事務で、地方税法又は地方交付税法によつてはその財政需要に適合した財源を得ることが困難なものを行うために要する次に掲げる経費については、国が、その経費の一部を負担する。
> 一　災害救助事業に要する経費
> 二　<u>災害弔慰金及び災害障害見舞金に要する経費</u>
> 三　道路、河川、砂防、海岸、港湾等に係る土木施設の災害復旧事業に要する経費
> 四　林地荒廃防止施設、林道、漁港等に係る農林水産業施設の災害復旧事業に要する経費
> 五　都市計画事業による施設の災害復旧に要する経費
> 六　公営住宅の災害復旧に要する経費
> 七　学校の災害復旧に要する経費
> 八　社会福祉施設及び保健衛生施設の災害復旧に要する経費
> 九　土地改良及び開拓による施設又は耕地の災害復旧に要する経費

　第10条の3は、表題で「国がその一部を負担する」とあるように、災害に関する経費において、国が全額負担するものはないことを表題において明示している。下線で示したものは、改正時当初は制度として確立されていなかったことから対象外であった。制定時には、「八　下水道の災害復旧に要する経費」が挙がっていたが、現在は「五　都市計画事業による施設の災害復旧に要する経費」に含められているので、実質的には変わらないものの項目としては減っている。

　第10条の3の第1号から9号に対応する法律の条文は、表1のとおりである。

　なお、第10条から第10条の3の国庫負担金事業に伴う地方負担が、地方交付税の財源保障の対象となることは、次に示す地方財政法第11条の2によって担保されている。

> （地方公共団体が負担すべき経費の財政需要額への算入）
> 第11条の2　第10条から第10条の3までに規定する経費のうち、地方公共団体が負担すべき部分は、地方交付税法の定めるところにより地方公共団体に交付すべき地方交付税の額の算定に用いる財政需要額に算入するものとする。ただし、第10条第16号に掲げる経費、第10条の2第4号に掲げる経費及び第10条の3第6号に掲げる経費については、この限りでない。（条文の一部を省略）

　第11条の2では、国庫負担金に対する地方負担分（裏負担とも呼ばれる）は、「地方交付税の額の算定に用いる財政需要額に算入」されるとあるが、この場合の財政需要額は、普通交付税の算定に用いられる基準財政需要額に限るものではなく、特別交付税の算定における財政需要を含めるものである。したがって、第10条の3にある災害復旧事業等についても、災害復旧事業債のように元利償還金の95％を普通交付税の基準財政需要額に算入するほか、災害救助法に伴う救助費等は特別交付税で対応される。第11条の2で、対象外とされる経費のうち、第10条の3関係では第6号の公営住宅の災害復旧事業費があるが、公営住宅の場合には、費用は家賃収入で回収する建前があることによる。また、第11条の2によって地方交付税で対応されるという場合に、そこでは必ずしも全額とは明記されていない。災害復旧事業費の場合、高い比率ではあるが、全額ではないことが通例である。それは、災害復旧事業といえども、一部は、新設工事に該当する部分がある以上、何らかの意味で地方交付税の財源保障の対象ではなくいわゆる留保財源対応となるべき、自己負担が残るべきであるという考え方に基づいている。

　以上のように、昭和26年の公共土木施設災害復旧事業費国庫負担法を基本型として、災害財政制度が確立され、その後、時代を経るに伴って拡充されていくこととなった。同法の対象はインフラが中心であるので、それ以外の公共施設等への法律が同法に前後して設けられている。

表1に挙げた根拠法がその主な例である。

表1でもっとも早く創設されたのは、既述のように災害救助法（昭和22年）である。そこで導入された救助額の規模に相対的な規模に応じて国費投入の割合を変えるという考え方は、公共土木施設災害復旧事業費国庫負担法にも継承された。

ついで、農林水産業施設災害復旧事業費国庫補助の暫定措置に関する法律は、災害復旧事業費の全額国費が実施された昭和25年4月1日からの施行である。農林水産業施設は公共性の高いものであるが、基本的に民間所有の施設であり、国費が投入されたとしても、その残りは本来、受益者の分担金で賄われるべきものであることから、公共土木施設の災害復旧とは異なる制度が適用されている。

公共土木施設災害復旧事業費国庫負担法の創設後も、大規模な災害があるたびに財政支援の必要に応じて特例法での対応がされてきたため、恒久的な制度の必要から、次節で述べるように、昭和36年の災害対策基本法の制定によって、予防、応急、復旧等の各段階を含めて、総合的かつ計画的な防災行政の整備及び推進に取り組むこととし、それに基づいてそれ以前の個別法が位置づけられることとなった。公営住宅法は昭和26年、下水道法は昭和33年の法律であるが、いずれも創設時から、前者は災害への財政支援の規定が、後者は災害等に対して国庫補助ができる規定が設けられている。また、公立学校施設災害復旧費国庫負担法は昭和28年の制定である。それに対して、社会福祉施設等の災害復旧については、法律に基づく国庫負担はなく、予算補助で対応されるのが通例である。

ついで、昭和37年に激甚災害法が設けられた。同法は、著しく激甚である災害が発生した場合において、個別法で国庫負担の規定のある災害復旧事業等の補助率のかさ上げや、個別法で規定がなく予算補助等で対応されるものについても、公共土木施設等と共にプール方式で国からの財政措置が設けられることなどを通じて、国の自治体に対する特別の財

表1　地方財政法第10条の3の各号における根拠法

地方財政法 第10条の3各号	主な経費の種目および 負担割合	交付対象	国の負担の根拠法
一　災害救助事業に要する経費	災害救助費 一　標準税収入額の100分の2以下の額　100分の50 二　標準税収入額の100分の2を超え100分の4以下の額　100分の80 三　標準税収入額の100分の4を超える額　100分の90	都道府県又は救助実施市	災害救助法第21条
二　災害弔慰金及び災害障害見舞金に要する経費	災害弔慰金、災害障害見舞金（市町村は条例の定めによって支給できる） 　都道府県は、災害弔慰金に要する費用につき、その4分の3を負担するものとされ、国は都道府県が負担する費用の3分の2を負担する	都道府県	災害弔慰金の支給等に関する法律第7条、第9条
三　道路、河川、砂防、海岸、港湾等に係る土木施設の災害復旧事業に要する経費	災害復旧事業費（河川、海岸、砂防設備、地すべり防止施設、急傾斜地崩壊防止施設、道路、港湾） 一　標準税収入額の2分の1以下の額　3分の2（連年災も同じ） 二　標準税収入額の2分の1を超え2倍（連年災では1倍）に達するまでの額　4分の3 三　標準税収入額の2倍（連年災では1倍）を超える額に相当する額　4分の4	都道府県 市町村	公共土木施設災害復旧事業費国庫負担法第3条、第4条、第4条の2
四　林地荒廃防止施設、林道、漁港等に係る農林水産業施設の災害復旧事業に要する経費	災害復旧事業費（林地荒廃防止施設、漁港）第3号河川等に同じ 災害復旧事業（林地荒廃防止施設、漁港） 　林地荒廃防止施設（森林組合等管理）　100分の65 　林道　100分の50、100分の65、連年災では特例あり	都道府県 市町村 都道府県	公共土木施設災害復旧事業費国庫負担法第3条、第4条、第4条の2 農林水産業施設災害復旧事業費国庫補助の暫定措置に関する法律第3条、第3条の2

五　都市計画事業による施設の災害復旧に要する経費	災害復旧事業費（下水道、公園等）第3号河川等に同じ	都道府県市町村	公共土木施設災害復旧事業費国庫負担法第3条、第4条、第4条の2
六　公営住宅の災害復旧に要する経費	災害公営住宅建設費 滅失、損傷公営住宅の建設補修　2分の1 被災者向け公営住宅の建設　3分の2	都道府県市町村	公営住宅法第8条
七　学校の災害復旧に要する経費	公立学校施設災害復旧費（建物、建物以外の工作物、土地、設備）3分の2	都道府県市町村	公立学校施設災害復旧費国庫負担法第3条
八　社会福祉施設及び保健衛生施設の災害復旧に要する経費	災害復旧費（社会福祉施設等）2分の1～3分の1	都道府県市町村	
九　土地改良及び開拓による施設又は耕地の災害復旧に要する経費	災害復旧事業費（農地、農業用施設） 農地　100分の50、第1次高率連年災100分の80、第2次高率連年災100分の90 農業用施設　100分の65、第1次高率連年災100分の90、第2次高率連年災100分の100	都道府県	農林水産業施設災害復旧事業費国庫補助の暫定措置に関する法律第3条、第3条の2

（出所）　石原信雄・二橋正弘『地方財政法逐条解説』（平成12年、ぎょうせい）141～143頁の表を参考に作成。

政援助又は被災者に対する特別の助成措置について規定するものである。それに対して、阪神・淡路大震災や東日本大震災では、既存の仕組みでは十分対応できないとの判断から、さらなる支援のための特別法を設けている。それ以外に災害復旧事業に関連して特に重要な法律としては、災害ガレキの処理などに関係して、廃棄物の処理及び清掃に関する法律（昭和45年）や、災害被害者に対する租税の減免、徴収猶予等に関する法律（昭和22年）がある。

第3章

災害財政制度の基本的な枠組み

表2-1～表2-8は、現行の災害財政制度の枠組みを示している。いつ何時襲われるかわからない自然災害に備え、財政担当者はそれらの内容について日頃から熟知していなければならない。併せて、次章以降で述べるように、きわめて大規模な災害となるとさらに特例的な財政措置が加わる。大災害に見舞われた自治体の財政担当者は、そうした経験も踏まえて、自らが対処すべき災害事例でも、必要に応じて特例的な財政措置の実現に向けて政府に働きかけることも、自らの責任と自覚しておくべきである。

災害財政制度の総覧的な資料としては、『地方財政要覧』(地方財務協会) がある。表2-1～表2-8は、同資料の令和5年度版を基に、災害財政制度の対象となる事業が明らかになるように、その大枠を一部省略するなどして取りまとめたものである。なお、制度は毎年度のように改正されるので、実際の補助率や補助対象事業等を参照する場合には、最新版に当たってほしい。

1 土木事業の災害復旧

表2-1は、公共土木施設災害復旧事業費国庫負担法が定める、土木事業の災害復旧費の国庫負担の仕組みを示している。

(1) 対象事業

対象事業は以下のとおりである。

河川、海岸、砂防設備、林地荒廃防止施設、地すべり防止施設、急傾斜地崩壊防止施設、道路、港湾、漁港、下水道、公園

(2) 補助率

表2-1の現年災について、特徴的なのは補助率の設定である。次に示すとおり、災害復旧事業費の標準税収入額に対する割合が大きいほど

高くなるように、超過累進方式で高い補助率が設定されている。

　0～2分の1までの部分　3分の2
　2分の1～2倍までの部分　4分の3
　2倍～の部分　4分の4

　このように補助率を設定しているねらいは、財政力に応じた負担の実現であって、財政力を表す指標として標準税収入が選ばれている。そのことは、地方交付税の財源保障の考え方とも整合性がある。地方交付税（昭和26年度の同法施行時にはその前身の地方財政平衡交付金であったが、個別団体への財源保障の考え方は基本的に変わらない）は、地方税収入の一定割合であるいわゆる留保財源分だけ自治体間での財源格差が残るものであることから、地方税収入の多寡が格差を決めることとなる。災害復旧事業費の標準税収入額に対する割合とは、財政力を勘案した災害復旧事業費の相対的な負担の大きさを意味している。

（3）適用除外要件

　公共土木施設災害復旧事業費国庫負担法には、適用除外の要件が次のように定められている。まずは1箇所の工事費の規模である。それに該当する規模の小さな工事は、単独災害復旧事業として行うこととなる。

　都道府県・指定市　　1箇所の工事費120万円未満
　市町村　　　　　　　1箇所の工事費60万円未満

　ついで、工事の費用に比してその効果の著しく小さいもの、維持工事とみるべきもの、明らかに設計の不備又は工事施工の疎漏に基因しているもの、甚だしく維持管理の義務を怠ったことに基因しているもの、河川、港湾及び漁港の埋そくに係るもの、天然の河岸及び海岸の決壊に係

表2-1 災害に対する財政措置（1）－土木関係

対象	現年等	一般災害	激甚災害	地方債	普通交付税	特別交付税（令和2年度）
土木	現年災	公共土木施設災害復旧事業国庫負担法 災害復旧事業費が標準税収入額の 　0～2分の1までの部分　3分の2 　2分の1～2倍までの部分　4分の3 　2倍～の部分　4分の4 対象事業 河川　海岸　砂防設備　林地荒廃防止施設　地すべり防止施設　急傾斜地崩壊防止施設　道路　港湾　漁港下水道　公園 適用除外 都道府県・指定市　1箇所の工事費120万円未満 市町村　1箇所の工事費60万円未満	都道府県 適用条件（特定地方公共団体） [その年の激甚災害復旧事業費等激甚 災害法2章関係災害に係る公共土木施設等復旧事業]／[その年の4月1日の属する会計年度の標準税収入額]＞100分の10 地方負担額が標準税収入額の 　100分の10～100分の50までの部分　100分の50 　100分の50～100分の100までの部分　100分の55 　100分の100～100分の200までの部分　100分の60 　100分の200～100分の400までの部分　100分の70 　100分の400～100分の600までの部分　100分の80 　100分の600～の部分　100分の90 市町村 適用条件（特定地方公共団体） [その年の激甚災害にかかる公共土木施設復旧事業費国庫負担金]／[その年の4月1日の属する会計年度の標準税収入額]＞100分の10	地方負担額の100分の100	左の元利償還金の100分の95	都道府県 ①国の補助金又は負担金を伴う災害復旧事業（除火災）、国施行災害復旧事業（除火災及び除森林災害復旧事業）、国の補助金を伴う災害対策事業費（除火災）の合計額×0.015、②り災世帯数（除火災）×17,600円、③農作物被害面積（除干害、凍霜害、冷害、雪害）(ha)×3,500円（ただし、農作物の作付面積の割合が30％を超えるものは5,900円）、④災害救助費×0.4（地方負担額が限度）、⑤死者及び行方不明者数（除火災）×875,000円（災害弔慰金）、⑥障害者数×437,500円 市町村 上記①×0.020、上記②×23,500円、全壊家屋戸数（除火災）×171,900円、半壊家屋戸数（除火災）×86,100円、床上・床下浸水家屋の戸数（床上×4,900円、床下2,700円）、上記③×6,800円（ただし、農作物の作付面積の割

公共土木施設災害復旧事業費等激甚災害法2章関係事業※ごとの地方負担の合計額]／[その年の4月1日の属する会計年度の標準税収入額]>100分の5

算定方法
地方負担額が標準税収入額の
100分の5〜100分の10までの部分　　100分の60
100分の10〜100分の100までの部分　　100分の70
100分の100〜100分の200までの部分　　100分の75
100分の200〜100分の400までの部分　　100分の80
100分の400〜の部分　　100分の90

※特別財政援助額の決定に当たっては公共土木施設災害復旧事業の地方負担額のみならず、激甚法2章関係の次に掲げる災害復旧事業等の地方負担が合算されて計算される。
公共土木施設（関連を含む）
公立学校施設　公営住宅等
保護施設　児童福祉施設　老人福祉施設　身体障害者社会参加支援施設　障害者支援施設等

の費用に比してその効果が著しく少ないもの、維持工事とみるべきもの、明らかに設計の不備又は工事施工の疎漏に基因しているもの、甚だしく維持管理の義務を怠ったことに基因しているもの、河川、港湾及び漁港の埋そくに係るもの、天然の河岸及び海岸の欠壊に係るもの、災害復旧事業以外の事業の工事施工中に生じたもの、直高1m未満の小堤、幅員2m未満の道路等小規模な施設に係るもの

合が30%を超えるものは9,600円、上記⑤×875,000円（災害弔慰金）、上記⑥×437,500円、上記①にかかる額×0.5、上記①以外の措置額の合計額×0.2
※大火災については、市町村分として特別交付税措置分が、焼失世帯数に一定額を乗じた額などとして、別に設けられている

	災害発生年度の負担率	婦人保護施設 感染症指定医療機関 感染症予防事業 堆積土砂排除事業 湛水排除事業	地方負担額の100分の90	左の元利償還金の100分の95
過年災	災害発生年度の国庫負担による			
連年災	適用条件 その年の12月31日までの3年間に発生した災害の復旧事業費の総額>その年度の標準税収入額の合計 算定方法 その年の事業費がその年の標準税収入の 0〜2分の1までの部分　　　3分の2 2分の1〜1倍までの部分　　　4分の3 1倍を超える部分　　　4分の4	なし	なし	都道府県（適用団体） 適用条件 〔当該年度の前4年度の1月1日から前年度の12月31日までの3年間に発生した災害の公共復旧事業費（火災及び単独施行分を除く）の総額（A）>〔当該年度の前3年度間の標準税収入の合計額（B）×0.5 算定方法 A／Bが1.00を超える道府県　（A×a）×（2/3）×0.7 A／Bが0.50を超え1.00以下のもの 　A×0.0025×（2/3）×0.7 a：Aの区分毎に次に掲げる率 AのうちB以下の分　　0.010 AのうちBを超えB×2までの分　　0.015

1　土木事業の災害復旧

	市町村	AのうちB×2を超える分　0.020
	適用条件（適用団体）	
	〔当該年度の前4年度の1月1日から前年度の12月31日までの3年間に発生した災害の公共復旧事業費（火災及び単独施行分を除く）の総額（A）＞（当該年度の前3年間の標準税収入の合計額（B）×0.5〕	
	算定方法	
	A/Bが1.00を超える市町村	
	A×0.01×0.8	
	A/Bが0.50を超え1.00以下の分	
	A×0.0025×0.8	

（備考）　災害に際しては、地方税や使用料その他の収入の減少、災害応急対策事業に係る負担、職員の超過勤務手当等、収入、支出の両面にわたり多大の財政負担があり、国庫補助金、地方債を勘案してもなおその額を個々ないし算出された額の合算額を特別交付税で措置するものとされているのである。また、地方団体毎にその内容に相違があるので、以上の算定方法によって算出された額の合算額を特別交付税で措置するものとされているのである。また算定方法は、土木、農林というように事項別に区分されていない。従って、以上の算定方法は公共土木災害に限定されず、公立学校施設、児童福祉施設、一般民家、農作物被害等上記算定事項に該当するものはすべて一括して算定されるものである。過年災、連年災の頃についてもおおむね同じ。
（出所）『地方財政要覧　令和5年12月』をもとに作成。以下、表2-7まで同じ。

63

るもの、災害復旧事業以外の事業の工事施工中に生じたもの、直高1ｍ未満の小堤、幅員2ｍ未満の道路等小規模な施設に係るものは対象外とされている。

（４）激甚災害指定時の国庫負担の上乗せ

　土木事業では、激甚災害に指定された場合、激甚災害法の規定によって、自治体の一般財源の実質的な財政負担がさらに軽減されることとなる。具体的には、表２－２以降で示されている災害復旧費等（公立学校施設、公営住宅等、保護施設、児童福祉施設、老人福祉施設、身体障害者社会参加支援施設、障害者支援施設等、婦人保護施設、感染症指定医療機関、感染症予防事業、堆積土砂排除事業、湛水排除事業）に係る自治体負担分（補助事業であれば補助裏の一般財源対応部分）の合計額の標準税収入に対する割合が、都道府県であれば10％、市町村であれば５％を超えた場合に、激甚災害法が適用され、国庫負担の上乗せ措置が講じられる。補助率の設定にあたっては、次のように、公共土木施設災害復旧事業費国庫負担法と同様に超過累進方式が用いられている。

○**都道府県の場合の補助率**

　　地方負担額が標準税収入額の

100分の10～100分の50までの部分	100分の50
100分の50～100分の100までの部分	100分の55
100分の100～100分の200までの部分	100分の60
100分の200～100分の400までの部分	100分の70
100分の400～100分の600までの部分	100分の80
100分の600～の部分	100分の90

○**市町村の場合の補助率**

　　地方負担額が標準税収入額の

100分の５～100分の10までの部分	100分の60

100分の10〜100分の100までの部分	100分の70
100分の100〜100分の200までの部分	100分の75
100分の200〜100分の400までの部分	100分の80
100分の400〜の部分	100分の90

(5) 地方財政措置

　土木事業（現年災）では、一般災害か激甚災害かの区別を問わず、地方負担額の100分の100について地方債が充当され、その元利償還金の100分の95が普通交付税措置される。

　地方債の充当率については、現在では、現年災の場合には100％（表2-2のように農林施設等については90％）、過年災の場合は90％（同様に農林施設等については80％）とされている。また、普通交付税における基準財政需要額への元利償還金の算入率の設定における考え方については、次のように説明されている。

> 　国庫負担の対象となった災害復旧事業債にかかる地方債（国の直轄事業の負担金にかかるものを含む。）については、当該事業が一定規模以上のものであり、且つ原則として既存施設の原形復旧であって当該団体に積極的な利益を与えるものでないこと、また、本来地方交付税の算定上災害復旧債は基準財政需要額に算入されていないこと等の理由で、その元利償還額の95％の額が基準財政需要額に算入される

（石原信雄「地方交付税算定上の地方債の取扱」『地方財政』昭和38年7月号）

　また、100％算入ではなく、あえて95％とした理由については、次のような論理からとされる。

> 　復旧工事によって当該団体に何かしらの利益があると考えられること

> （災害によって破壊された建物等が復旧された場合、その時までに減価償却された部分については当該団体にとって有利になる。）、特に改良復旧の場合には当該団体に与える利益が顕著であること等の理由による。

（前掲石原論考）

2　特別交付税の算定

　表2-1では、土木事業に限らず、広く災害時における主として経常的な経費に対応するための特別交付税の算定の考え方も示している。都道府県分は以下のように算定される（各単価は令和2年度時点）。

①国の補助金又は負担金を伴う災害復旧事業（除火災）、国施行災害復旧事業（除火災及び除森林災害復旧事業）、国の補助金を伴う災害対策事業費（除火災）の合計額×0.015
②り災世帯数（除火災）×1万7,600円
③農作物被害面積（除干害、凍霜害、冷害、雪害）(ha)×3,500円（ただし、農作物の作付面積の割合が30％を超えるものは5,900円）
④災害救助費×0.4（地方負担額が限度）
⑤死者及び行方不明者数（除火災）×87万5,000円（災害弔慰金）
⑥障害者数×43万7,500円

　市町村についても、表2-1で示したように、対象項目はやや異なるが、同じような積算がされる。そのうち、①は国庫支出金で一定程度補助され、一般財源所要額はすべて地方債で充当されたうえで、元利償還金の95％が基準財政需要額に算入されることに加えて、災害復旧事業費の1.5％相当の特別交付税措置があることになる。そのような特別交付税の算定の考え方については、『地方財政要覧』の該当箇所で次のように説明されている。

災害に際しては、地方税や使用料その他の収入の減少、災害応急対策事業に係る負担、職員の超過勤務手当等、収入、支出の両面にわたり多大の財政負担があり、国庫補助金、地方債を勘案してもなおその額は多額に上るもので、その額を個々に見積ることは実際上非常に困難であり、また、地方団体毎にその内容に相違があるので、以上の算定方法によって算出された項の合算額を特別交付税で措置するものとされているのである。また算定方法は、土木、農林というように事項別に区分されていない。従って、以上の算定方法は公共土木災害に限定されず、公立学校施設、児童福祉施設、一般民家、農作物被害等上記算定事項に該当するものはすべて一括して算定されるものである。過年災、連年災の項についてもおおむね同じ。

　過年災については、災害発生年度の負担率によるとされており、地方債の充当率は既述のように100分の90に引き下げられる。一方、連年災については、災害が続いた場合に適用されるものであるので、事業費の標準税収入割合に応じて定める補助率は、現年災のときよりも高く設定されている。また、特別交付税措置も設けられている。

3　公立学校、農地等

（1）公立学校と公営住宅

　公立学校と公営住宅については、表2-2のとおり、それぞれ補助率が3分の2と2分の1と定められている。激甚災害法では、既述のように公共土木施設等と共にプール計算方式で算定される。公立学校では、地方負担額に対する地方債の充当率は100分の100であるのに対して、公営住宅は100分の90であり、普通交付税措置は、公立学校では元利償還金の100分の95であるのに対して、公営住宅では、地方財政法第11条の2で普通交付税での財源保障の対象外であると明記されていることから、措置が設けられていない。施設の公共性という意味で、公立学校は

第3章　災害財政制度の基本的な枠組み

表2-2　災害に対する財政措置（2）－公立学校・農地等・森林災害復旧

対象	現年等	一般災害	激甚災害	地方債	普通交付税	特別交付税（令和2年度）
公立学校	現年災	公立学校施設災害復旧費国庫負担法　3分の2	公共土木施設等と共にプール計算方式で算定される。	地方負担額の100分の100	左の元利償還金の100分の95	
公営住宅	現年災	公営住宅法 公営住宅　2分の1 共同施設　2分の1 火災では地震による火災に限る	公共土木施設等と共にプール計算方式で算定される。	地方負担額の100分の90	なし 地方財政法第11条の2	
農地等	現年災	農林水産業施設災害復旧事業費国庫補助の暫定措置に関する法律（農業用施設） 農地、市町村の被害農業者1人あたりの復旧費8万円までの部分 　　　　　　　　　　10分の5　（10分の6.5） 沖振法によるかさ上げ 　8万円を超え15万円までの部分 　　　　　　　　　　10分の8　（10分の8） 15万円を超える部分 　　　　　　　　　　10分の8　（10分の9） 　　　　　　　　　　10分の9　（10分の10） 1箇所あたり工事費40万円未満は適用外	適用条件 [災害復旧事業債－通常の国庫補助額控除後の総数>2万円 国庫補助額/被災害農業者 算定方法 通常の国庫補助額控除後の被害農業者1人あたりの負担額 　1万円～2万円 　　　　　　　　10分の7 　2万円～6万円 　　　　　　　　10分の8 　6万円～ 　　　　　　　　10分の9	地方負担額の100分の90（備考）	左の元利償還金の100分の95	土木の欄を参照
		農林水産業施設災害復旧事業費国庫補助の暫定措置に関する法律 林地荒廃防止施設（法令により地方公共		地方負担額の100分の90	左の元利償還金の100分の95	

68

3　公立学校、農地等

		適用条件	地方負担額の100分の90	左の元利償還金の100分の95
		[災害復旧事業費―通常の国庫補助額]／被害林道の総延長>180円		
		算定方法		
		通常の国庫補助額控除後の1mあたりの負担額		
		110円～200円　10分の7		
		200円～500円　10分の8		
		500円～　　　　10分の9		

| 団体又はその機関の維持管理に属するものを除く） 10分の6.5 1箇所あたり工事費40万円未満は適用外 | 農林水産業施設災害復旧事業費国庫補助の暫定措置に関する法律 奥地幹線林道（その他の林道） 市町村の被害林道既設延長1mあたりの復旧費 1,000円までの部分　　10分の6.5（10分の5） 1,000円を超え1,200円までの部分 10分の9　（10分の7.5） 1,200円を超える部分 10分の10（10分の8.5） 1箇所あたり工事費40万円未満は適用外 | | | |

現年災（漁業施設、共同利用施設）については省略
過年災については、地方債（地方負担額の100分の80）、普通交付税（左の元利償還金の100分の95）のみ
連年災（農地、農業用施設、林道）については、被害額が大きい場合に一定の国庫補助あり

森林火災、激甚災害の場合に適用されることがある。地方債は国の予算等貸付金等の対象となる場合がある。特別交付税は、都道府県分として、都道府県が補助をして道府県の負担分が事業主体となる場合であっても、当然に地方公共団体自らの財源で支弁するものでなく、むしろ受益者が負担をもって支弁すべきものである。受益者には農林中金からの融資もある6分の1に相当する額に0.8を乗じて得た額。

（備考）　農地等の災害復旧は、本来私有財産の復旧であり、地方公共団体が事業主体となる場合であっても、当然に地方公共団体自らの財源で支弁するものでなく、むしろ受益者が負担をもって支弁すべきものである。受益者には農林中金からの融資もあること等を勘案し充当率が土木の場合より引き下げられている。

公営住宅に対して勝っているということと、公営住宅の場合には家賃収入が確保できることが、両者の取扱いの違いに反映されている。

(2) 農地等

　農地等では、農業（農業用施設）、林地荒廃防止施設、奥地幹線林道、漁業施設、共同利用施設の別に、農林水産業施設災害復旧事業費国庫補助の暫定措置に関する法律に基づいて補助率が設定されるとともに、激甚災害の際の補助率のかさ上げが、被害農業者1人あたりの負担額等に基づいて設定されている。

　農業水産施設については、一定の公共性は認められるものの、農業者や漁業者あるいはその共同組織の所有する民間資産であり、災害復旧に際して所有者による受益者負担が発生することはむしろ当然である。災害規模が大きくなるほど補助率を実質的に引き上げることなどを通じて、その受益者負担を引き下げて、事業者が負担可能な範囲に抑制することで、事業継続性を担保するところに制度のねらいがある。地方債の充当率は、地方負担額の100分の90となるなど、土木に比べると抑制されているが、基準財政需要額への算入については土木と同水準の元利償還金の100分の95である。

4　都市施設、社会福祉施設、教育施設等

(1) 都市施設・単独災害復旧事業

　表2-3では、まず激甚災害法の適用外となる都市施設（街路、都市排水事業、堆積土砂排除事業などであり、補助率2分の1）と、規模が小さいことや、庁舎などの公用施設であるなどの理由で、補助災害復旧事業とはされない単独災害復旧事業のスキームを示している。

　地方債の充当率は、両事業とも、単独事業の農地等を例外として100分の100である。一方、地方債の元利償還金の普通交付税における基準財政需要額への算入率は、都市施設等では100分の95であるが、単独災

害復旧・公共土木施設の場合、100分の95の5割に当たる100分の47.5を基本として、財政力補正によって100分の85.5まで引き上げるとしている。ただし、激甚災害の被災自治体に認められる公共土木施設の災害復旧費にかかる小災害特例債（制度の概要は後述）の場合には、特例的な措置として、通常が100分の95の7割に当たる66.5%であるのに対して、財政力補正によって100分の95まで引き上げるとしている。

　一般に、地方単独事業のうち、法令による義務付けが弱いか皆無であるような社会福祉分野の給付行政などの任意事業については、普通交付税の算定は事業費そのものを対象にするというよりも、一種の枠配分として算定され、事業費の全額が算定されないことも多い。一方、単独災害復旧・農地等の場合の基準財政需要額への元利償還金の算入率は、小災害特例債の場合には例外的に100分の100と高いが、その他では、公共土木施設の際と同じであって、補助事業に比べて低く設定されている。

（2）社会福祉施設等

　表2-3で示した保護施設、児童福祉施設や、表2-4で示した老人福祉施設、身体障害者社会参加支援施設、障害者支援施設等、婦人保護施設の社会福祉施設については、いずれも、災害復旧費について法律上の国庫補助の規定はなく、これまでの大災害においては、予算補助で対応してきている（補助率は2分の1が通例だが、一部例外あり）。ただし、激甚災害法が適用される際には、既述のように公共土木施設等と共にプール計算方式で算定される。すなわち、一般災害では、公共土木施設等に比べて補助率は低いものの、激甚災害となると同じ比率まで補助されることとなる。地方負担分の全額について地方債が充当でき、その元利償還金の基準財政需要額への算入率は、通常は47.5%であって、財政力補正によって最大85.5%まで引き上げられる。しかし、激甚災害法が適用される場合、元利償還金の算入率は95%に引き上げられる。

　表2-4で、感染症指定医療機関については、感染症の予防及び感染

表2-3 災害に対する財政措置（3）―都市施設等・単独災害復旧・保護施設・児童福祉施設

対象	現年等	一般災害	激甚災害	地方債	普通交付税	特別交付税（令和2年度）
都市施設等		街路・都市排水施設等 堆積土砂排除事業 予算補助 2分の1		地方負担額の100分の100	左の元利償還金の100分の95	
単独災害復旧	公共土木施設			対象事業費（特定財源を除く、以下、同じ）の100分の100	小災害特例債の場合 元利償還金の100分の95まで引上げ その他の場合 還金の100分の47.5、財政力補正により100分の85.5まで引上げ	左の元利償還金の100分の66.5、財政力補正により100分の85.5まで引上げ
	農地等			農地 通常の場合なし、激甚災害の場合（小災害債）で一般地は100分の50、被害甚大地は100分の74 農業用施設・林道 通常の場合100分の65、激甚災害の場合（小災害債）で一般地は100分の65、被害甚大地は100分の80	小災害特例債の場合 元利償還金の100分の100 その他の場合 還金の100分の47.5、財政力補正により100分の85.5まで引上げ	左の元利償還金の100分の66.5、財政力補正により100分の85.5まで引上げ

4　都市施設、社会福祉施設、教育施設等

			単独災害復旧事業として採択される事業（例）公用施設、災害応急復旧工事、災害関連工事、施設の災害復旧事業	補助災害復旧事業の採択基準に満たない事業、庁舎・試験場等の国庫補助制度があっても補助災害復旧事業の対象となっていない
保護施設	現年災	予算補助 2分の1	公共土木施設等と共にプール計算方式で算定される。	地方負担額の100分の100	左の元利償還金の100分の47.5、財政力補正により100分の85.5まで引上げ ※激甚災害の場合、左の元利償還金の100分の95
児童福祉施設	現年災	一般　都道府県・指定都市・中核市立のもの　2分の1　市町村立のもの　国4分の2・県4分の1 母子生活支援施設、保育所、知的障害児通園施設、盲ろうあ児施設及び肢体不自由児施設 都道府県・指定都市・中核市立のもの　2分の1ないし3分の1　市町村立のもの　国2分の1ないし3分の1、県4分の1ないし3分の1 なお、児童厚生施設及び児童家庭支援センターについては場合により国庫負担の対象外となる	公共土木施設等と共にプール計算方式で算定される。なお、左のなお書の国庫負担の対象とならない場合は除外される。	地方負担額の100分の100	左の元利償還金の100分の47.5、財政力補正により100分の85.5まで引上げ ※激甚災害の場合、左の元利償還金の100分の95

73

第3章 災害財政制度の基本的な枠組み

表2-4 災害に対する財政措置（4）―老人福祉施設等・感染症指定医療機関・感染症予防事業・堆積土砂排除事業・湛水排除事業等

対象	現年等	一般災害	激甚災害	地方債	普通交付税	特別交付税（令和2年度）
老人福祉施設	現年災	予算補助2分の1または3分の1（施設種別によって異なる）	公共土木施設等と共にルール計算方式で算定される。	地方負担額の100分の100	左の元利償還金の100分の47.5、財政力補正により100分の85.5まで引上げ ※激甚災害の場合、左の元利償還金の100分の95	
身体障害者社会参加支援施設・障害者支援施設等・婦人保護施設	現年災	予算補助2分の1	公共土木施設等と共にルール計算方式で算定される。	地方負担額の100分の100	左の元利償還金の100分の47.5、財政力補正により100分の85.5まで引上げ ※激甚災害の場合、左の元利償還金の100分の95	
感染症指定医療機関	現年災	感染症の予防及び感染症の患者に対する医療に関する法律 第1種及び第2種感染症指定医療機関 国2分の1　県2分の1	公共土木施設等と共にルール計算方式で算定される。			
感染症予防事業	現年災	感染症の予防及び感染症の患者に対する医療に関する	公共土木施設等と共にルール計算方式で算定される。	激甚災害の場合、災害対策		起債の元利償還金の100分

事業	区分	法律	施行主体	国庫補助	算定方式等	地方負担	起債充当率	元利償還
堆積土砂排除事業	現年災		都道府県 国2分の1、都道府県2分の1、保健所設置市 国2分の1、保健所設置市2分の1、一般市町村 国・都道府県・市町村3分の1ずつ（国が3分の2、都道府県が3分の1として）。	予算補助 2分の1	公共土木施設等と共にプール計算方式で算定される。但し、法令に負担補助規定のあるもの及び地方公共団体又はその機関以外のものを除く。また、森林組合等施行のものは、別に特別の援助措置がある。	地方負担額の100分の100 なお、単独事業に起債なし	起債の元利償還金の100分の95	の57
湛水排除事業	現年災			国庫補助なし	公共土木施設等と共にプール計算方式で算定される。但し、土地改良区等施行のものは、別に特別の援助措置がある。	激甚災害の場合、災害対策債として地方負担額の100分の100	起債の元利償還金の100分の57	

干拓者等の施設、天災による被害農林漁業者等に対する資金措置、共同利用小型漁船の建造費、中小企業信用保険法による災害関係保証の特例、事業協同組合等施設の災害復旧については省略

第3章　災害財政制度の基本的な枠組み

表2-5　災害に対する財政措置（5）―公立社会教育施設、私立学校施設、罹災者公営住宅建設

対象	現年等	一般災害	激甚災害	地方債	普通交付税	特別交付税（令和2年度）
公立社会教育施設	現年災	国庫補助なし	激甚災害法　3分の2　特定地方団体における1施設あたりの復旧事業費が60万円以上のもの	地方負担額の100分の100	左の元利償還金の100分の47.5、財政力補正により100分の85.5まで引上げ　※激甚災害の場合、左の元利償還金の100分の95	
私立学校施設	現年災	国庫補助なし	激甚災害法　2分の1　児童等1人あたり復旧工事費が750円以上の被災私立学校施設で、1学校あたりの工事費が、幼稚園60万円以上、特別支援学校90万円以上、小中学校150万円以上、高校210万円以上、短大240万円以上、大学300万円以上	地方負担額の100分の100	左の元利償還金の100分の47.5、財政力補正により100分の85.5まで引上げ	
母子及び父子並びに寡婦福祉に関する国の予算貸付、水防資材補助の特例については省略						
罹災者公営住宅建設	現年災	適用条件　滅失住宅が被災全域で500戸以上（火災の場合には300戸以上）、又は、一市町村の区域内で200戸以上、若しくは	適用条件　その市町村の区域内にある住宅の滅失戸数が100戸以上、又はその市町村の区域内の住宅戸数の1割以上の市町村算定方法	地方負担額の100分の100		

• 76 •

4　都市施設、社会福祉施設、教育施設等

	一市町村の区域内の住宅戸数の1割以上	公営住宅の建設につき4分の3（対象戸数は滅失住宅戸数の5割以内）
算定方法	公営住宅について3分の2（但し、対象戸数は滅失住宅戸数の3割以内）	

症の患者に対する医療に関する法律（以下「感染症予防法」という）によって、一般災害では国2分の1、県2分の1で補助され、激甚災害の場合には、公共土木施設等と共にプール方式で算定されるので、国負担分が増えることとなる。

　一方、感染症予防事業、堆積土砂排除事業、湛水排除事業は、いずれも激甚災害法では、公共土木施設等と共にプール方式で算定されるものの、一般災害における国庫補助や起債、交付税算入では取扱いが異なる。感染症予防法では一般災害で一定の国庫補助があり、激甚災害に指定された場合であって、一定の要件（23ページ参照）を満たす場合に、災害対策債の発行ができる（その元利償還金は、57％が特別交付税措置）。堆積土砂排除事業は、一般災害で2分の1の予算補助があり、地方負担の満額について地方債が充当できて、その元利償還金の95％が基準財政需要額に算入される。一方、湛水排除事業は、一般災害では国庫補助がないが、激甚災害に指定され一定の要件（23ページ参照）を満たす場合には災害対策債が100％充当でき、その元利償還金の57％に特別交付税措置がある。

（3）教育施設・罹災者公営住宅建設

　表2-5で示した公立社会教育施設と私立学校施設では、一般災害では国庫補助がなく、激甚災害の際に対象となるが、社会福祉施設のようにプール方式の算定ではなく、一定の補助率で国庫補

助が行われる。地方負担分については全額地方債が充当でき、その元利償還金の基準財政需要額への算入率は47.5％であって、財政力補正で85.5％まで引き上げられ、激甚災害の場合にはさらに95％に引き上げられる。

罹災者公営住宅建設は、一般災害、激甚災害のそれぞれで適用基準があり、補助率は前者では公営住宅について3分の2（ただし、対象戸数は滅失住宅戸数の3割以内）、後者では公営住宅の建設につき4分の3（対象戸数は滅失住宅戸数の5割以内）であり、地方負担の全額に地方債が充当できる。ただし、既述の公営住宅の場合と同様に、地方交付税措置はない。

5　公営企業、災害廃棄物処理、災害救助等

（1）公営企業

表2-6は、上水道、簡易水道、工業用水道、し尿処理施設、ごみ処理施設の地方公営企業関係に対する財政措置について示している。一般災害の場合、工業用水道を除けば2分の1の予算補助がある。一方、災害規模が大きいときには、個々の災害ごとの国による予算措置等で、通例の災害時よりも高い補助率で国庫補助がされてきた。表2-6にある「34年災」とは、伊勢湾台風をはじめ昭和34年に大規模災害が頻発した際に設けた分野別の特別法での対応を示している。

地方債は、基本的に対象事業費の全額に充当される。その一方で、上水道、簡易水道、工業用水道については、料金等で回収する公営企業の経営原則に照らして普通交付税措置はない。しかし、阪神・淡路大震災では、特例的に財政力に応じて47.5％～85.5％の範囲で、元利償還金の基準財政需要額への算入措置が設けられている。また、上水道と簡易水道については、特別交付税措置が一部で設けられている。一方、し尿処理施設とごみ処理施設では、一般災害で予算補助があり、過去の大災害（し尿処理では34年災、新潟地震（昭和39年）、十勝沖地震、阪神・淡路

大震災など）では、臨時的に国庫補助率の引き上げがあったほか、対象事業費の全額について地方債が充当でき、その元利償還金については通常47.5％が基準財政需要額に算入され、財政力補正によって85.5％まで引き上げられる。

（2）災害廃棄物処理・災害救助

表2-7では、まず災害時に重大な課題となるガレキ等の災害廃棄物の処理について、法律では2分の1の補助率で予算補助を想定している。過去の大災害では、特別法や補正予算での予算措置がなされたこともあった。起債事業ではないので、災害対策基本法での災害対策債の対象となる場合には、事業費の全額に地方債が充当できる。普通交付税措置はない一方で、国庫補助分2分の1の残りの部分の地方負担分の80％について、また地方負担（特別交付税措置残分）にかかる災害対策債の元利償還金の57％分について、それぞれ特別交付税措置がある（ただし、熊本地震や平成30年7月豪雨、能登半島地震などの近年の大災害では、災害廃棄物処理事業や中小企業グループ施設等復旧整備補助事業（能登半島地震ではなりわい再建支援事業の一部）については、災害対策債の元利償還金について、95％を普通交付税措置としている）。

火葬場・と蓄場と公的医療機関では、いずれも2分の1の予算補助があり、大規模災害での特別な対応がなされたほか、対象事業費の全額について地方債が充当できる。火葬場については、普通交付税措置として、元利償還金の47.5％が基準財政需要額に算入され、財政力補正によって算入率は85.5％まで引き上げられる。公的医療機関では、災害復旧事業債に係る地方債の元利償還金の財源に充てるため一般会計が繰り出した金額の2分の1について特別交付税措置がある。

また、災害救助法の対象となる災害救助については、既述のように、救助費用等の都道府県支弁分が100万円以上であることを適用条件とし、都道府県の支弁額／普通税収入に応じて、国庫負担率100分の50から100

第3章　災害財政制度の基本的な枠組み

表2-6　災害に対する財政措置（6）－上水道、簡易水道・工業用水道・し尿処理施設・ごみ処理施設

対象	災害等	一般災害	激甚災害	地方債	普通交付税	特別交付税（令和2年度）
上水道	現年災	水道法　資金の融通あっせん　予算補助2分の1	過去の特別立法（34年災）2分の1　新潟地震（昭和39年）予算補助　地上施設10分の8、地下施設2分の1　えびの、十勝沖、伊豆半島沖、日本海中部、三陸はるか沖地震　予算補助　地下施設3分の2、地上施設2分の1　阪神・淡路大震災　地上施設10分の8	対象事業費の100分の100　阪神・淡路大震災の場合、国庫補助金及び一般会計からの特別繰出しを除いた企業会計負担額の100%、および一般会計から企業会計への特別繰出100%	なし　但し、阪神・淡路大震災の場合は特別繰出に係る起債の元利償還金の47.5%～85.5%	都道府県分　高料金上水道事業に係る災害復旧工事に要する経費の財源に充てるため借り入れた地方債に要する元利償還の当該年度の財源に充てるため当該年度中に一般会計が繰出した金額×0.6　○市町村分　激甚な災害による被害を受けた市町村が経営する上水道事業（高料金災害復旧事業を除く）に係る災害復旧事業に要する経費の財源に充てるため昭和58年度以降に借り入れた地方債の当該年度における元利償還金の財源に充てるため当該年度中に一般会計が繰出した金額×0.5
簡易水道	現年災	予算補助2分の1	過去の特別立法（34年災）2分の1　新潟地震（昭和39年）予算補助　地上施設10分の8、地下施設2分の1　えびの、十勝沖、伊豆半島沖、日本海中部、道南西沖地震　予算補助　地下施設3分の2、地上施設2分の1	対象事業費の100分の100　上水道に同じ	なし　但し、阪神・淡路大震災の場合は上水道に同じ	災害復旧事業費の元利償還金の財源に充てるため一般会計から繰出した金額×0.5（甚大な災害による被害を受けた市町村に限る）

• 80 •

5 公営企業、災害廃棄物処理、災害救助等

工業用水道	現年災	補助なし	三宅島噴火 予算補助 地下施設10分の8、地上施設10分の8、雲仙普賢岳噴火 地下施設10分の8、地上施設 10分の8 阪神・淡路大震災 10分の8	対象事業費の100分の100 上水道に同じ	なし 但し、阪神・淡路大震災の場合は上水道に同じ
し尿処理施設	現年災	予算補助 2分の1	新潟地震（昭和39年）10分の3.5 阪神・淡路大震災 10分の8	対象事業費の100分の100	左の元利償還金の100分の47.5、財政力補正により100分の85.5まで引上げ
	現年災	予算補助 2分の1	過去の特別立法（34年災）3分の2 新潟地震（昭和39年）10分の8 十勝沖、北海道南西沖地震 3分の2 阪神・淡路大震災 10分の8	対象事業費の100分の100	左の元利償還金の100分の47.5、財政力補正により100分の85.5まで引上げ
ごみ処理施設	現年災	予算補助 2分の1	過去の特別立法（34年災）ごみ処理施設の復旧について3分の2 新潟地震（昭和39年）・十勝沖地震 予算補助 2分の1 日本海中部地震 予算補助 3分の2 阪神・淡路大震災 10分の8	対象事業費の100分の100	左の元利償還金の100分の47.5、財政力補正により100分の85.5まで引上げ

第3章　災害財政制度の基本的な枠組み

表2-7　災害に対する財政措置（7）―災害廃棄物処理、火葬場・と畜場、公的医療機関、港湾上屋、ガス、有線放送、災害救助

対象等		一般災害	激甚災害	地方債	普通交付税	特別交付税（令和2年度）
災害等廃棄物処理	現年災	廃棄物の処理及び清掃に関する法律　2分の1	過去の特別立法（昭和34年災）　3分の2　新潟地震（昭和39年）、十勝沖地震　予算補助　2分の1	災害対策基本法として災害対策債　地方負担の100分の100　（備考）3（発行可能団体）		国庫補助2分の1の残りの部分の地方負担分の80％について特別交付税措置、地方負担（特別交付税措置残り）について災害対策債の発行が可能であり、その元利償還金の57％分を特別交付税措置
火葬場・と畜場	現年災	予算補助2分の1	過去の特別立法（昭和34年災）　2分の1　新潟地震（昭和39年）、十勝沖地震　予算補助　2分の1	対象事業費の100分の100	火葬場に係る左の元利償還金の100分の47.5、財政力補正により100分の85.5まで	
公的医療機関	現年災	予算補助2分の1	過去の特別立法（昭和34年災）　2分の1　新潟地震（昭和39年）、十勝沖地震　予算補助　2分の1　阪神・淡路大震災　公立病院3分の2、その他2分の1	対象事業費の100分の100		災害復旧事業債に係る地方債の元利償還金の財源に充てるため一般会計が繰出した金額×0.5
港湾上屋	現年災			対象事業費の100分の100		
ガス	現年災			対象事業費の100分の100		災害復旧事業債に係る地方債の元利償還金の財源に充

5 公営企業、災害廃棄物処理、災害救助等

有線放送農協	共同利用施設として措置	共同利用施設として措置		
市町村営	現年災		対象事業費の100分の100	左の元利償還金の100分の47.5。財政力補正により100分の85.5まで	てるための一般会計が繰出した金額×0.5
災害救助	災害救助法適用条件 救助費用等の都道府県支弁分が100万円以上であること。 算定方法 都道府県の支弁額／普通税収入 標準税収入の2％以下の部分 国庫負担率100分の50 標準税収入の2％を超えて4％以下の部分 国庫負担率100分の80 標準税収入の4％を超える部分 国庫負担率100分の90		災害対策基本法 災害対策債として地方負担の100分の100 （備考）（発行可能団体）		災害救助費×40％（交付限度額）の特別交付税措置、国庫補助分2分の1からそれ以上の残りの部分の地方負担（特別交付税措置残分）について災害対策債の発行が可能であり、その元利償還金の57％分を特別交付税措置

（備考） 災害対策基本法は、「起債の特例」を定めた第102条で、「次の各号に掲げる場合においては、政令で定める地方公共団体は、政令で定める災害の発生した日の属する年度及びその翌年度以降でその年度を政令で定める年度に限り、地方財政法第五条の規定にかかわらず、地方債をもってその財源とすることができる。」とし、それに続く条文で、以下のように、第1号で歳入不足、第2号で災害対策債を認めている。
一 地方税、使用料、手数料その他の徴収金で総務省令で定めるものの当該災害のための減免で、その程度及び範囲が被害の状況

第3章　災害財政制度の基本的な枠組み

に照らし相当と認められるものによつてでもなお生ずる財政収入の不足を補う場合
二　災害予防、災害応急対策又は災害復旧で総務省令で定めるものに通常要する費用で、当該地方公共団体の負担に属するものの財源とする場合

同条文で、「政令で定める地方公共団体」について、災害対策基本法施行令は、次のように定めている。

徴収金の減免の額と災害予防、災害応急対策又は災害復旧に通常要する費用との合計額が、都道府県・指定都市：一千万円、指定都市以外の市で十万人以上：五百万円、人口三十万人未満十万人以上の市：三百万円、人口十万人未満五万人以上の市：百五十万円、その他の市及び町村：八十万円、を超えるものであつて、

(A) その年の一月一日から十二月三十一日までに発生した災害について、
① 公共土木施設災害復旧事業費国庫負担法第七条の規定により決定された事業費で激甚災害のため当該地方公共団体が施行する事業に係るもの又は災害復旧費国庫負担法第三条の規定により国が負担する事業で激甚災害のため当該地方公共団体が施行する事業に係るもの
② 公立学校施設災害復旧費国庫負担法第三条の規定により国が負担する事業で激甚災害のため当該地方公共団体が施行する事業に係るもの
③ 農林水産業施設災害復旧事業費国庫補助の暫定措置に関する法律第三条の規定により国が補助する事業で激甚災害のため当該地方公共団体の区域内で施行されるものに係るものの合計額が、当該地方公共団体の標準税収入額に相当する額を超える地方公共団体

二　その年の一月一日から十二月三十一日までに発生した激甚災害について、

災害救助法第四条第一項から第三項までに規定する救助が行なわれた市町村であつて、当該市町村の区域における救助に要した費用のうち都道府県（又は救助実施市）が支弁したものが当該市町村の標準税収入額の百分の一に相当する額を超えるもの

また、

(B) 著しく異常かつ激甚な非常災害が発生した場合において法第七十二条第一項の政令で定める地方公共団体は、第一項の規定にかかわらず、当該災害によりその財政運営に著しい支障が生じ、又はおそれがあるもの

分の80の補助率が超過累進方式で適用される。地方負担の全額に災害対策債が充当でき、普通交付税措置はないが、災害救助費の40％（交付限度額）について、また、国庫補助分2分の1からそれ以上の残りの部分の地方負担（特別交付税措置残分）について発行できる災害対策債の元利償還金の57％分に対して、特別交付税措置がある。

（3）歳入欠かん債・災害対策債

災害対策基本法は、「起債の特例」を定めた第102条で、「次の各号に掲げる場合においては、政令で定める地方公共団体は、政令で定める災害の発生した日の属する年度及びその翌年度以降の年度で政令で定める年度に限り、地方財政法第5条の規定にかかわらず、地方債をもつてその財源とすることができる。」とし、それに続く条文で、以下のように、第1号で歳入欠かん債、第2号で災害対策債を認めている。

> 一　地方税、使用料、手数料その他の徴収金で総務省令で定めるものの当該災害のための減免で、その程度及び範囲が被害の状況に照らし相当と認められるものによつて生ずる財政収入の不足を補う場合
> 二　災害予防、災害応急対策又は災害復旧で総務省令で定めるものに通常要する費用で、当該地方公共団体の負担に属するものの財源とする場合

同条文における「政令で定める地方公共団体」について、災害対策基本法施行令は、次のように定めている。

> 一　徴収金の減免の額と災害予防、災害応急対策又は災害復旧に通常要する費用の額との合計額が、
> 都道府県・指定都市：1000万円
> 指定都市以外の市で10万人以上：500万円

人口30万人未満10万人以上の市：300万円
　　人口10万人未満5万人以上の市：150万円
　　その他の市及び町村：80万円、を超えるものであって、
　（A）その年の1月1日から12月31日までに発生した災害につき、
　①公共土木施設災害復旧事業費国庫負担法第7条の規定により決定された事業費で激甚災害のため当該地方公共団体が施行する事業に係るもの又は国が施行し、当該地方公共団体がその費用の一部を負担する事業に係るもの
　②公立学校施設災害復旧費国庫負担法第3条の規定により国が負担する事業費で激甚災害のため当該地方公共団体が施行する事業に係るもの
　③農林水産業施設災害復旧事業費国庫補助の暫定措置に関する法律第3条の規定により国が補助する事業費で激甚災害のため当該地方公共団体の区域内で施行される事業に係るもの
　の合計額が、当該地方公共団体の標準税収入額に相当する額を超える地方公共団体
　（B）その年の1月1日から12月31日までに発生した激甚災害につき、
　　災害救助法第4条第1項から第3項までに規定する救助が行われた市町村であつて、当該市町村の区域における救助に要した費用のうち都道府県（または救助実施市）が支弁したものが当該市町村の標準税収入額の100分の1に相当する額を超えるもの
または、
二　著しく異常かつ激甚な非常災害が発生した場合における法第102条第1項の政令で定める地方公共団体は、第1項の規定にかかわらず、当該災害によりその財政運営に特に著しい支障が生じ、又は生ずるおそれがあるもの

（備考）　詳細な発行要件については23～24ページ参照。

（4）その他の補助制度等

　表2-8では、その他の災害関連の補助制度等を挙げている。災害弔

慰金の支給等に関する法律によって、災害弔慰金、災害障害見舞金、災害援助資金について国庫補助の規定がある。経常的な経費であって、適債性のある事業ではないので、地方債は充当されない。

防災集団移転促進事業は、防災のための集団移転促進事業に係る国の財政上の特例措置等に関する法律で、4分の3の補助率での国庫補助がされる。対象事業の100分の90について地方債が充当され、普通交付税措置はないが、特別交付税措置として、市町村分の以下の①〜③の合計額が講じられる。

①その年度における防災のための集団移転促進事業に係る国の財政上の特別措置等に関する法律に基づく国の補助金を伴う防災集団移転事業の地方負担のうち、一般財源を充当すべき額×0.5
②防災集団移転事業に係る地方債のその年度の元利償還額×0.8
③防災集団移転促進事業にかかる都道府県貸付金のその年度の元利償還額×0.5

急傾斜地崩壊防止施設、がけ地近接等危険住宅移転事業、自然災害防止事業、地震、豪雪については、表2-8で示したように、個別法等に基づいて国庫補助がされる。また、地方管理空港については、空港法に基づいて、滑走路等又は空港用地の災害復旧工事について国庫補助率10分の8（法律補助）、排水施設等の災害復旧工事について予算補助として10分の8以内で国庫補助がされる。地方負担の全額について地方債が充当され、その元利償還金の95％が基準財政需要額に算入される。

6　制度設計の考え方

以上のように、表2-1〜表2-8に沿って、災害に対する財政措置等の内容を紹介してきたが、一般災害における補助に関する法律的な根拠や、激甚災害法の適用のされ方、地方債の充当率、普通交付税の基準財

第3章　災害財政制度の基本的な枠組み

表2-8　災害に対する財政措置（8）―その他

対象	現年等	国庫負担等	地方債	普通交付税	特別交付税（令和2年度）
災害弔慰金、災害見舞金、災害障害見舞金、災害援護資金	現年災	災害弔慰金の支給等に関する法律 災害弔慰金：国4分の2、県4分の1、市町村4分の1 災害障害見舞金：国4分の2、県4分の1、市町村4分の1 災害援護資金：国4分の2、県4分の1、市町村4分の1			土木の項を参照
防災集団移転促進事業		防災のための集団移転促進事業に係る国の財政上の特例措置等に関する法律 補助率4分の3	対象事業費の100分の90		市町村分（1）～（3）の合計額 （1）その年度における防災のための集団移転促進事業に係る国の財政上の特別措置等に関する法律に基づく国の補助措置等を伴う防災集団移転事業の地方負担のうち、一般財源を充当すべき額×0.5 （2）防災集団移転事業に係る地方債のその年度の元利償還額×0.8 （3）防災集団移転促進事業にかかる都道府県貸付金のその年度の元利償還額×0.5
活動火山避難施設等整備		活動火山対策特別措置法 毎年度、政府は国の財政の許す範囲内で予算に計上し、補助金を交付する			
急傾斜地崩壊防止施設		急傾斜地の崩壊による災害の防止に関する法律 都道府県の施行する急傾斜地崩壊防止工事（補助率2分の1以内、工事費から受益者負担を控除した額）			

6 制度設計の考え方

がけ地近接等危険住宅移転事業	がけ地近接等危険区域からの住宅の移転事業 予算補助		
自然災害防止事業	災害対策基本法に基づく地域防災計画に掲げられている災害発生時に危険な区域において、災害の発生を予防し、または、災害の拡大を防止するために単独で実施する治山、砂防、地すべり、河川、急傾斜地崩壊、農業水利施設、海岸保全等の事業を対象とする（地方債）。		
地震	地震防災対策強化地域における地震対策緊急整備事業に係る国の財政上の特別措置に関する法律 消防施設、社会福祉施設、公立文教施設の補助の特例		
豪雪	豪雪地帯対策特別措置法　公立文教施設補助率のかさ上げ、基幹的市町村道の道府県代行 積雪寒冷特別地域における道路交通の確保に関する特別措置法 5条の2、6条 等の特例（道路） （積雪寒冷特別地域における道路交通の確保に関する特別措置法　除雪、防雪、凍雪害防止経費の国庫補助金 豪雪に際して地方公共団体が行う公共の施設の除雪事業に要する費用の補助に関する特別措置法　学校、社会教育施設、社会福祉施設に係る除雪経費の補助		
鉄道災害復旧	鉄道軌道整備法		
地方管理空港	空港法 滑走路等又は空港用地の災害復旧工事 国庫補助率10分の8 （法定補助） 排水施設等の災害復旧工事　予算補助 10分の8以内	地方負担額の100分の100	左の元利償還金の100分の95

政需要額への算入の割合、特別交付税での対応の有無、あるいは普通交付税措置とするか特別交付税措置とするかなどの点に関して、対象事業の性格と災害復旧事業における自治体の財政負担の軽重などに応じて、さまざまな濃淡、一種のグラデーションがかけられていることに気がつく。それらについては、概ね次のように説明できる。

（1）国庫負担金と国庫補助金の違い

　まず、国庫負担金と国庫補助金の違いについてである。災害復旧事業費等に対する国庫支出金には、先の表1で列挙した、法律で国が負担することを定めた国庫負担金（地方財政法第10条の3）と、国が政策的な判断により予算に基づいて補助金を交付する国庫補助金（地方財政法第16条）がある。表1にあるように、災害救助法、災害弔慰金の支給等に関する法律、公共土木施設災害復旧事業費国庫負担法、公営住宅法、公立学校施設災害復旧費国庫負担法、農林水産業施設災害復旧事業費国庫補助の暫定措置に関する法律に基づく国庫支出金が、災害復旧事業等に関係する国庫負担金に該当する。

　一般的に、国庫負担金の裏負担分は、既述のように公営住宅等法律で明記されている部分を除けば、地方財政法第11条の2において、「地方公共団体に交付すべき地方交付税の額の算定に用いる財政需要額に算入する」とされている。その場合、「財政需要額」とあって「基準財政需要額」と明記されていないので、特別交付税で対応するものであってよい。普通交付税の算定における基準財政需要額は、4月1日現在での測定単位を基にしているので、そもそも災害救助や災害復旧等に係る財政需要は普通交付税ではなく特別交付税対応が基本である。したがって、経常経費である災害救助費や災害弔慰金、災害障害見舞金は、特別交付税で対応される。もっとも、特別交付税は総額の制約があるので、投資的経費については、国庫負担金の残部である地方負担について、いったんは地方債を充当してその元利償還金の一部を基準財政需要額に算入す

ることを含めて、普通交付税ですべてまたは主に対応されることがほとんどである。

　一方、国庫補助金として交付されるもののなかには、個別法で、災害等の対応のために「国は（…）補助できる」と明記される場合と、それがなくて、国の補正予算等で文字どおり予算措置として交付される場合がある。通常では、国庫補助金の残部である地方負担分について、地方交付税で財源保障されることは、標準的な額として単位費用で措置されることがほとんどであって、個別自治体の実額に応じた算定は基本的にされない。しかし、表2-1～表2-8で示したように、国庫補助金の残部である地方負担についても、地方債の元利償還金の一定割合を基準財政需要額に算入するかたちで財源保障の対象となっている。

　ただし、その算入率は、国庫負担金事業の場合の95％に比して低く設定されることも多い。単独事業の場合には、それよりもさらに低く設定されるものもある。もっとも、一般的には算入率が低く設定されていても、財政力補正によって引き上げるものも多い。財政力補正を行う趣旨は、いうまでもなく、財政力の低い団体の災害復旧が滞らないように、本来の算入率に対して引き上げて、実質的な財政負担を減じることである。

　また、一般的に国庫補助金については、国の府省が予算で用意した財源を超えて、個別自治体からの交付要求があったときには、交付要綱に定めた補助率にもかかわらず、運用上、それを引き下げて、薄まきで交付するなどの措置が採られることがある。それに対して、災害復旧事業の場合には、補正予算で災害の規模に照らして所要額が確保されるように努力されることが通例であり、補助率が引き下げられることは通常ない。その意味では、国庫負担金事業と国庫補助金事業では、算入率などの地方交付税の算定上の違いを除けば、運用の実態としてそれほどの違いがあるわけではない。

（2）国庫補助率

次に国庫支出金の補助率であるが、公共土木施設災害復旧事業費国庫負担法と激甚災害法で、財政力に応じて補助率を超過累進方式で高く設定しているところが特徴的である。財政力が弱く、災害復旧費の規模が相対的に大きい団体では、もっとも高い補助率で補助金が交付されることと、地方負担に係る災害復旧事業債等の元利償還金が95％ときわめて高い割合で基準財政需要額へ算入されることで、災害復旧事業に対する事実上の財政負担は、法が対象とする事業に関していえば限定的にしか生じないように設定されている。

その一方で、公共土木施設災害復旧事業費国庫負担法等の対象外である事業については、補助率2分の1が基本であるが、その施設の公共性や、災害復旧事業としての緊急度の高さ、地方公営企業や何らかの受益者負担が徴収される公共施設であるとき、あるいは個人の資産形成につながる要素があるかどうかなどを勘案して、補助率が引き下げられるか、一般災害時には交付されないなどの場合がある。地方債の充当率についても、同じ傾向を読み取ることができる。

7　災害財政制度を総覧する

図1は、表2-1～表2-8で示した個別の事業を総覧的に示したものである。まず上段については、激甚災害法で網羅された事業群である。そのなかには、国庫負担金事業と、国庫補助金事業、単独事業があり、例外的に地方債措置のない経常経費が含まれている。激甚災害法でカバーされるものは、ほとんどが公共土木施設等と共にプール計算方式で算定されるが、なかには単に補助率の引き上げとなる事業もある。

そこには土木事業や公共施設に対する主要な災害復旧事業が含まれており、激甚災害法の適用になるかならないかで国庫補助の割合が大きく異なるので、自治体の財政負担で大きな差が生じる。また、都市計画税といった特定財源がある都市施設等と、規模が小さいので補助災害復旧

7　災害財政制度を総覧する

図1　主な災害復旧等に係る財政制度の全体像

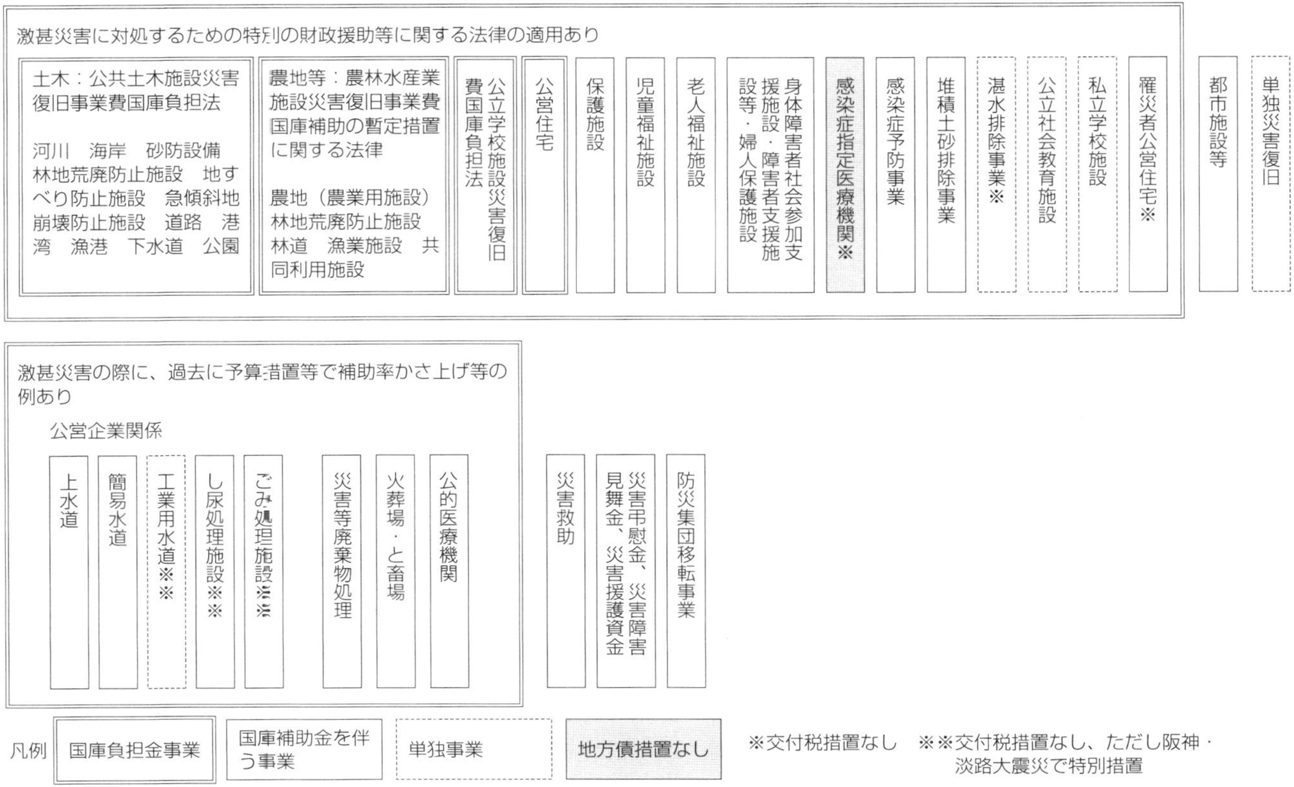

激甚災害に対処するための特別の財政援助等に関する法律の適用あり

- 土木：公共土木施設災害復旧事業費国庫負担法
  - 河川　海岸　砂防設備　地すべり防止施設　急傾斜地崩壊防止施設　道路　港湾　漁港　下水道　公園
- 農地等：農林水産業施設災害復旧事業費国庫補助の暫定措置に関する法律
  - 農地（農業用施設）　林地荒廃防止施設　林道　漁業 共同利用施設
- 公立学校施設災害復旧費国庫負担法
- 公営住宅
- 保護施設
- 児童福祉施設
- 老人福祉施設
- 身体障害者社会参加支援施設等・婦人保護施設・障害者支援施設
- 感染症指定医療機関※
- 感染症予防事業
- 堆積土砂排除事業
- 湛水排除事業※
- 公立社会教育施設
- 私立学校施設
- 罹災者公営住宅※
- 都市施設等
- 単独災害復旧

激甚災害の際に、過去に予算措置等で補助率かさ上げ等の例あり

公営企業関係
- 上水道
- 簡易水道
- 工業用水道※※
- し尿処理施設※
- ごみ処理施設※※
- 災害等廃棄物処理
- 火葬場・と畜場
- 公的医療機関

- 災害救助
- 災害弔慰金、災害見舞金、災害障害援護資金
- 防災集団移転事業

凡例
- 国庫負担金事業
- 国庫補助金を伴う事業
- 単独事業
- 地方債措置なし
- ※交付税措置なし　　※※交付税措置なし、ただし阪神・淡路大震災で特別措置

93

事業の対象にならなかったものや庁舎等の公用施設などの単独災害復旧は、激甚災害法の対象とならないことにも注意が必要である。

次に下段は、公営企業関係や災害等廃棄物処理など、激甚災害であって過去に予算措置等で補助率のかさ上げが行われたものからなる事業群である。そこでは、過去の事例に照らすと、災害の規模が大きく、被災自治体の財政力に鑑みて、財政措置が必要と判断される場合に、手厚い財政支援を特例的に設ける余地のあるものである。その意味で、**被災自治体が、特例的に手厚い財政支援を求めようとするときに、国に対して働きかける有力な候補となる**。そのほか、下段で示したように、災害救助法に基づく災害救助や、災害弔慰金の支給等に関する法律に基づく災害弔慰金等と、災害復旧事業には区分されない防災集団移転事業などが、それぞれ重要な仕組みとして存在している。

本書でこれまで強調してきたように、自治体の財政担当者としては、図1の災害財政制度の全体像について、日頃から理解をしておく必要がある。災害復旧事業のなかには、法整備がなされ、過去の実績もあり、制度的に対応されているものもあれば、そのときどきに政府が必要度等を勘案して、政策判断として補助金を交付したり、補助率を高めたりして対応される場合がある。より多くの財政支援を受けようと思えば、規模と内容が類似する過去の災害において、どのような予算措置が行われたかを明らかにして、同様の予算措置の実現をめざす必要がある。そのためには、災害財政制度の内容と、財政支援の考え方の理解が欠かせない。

大規模な自然災害が生じたとき、政府はこれまで、一定のレベルまでの復旧・復興を進めることは国にとっての責務であると考え、その実現をめざすにあたり、図1の制度を基本としながらも、被災自治体の個別の財政力等に鑑みて、財政的に耐えうる程度までは財政支援を行うように、予算措置やときには特別法によって対応してきた。その考え方は今後も変わらないとみるべきであろう。

図1の内容は、大災害を契機としてその不備が見直され、改正を重ねるなど、基本的に充実する方向で発展してきた。近年では、どのような施設等を対象として財政支援を行い、どの範囲で復旧をめざすのか、復旧の延長にある復興に対してどこまで国が財政支援をするのかの線引きは、阪神・淡路大震災や東日本大震災で飛躍的に引き上げられてきた。そのような経緯についても十分踏まえておくことが有益である。

8　激甚災害法の指定要件

（1）本激指定と局激指定

　以上で述べてきたように、激甚災害法に指定されるかどうかは、自治体の財政負担の大きさを左右する要因である。本章の第1節から第5節で述べてきたように、激甚災害法に適用されると国庫支出金の補助率が格段に上がり、被災団体の財政負担が小さくなる。それだけに、激甚災害に指定されるかどうかは、財政担当者にとっては強い関心の対象となる。

　災害復旧事業等の財政制度において、災害救助法の適用要件、災害対策基本法の災害対策債・歳入欠かん債の適用要件と並んで重要なのが、激甚災害法の指定要件である。激甚災害の指定では、災害の発生を受けて、市町村・都道府県による被害状況の調査が行われ、各府省による査定見込額の算定がなされた上で、その結果を基に激甚災害（本激）の指定基準に達していた場合に指定される。指定基準に該当していない場合であって、局地激甚災害（局激）指定基準に該当するかどうかの査定が行われ、それに該当する場合には、局激指定が行われる。指定の際には、あらかじめ中央防災会議の意見をきかなければならないとされている（激甚災害法第2条第3項）。本激では、地域を特定せずに災害そのものを指定するのに対して、局激については市町村単位で災害指定が行われる。

（2）指定のフローと要件

激甚災害法第3条と第4条で定める「公共土木施設災害復旧事業等に関する特別の財政援助」についての指定は、図2のようなフローに従う。

1 本激指定

まず、本激A基準として、

全国査定見込額　＞　全国標準税収入　×　0.5％

とされる。被災地が広範囲にわたる全国的な規模での災害であれば該当するが、特定の地域に限り深刻な被害が生じている場合には基準に満たないこともあり得る。そこで本激B基準として、

全国査定見込額　＞　全国標準税収入　×　0.2％

であって、かつ、

（1）都道府県分の査定見込額　＞　当該都道府県の標準税収入　×　25％

または

（2）都道府県内市町村分の査定見込額合計　＞　当該都道府県内市町村の標準税収入合計　×　5％

を満たす都道府県が1以上あれば、本激に指定される。

2 局激指定

ついで本激Bに該当しない場合であっても、以下の局激基準のいずれかに該当する市町村が1以上ある災害（査定事業費の額を合計した額が概ね1億円未満を除く）については、局地激甚災害に指定される。

- 査定事業費（1千万円未満のものを除く）　＞　標準税収入×50％
- 標準税収入50億円以下の市町村であって、査定事業費（2.5億円超である場合）　＞　標準税収入×20％
- 標準税収入50億円を超え100億円以下の市町村であって、査定事業費　＞　標準税収入×20％＋（標準税収入−50億円）×60％

8 激甚災害法の指定要件

図2 激甚災害指定フロー（激甚災害法第2章　公共土木関係）

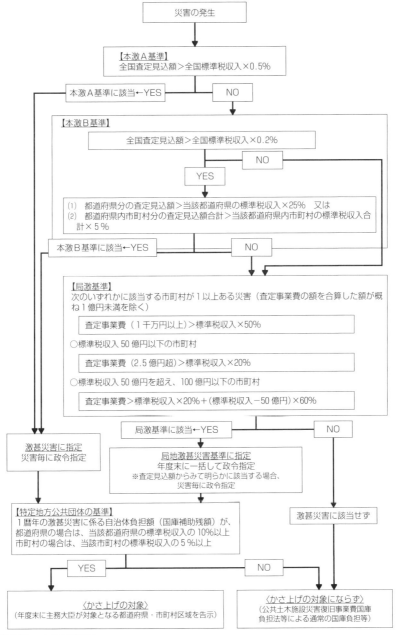

（出所）　内閣府資料。

3 その他の指定基準

　そのほかの激甚災害の指定基準としては、第5条「農地等の災害復旧事業等に係る補助の特別措置」では農地等の災害復旧事業費等の査定額に応じて、第6条「農林水産業共同利用施設災害復旧事業費の補助特例」では農業被害見込額や漁船等の被害見込額に応じて、第8条「天災による被害農林漁業者等に対する資金の融通に関する暫定措置の特例」では農業被害額に応じて、第11条の2「森林災害復旧事業に対する補助」では林業被害見込額に応じて、第12条「中小企業信用保険法による災害関係保証の特例」では中小企業関係被害額に応じて、第22条「罹災者公営住宅建設等事業に対する補助の特例」では被災地全域滅失戸数に応じて、本激と局激のそれぞれについて定められている。どの基準に該当するかによって、適用措置は変わってくる。

（3）査定と審査手続き

　内閣府（防災担当）が取りまとめた「激甚災害制度Q&A」（平成28年6月更新）では、激甚災害の指定手続きについて、本激の場合、以下のように説明されている。

　災害が発生した場合、事業所管省庁がそれぞれ被害状況の把握に努め、公共土木施設等の災害復旧事業や農地、農業用施設等の災害復旧事業等については、被害報告額と全国の平均査定率から災害復旧事業費の査定見込額を算出し、内閣府に報告します。
　内閣府は、この報告等を基に気象庁と協議をし、災害の被災地域や期間を確定させます。全国的な災害とはいえ、気象条件が違えば、同日の災害であっても一連の災害であるとは限りません。例えば大雨による被害が発生してもそれが台風による雨なのか、前線による雨なのか等により災害の種類は変わってきます。
　確定した災害の被災地域や期間を踏まえ、その災害に係る災害復旧事業の査定見込額を算出し、激甚災害指定基準(昭和37年12月7日中央防

> 災会議決定) と照らし合わせます。
> 　内閣府は激甚災害の指定政令案を作成し、内閣法制局の審査、中央防災会議への諮問、中央防災会議からの答申、閣議決定を経て指定政令が公布・施行されます。
> 　この間、関係省庁とともに早急に激甚災害指定を行うよう鋭意努力していますが、全国からの被害報告額を集計し、内閣法制局審査等の手続を経て、指定政令の公布に至るまで災害の種類にもよりますが、発災日から1ヶ月〜2ヶ月程度の期間を要するのが通例です。

　そこでは、被害状況の把握と災害復旧事業費の査定見込額を算定するところから始まって、各種の審査手続きを踏むとして、激甚災害の指定の交付に至るまで、発災日から1か月から2か月要するとされている。もっとも、後述する熊本地震では、4月14日以降発生した熊本県等を震源とする地震の発生から2週間足らずの25日に閣議決定され、26日に公布・施行されている。能登半島地震はさらに早く、1月1日の発災日から10日後の11日に、閣議決定及び公布・施行されている。このように、近年では、激甚災害の指定をできるだけ急ぐことで早期復旧の一助とすることも多い。

(4) 小災害特例債制度

　次に、小災害特例債制度について概説する。同制度は、激甚災害の被災自治体で一定要件を満たす地方公共団体に認められる単独災害復旧事業についての特例的な措置である。

　小災害特例債を発行できる自治体の要件は、①公共土木施設小災害債、②公立学校施設小災害債、③農地、農業用施設、林道小災害債ごとに定められている。以下、①及び②について概説すると、起債の要件は、両者に共通して、

　公共土木施設、公立学校施設、農地農業用施設、林道の激甚災害復旧事業

費の合計額が当該地方団体の標準税収入に相当する額を超える団体であって、公共土木小災害債と公立学校施設小災害債の合計が1件限度額（後述）を超える団体

であるか、

激甚地としての特定地方団体であって、①では公共土木施設小災害債、②では公立学校施設小災害債が、いずれも1件限度額を超える団体

である場合とされる。

起債の1件限度額は、自治体の規模ごとに、次のように定められている。

都道府県・指定都市　　800万円
人口30万人以上の市　　400万円
人口10万人以上の市　　250万円
人口5万人以上の市　　150万円
その他の市町村　　　　80万円

小災害特例債の対象範囲は、①では、「1箇所の工事の費用が都道府県及び指定都市にあっては80万円以上120万円未満、その他の市町村にあっては30万円以上60万円未満」であり、②では「1学校ごとの工事の費用が10万円を超えるもの（国庫負担事業を除き、1学校1施設の工事の費用が都道府県で80万円未満、指定都市、市町村分で40万円未満のものに限る。）」である。地方債の充当率は、最低事業費の100分の100であって、元利償還金の66.5％（財政力補正により95％まで引き上げ）が基準財政需要額に算入される。

第4章

阪神・淡路大震災における財政措置

1 阪神・淡路大震災までの災害財政制度の経緯

　内閣府の『防災白書』（令和3年度）は、「戦後の防災法制度・体制の歩み」という年表風の資料を示して、法制度の導入・改正の契機となった災害等と、災害対策として実現した主な法制度を対比させている。たとえば、昭和22年の災害救助法は、前年の南海地震の教訓によるものであり、死者数が5,000人を超えた昭和34年9月の伊勢湾台風は、昭和36年の災害対策基本法制定の契機の1つとなったとされている。

　昭和34年は伊勢湾台風の前の7月や8月にも台風による被害があり、それに対する災害復旧事業の財政負担を支えるには、当時の公共土木施設災害復旧事業費国庫負担法などの財政支援方策では耐えられないという判断から、その当時の通例として、特別立法で対応することとされた。昭和34年の災害対応のために設けられた11の特別法について、その名称を以下に列挙する（下線は筆者）。

・昭和三十四年七月及び八月の水害又は同年八月及び九月の風水害を受けた農林水産業施設の災害復旧事業等に関する特別措置法（昭和34年12月3日法律第169号）
・昭和三十四年七月及び八月の水害又は同年八月及び九月の風水害を受けた公共土木施設等の災害復旧等に関する特別措置法（昭和34年12月3日法律第171号）
・昭和三十四年七月及び八月の水害又は同年八月及び九月の風水害を受けた地方公共団体の起債の特例等に関する法律（昭和34年12月4日法律第175号）
・昭和三十四年七月及び八月の水害又は同年八月及び九月の風水害を受けた市町村職員共済組合の組合員に支給する災害見舞金の額の特例に関する法律（昭和34年12月7日法律第179号）

- 昭和三十四年七月及び八月の豪雨、同年八月及び九月の暴風雨又は同年九月の降ひょうによる被害農家に対する米穀の売渡の特例に関する法律（昭和34年12月7日法律第180号）
- 昭和三十四年七月及び八月の水害又は同年八月及び九月の風水害を受けた地域における失業対策事業に関する特別措置法（昭和34年12月9日法律第183号）
- 昭和三十四年七月及び八月の水害又は同年八月及び九月の風水害を受けた地域における公衆衛生の保持に関する特別措置法（昭和34年12月10日法律第184号）
- 昭和三十四年七月及び八月の水害又は同年八月及び九月の風水害を受けた都道府県の災害救助費に関する特別措置法（昭和34年12月10日法律第186号）
- 昭和三十四年七月及び八月の水害又は同年八月及び九月の風水害を受けた者に対する母子福祉資金の貸付に関する特別措置法（昭和34年12月10日法律第188号）
- 昭和三十四年七月及び八月の水害又は同年八月及び九月の風水害に際し災害救助法が適用された地域における国民健康保険事業に対する補助に関する特別措置法（昭和34年12月10日法律第189号）
- 昭和三十四年七月及び八月の水害又は同年八月及び九月の風水害を受けた者等に対する福祉年金の支給に関する特別措置法（昭和34年12月10日法律第190号）

そこでは、既存補助金の補助率のかさ上げなどの措置が、個別の政策課題ごとに法定化されている。それに対して、災害対策基本法は、それまで個別法で政策判断として都度対応してきたことを改め、恒久法として、災害復旧に限らず災害予防や救助活動を含めて、災害対策の体系とその枠組みを定めるかたちで、昭和36年に制定されている。その目的は、第1条で次のように定められている。

> 第１条　この法律は、国土並びに国民の生命、身体及び財産を災害から保護するため、防災に関し、基本理念を定め、国、地方公共団体及びその他の公共機関を通じて必要な体制を確立し、責任の所在を明確にするとともに、防災計画の作成、災害予防、災害応急対策、災害復旧及び防災に関する財政金融措置その他必要な災害対策の基本を定めることにより、総合的かつ計画的な防災行政の整備及び推進を図り、もつて社会の秩序の維持と公共の福祉の確保に資することを目的とする。

　ついで、昭和37年に激甚災害法が制定されたことで、災害復旧についての基本的な枠組みができている。その後も自然災害は毎年のように起きているが、幸いにして、災害による死者数が年間で1,000人を超える年は、昭和34年以降は長い期間にわたって生じず、災害財政制度は、基本的に図１（93ページ）で示した既存の枠組みのなかで対応されてきた。

2　特例法で対応した阪神・淡路大震災

（１）特例法と被害の特徴

　そうしたなかで、平成７年に阪神・淡路大震災が発生している。死者数は6,000人を超え、地震被害に火災も加わり、都市直下型地震として経験したことのない被害に見舞われた。過去に例のない規模での災害復旧事業が必要となり、既存の災害財政制度に拠っていては、被災自治体の財政逼迫が避けられず、所要の災害復旧事業を支えられない状況となった。そこで、災害復旧等の財政支援のために制定されたのが、阪神・淡路大震災に対処するための特別の財政援助及び助成に関する法律（以下「阪神・淡路大震災財特法」という）である。同法は、通常国会開催中であったことも幸いして、１月17日の発災からわずか６週間後の３月１日に、公布・施行されている。また、それらの法律に伴う財政措置を

盛り込んだ、平成6年度第2次補正予算は、2月28日に成立している。

　阪神・淡路大震災の財政支援等のために制定された法律は、阪神・淡路大震災財特法に限らず、平成6年度の地方交付税の総額の特例等に関する法律（特別交付税の増額への対応）、地方税法の一部を改正する法律（地方税の減免等）、被災市街地復興特別措置法など16本に及んでいる。

　阪神・淡路大震災のような文字どおりの大災害に対する財政措置を考えるに際して、もっとも重要となるのは、その災害被害の深刻さ、面的広がり、打撃を受けたインフラや施設の特徴などである。既述のように、死者数は関連死を含めて6,000人を超えた。大都市を襲ったので木造家屋の倒壊が相次ぎ、そこに火災が重なったこともあって、全壊9万3,000棟を超える甚大な住宅被害があった。それに伴って大量の災害ガレキが発生し、道路、橋りょう、河川などのインフラに甚大な影響が生じた。また、ライフラインである水道の断水、ガスの供給停止、停電が生じ、携帯電話が十分普及していなかった当時、固定電話の不通という深刻な状況が続いた。衝撃を与えたのは高速道路の倒壊の映像であったが、それ以外にも鉄道施設が壊滅的な打撃を受け、神戸港などで港湾施設（一部は埠頭公社などの第三セクター等の所有）に甚大な被害が発生した。そのような被害状況にあって、次のような対応がなされた。以下、次の論考を基に記述する。

○陶山具史「阪神・淡路大震災対策に係る地方財政措置について（中間報告）」『地方財政』平成7年4月
○石井隆一・武井丈二・関博之・末宗徹郎・坂本森男・平嶋彰英・満田誉「阪神・淡路大震災に係る地方財政対策について」『地方財政』平成7年5月
○片木淳「阪神・淡路大震災　地方公営企業の災害復旧に対する財政措置について」『公営企業』平成7年4月

〇青木信之「阪神・淡路大震災の復興に係る特別な財政措置について」『地方財政』平成7年12月

（2）災害対策債の特例措置

　災害救助法の適用は、兵庫県と大阪府の15市10町に及んだ。第2章で述べたように、通常の場合、災害救助に発生する費用は、市町村が一時繰り替え支弁する部分も含めて都道府県が負担する。都道府県が支弁した経費は、標準税収入に対する割合に応じて、国費により100分の50～100分の90の間で負担されるが、兵庫県の場合には100分の80以上となった。地方負担分については、恒久措置では、災害救助費の40%に相当する額（ただし地方負担額の範囲内）が特別交付税措置の対象とされるほか、一定の要件（23ページ）を満たす場合に災害対策債を充当でき、その元利償還金の57%が特別交付税措置されることとなっている。それに対して、阪神・淡路大震災では、次のような特例措置が講じられた。いずれも被災自治体である兵庫県の財政負担の軽減を図るための措置である。

- 災害救助事業の地方負担の100%について災害対策債が充当され、その元利償還金の95%が特別交付税措置される
- 災害対策債は、通常、災害発生年度に限り発行できる（災害対策基本法第102条）が、阪神・淡路大震災財特法第80条により平成6年度に限らず、平成7年度も発行可能とする
- 災害対策債に係る政府資金の償還期間は、現行4年以内（うち据置期間1年以内）を10年以内（うち据置期間2年以内）とする

　以上の特例措置では、阪神・淡路大震災が年度末に近い1月17日の発災であったことへの配慮として、災害対策債の発行を発災翌年度も可能としている。昭和22年の災害救助法や昭和36年の災害対策基本法が制定

された当時の主な自然災害は台風等に伴う洪水などであり、季節は夏から秋が中心であったので、災害対策債や歳入欠かん債が発災の年度内に限った運用で対応できることを想定していた可能性がある。それに対して、地震災害は季節を選ばないので、発災日によっては翌年度に繰り越す対応を想定する必要があった。

(3) 公費によるガレキ処理に対する特例措置

災害廃棄物であるガレキ処理の公費負担も、阪神・淡路大震災では大きな課題となった。被害の大きな地域では災害ガレキが路面を塞ぎ、そこに火災被害が重なったこともあって、ガレキ処理が進まない限り、早期復旧は望めない状況であった。被災した住宅の解体・撤去については所有者負担が原則であるが、被災者の経済負担を軽減し、復旧を急ぐ趣旨から、被災自治体からの要望もあって実現したのが、既述の災害対策債の特例を含む次のような公費によるガレキ処理の財政措置である。

- ガレキのうち、住宅・建物物系（大企業に係る部分は除く）については災害廃棄物として市町村が解体・収集・運搬・処分し、国は2分の1を負担する
- 解体については、法文上は市町村の責任ではないが、市町村が解体を行うこととし、国庫補助の対象とする
- 災害廃棄物処理事業に要する経費から国庫補助金を除いた市町村負担については災害対策債が全額充当できるが、元利償還金の特別交付税措置を従来の57％に対して95％とする
- 災害対策債は、通常、災害発生年度に限り発行できる（災害対策基本法第102条）が、阪神・淡路大震災財特法第80条により平成6年度に限らず、平成7年度も発行可能とする
- 災害対策債に係る政府資金の償還期間は、現行4年以内（うち据置期間1年以内）を10年以内（うち据置期間2年以内）とする

（4）激甚指定の特例措置

　次に、激甚災害法の適用について、阪神・淡路大震災では以下のような特例措置がとられた。通常は、公共土木施設災害等に係る財政援助を適用するためには、公共施設等の被害状況をとりまとめる必要がある。しかしながら、阪神・淡路大震災では、被害状況が明らかに大きく、公共施設被害額等の確定には相当な時間を要すると目された。その反面で、激甚被害の指定を早急に行うことで甚大な被害からの復旧を速やかに行うべきと考えられたことなどから、地震発生後1週間を待たない1月23日に、公共土木施設、農林業、中小企業等について激甚指定が閣議で行われ、25日に政令の公布・施行が行われている。

　しかし、早期に激甚指定がなされても、公共土木施設の被害額が確定しなければ、どの自治体が対象となるかが判明しないことから、特定の自治体が激甚災害法の対象となるかどうかが確定するまでに一定の時間を要することとなる。それに対して、阪神・淡路大震災財特法は、兵庫県及び政令で定める市町村を対象とする特定被災地方公共団体制度を設けた。特定被災地方公共団体になると、阪神・淡路大震災財特法による補助率のかさ上げの対象となるとともに、激甚災害法における特定地方公共団体とみなされて、災害復旧事業に係る地方負担の確定を待つことなく激甚災害法の財政援助措置が適用される。

（5）災害復旧に係る特例的な地方財政措置

　阪神・淡路大震災における災害復旧事業に係る特例的な地方財政措置は、次の4つに区分される。

①激甚災害法と阪神・淡路大震災財特法の適用対象となった一定の事業並びに国の平成6年度第2次補正予算に基づき国が補助負担する一定の事業について、補助災害復旧事業債を充当する。

②阪神高速道路公団、神戸港埠頭公社、所定の民間鉄道及び商店街振興組

合等の災害復旧事業に係る地方公共団体からの補助金については、新たに災害単独復旧事業債の充当対象にする。

③地方公営企業に係る災害復旧事業については、一般会計からの繰出基準を整備することとし、それに基づく繰出金について単独災害復旧事業債の充当対象とする。

④単独災害復旧事業債について交付税措置率の引き上げを行う。

1 補助率の引き上げ・追加

①では、既述のように激甚災害法の適用に特例的措置を講じたうえで、激甚災害法では補助率のかさ上げの対象となっていない病院、水道、社会福祉施設等の災害復旧事業について、阪神・淡路大震災財特法に基づいて対象とすることで高率補助を行っている。それに加えて、阪神・淡路大震災財特法に基づいて従来の国庫補助率を引き上げたり、従来、国庫補助の対象外であった災害復旧事業（例えば消防施設）に国庫補助を行ったりしたほか、一部で補正予算による予算措置で国庫補助を行っている（補正予算での対応例としては、専修学校や外国人学校への国庫補助がある）。

2 自治体から阪神高速道路公団、神戸港埠頭公社、民間鉄道及び商店街振興組合等への補助金に係る措置

②では、阪神高速道路公団の災害復旧事業費の負担は、公団法の規定に基づいて、兵庫県内部分は国が10分の8、県が10分の1、市が10分の1、大阪府内では国が3分の2、府が6分の1、市が6分の1とされ、府県市から公団への補助金部分は単独災害復旧事業債の対象とされた。

神戸港埠頭公社の災害復旧では、岸壁の災害復旧事業について阪神・淡路大震災財特法に基づき、国が10分の8、神戸市が10分の2で補助し、市の補助金について単独災害復旧事業債を充当できるとした（岸壁以外の外貿埠頭については阪神・淡路大震災財特法に基づいて国が20％、市が20％について無利子融資）。

また、鉄道軌道整備法に基づき、所定の民間鉄道に対して、国4分の1、地方4分の1の補助を行うこととされ、自治体の補助金について単独災害復旧事業債の充当ができるとした（補助対象外とされた阪急電鉄やJR西日本には事業費の2分の1について日本開発銀行により融資）。

　商店街振興組合等が行う災害復旧事業についても、阪神・淡路大震災財特法に基づいて交付する補助金について、単独災害復旧事業債を充当できるとした。

③ 公営企業に対する一般会計繰出金の基準

　③については、①で地方公営企業の災害復旧事業費について国庫補助が行われたことに加えて、国庫補助負担金を伴う公営企業災害復旧事業に対して、国庫補助負担基本額から国庫補助負担金を控除した額の2分の1を一般会計から繰り出すことができるとされた（地下高速鉄道事業と下水道事業では、通常の建設・改良時での一般会計の助成金との均衡を考慮して定めた繰出金の額としている）。

　また、国庫補助負担金を伴わない公営企業災害復旧事業についても、所要経費の2分の1を一般会計から繰り出すことができるとされた（下水道事業では雨水処理施設の通常の建設・改良時での一般会計の助成金との均衡を考慮して定めた繰出金とされ、病院事業では医療機器整備等の通常の建設・改良時での一般会計の助成金との均衡を考慮して定めた繰出金とされた）。

　これらの繰出金は、一般会計において単独災害復旧事業債の対象とされた。公営企業災害復旧事業に要する経費のうち、これらの繰出金を控除した額については、公営企業会計において地方公営企業等災害復旧事業債（充当率100％、償還期間20年以内、うち据置期間5年、交付税措置なし）が発行できるとされた。

④ 単独災害復旧事業債の交付税措置率

　④については、当時、単独災害復旧事業債の元利償還金の基準財政需要額への算入率は28.5％であって、財政力補正によって57％まで引き上

げられるとされていたが、阪神・淡路大震災の際に見直され恒久的な措置となったことで、現在のように47.5％としたうえで、財政力補正で85.5％まで引き上げられるとされた。

5 その他の措置

なお、平成6年度の国の第2次補正予算により追加された災害対応公共事業のうち、災害復旧事業以外の公共事業に係る地方負担については、補正予算債が充当されることとされ、その元利償還金の基準財政需要額への算入の割合は、通常は50％であるところ、80％を算入することとし、残余の20％については単位費用で基準財政需要額に算入されることとされた。

3 阪神・淡路大震災における財政支援措置の総括

(1) 措置の全体像

以上のような阪神・淡路大震災における災害復旧事業等に対する財政支援措置が、恒久法のもとでの措置（図1）へ上乗せされるかたちになっていることを示したものが図3である。従来から激甚災害法の対象となっている諸事業については、阪神・淡路大震災財特法に基づいて（一部は補正予算による予算措置で）激甚災害法の対象とするようにしたり、補助率の上乗せの措置をしたりしているが、阪神・淡路大震災の被害状況に応じて、特段に必要とされる事業を対象にしていることが読み取れる（例えば、農地等の被害に対する災害復旧については、従来の激甚災害法の規定どおりであって、特段の上乗せ措置はない）。

一方、図3の下段左側の「激甚災害の際に、過去に予算措置等で補助率かさ上げ等の例あり」の範疇の地方公営企業等について、阪神・淡路大震災財特法に基づいて補助率のかさ上げ等がされている。阪神・淡路大震災財特法は、過去の予算措置等の考え方を引き継いで、未曾有の被害となった災害に対する財政支援のための法律として定めたものである

図3　阪神・淡路大震災における災害復旧事業等に対する財政支援策

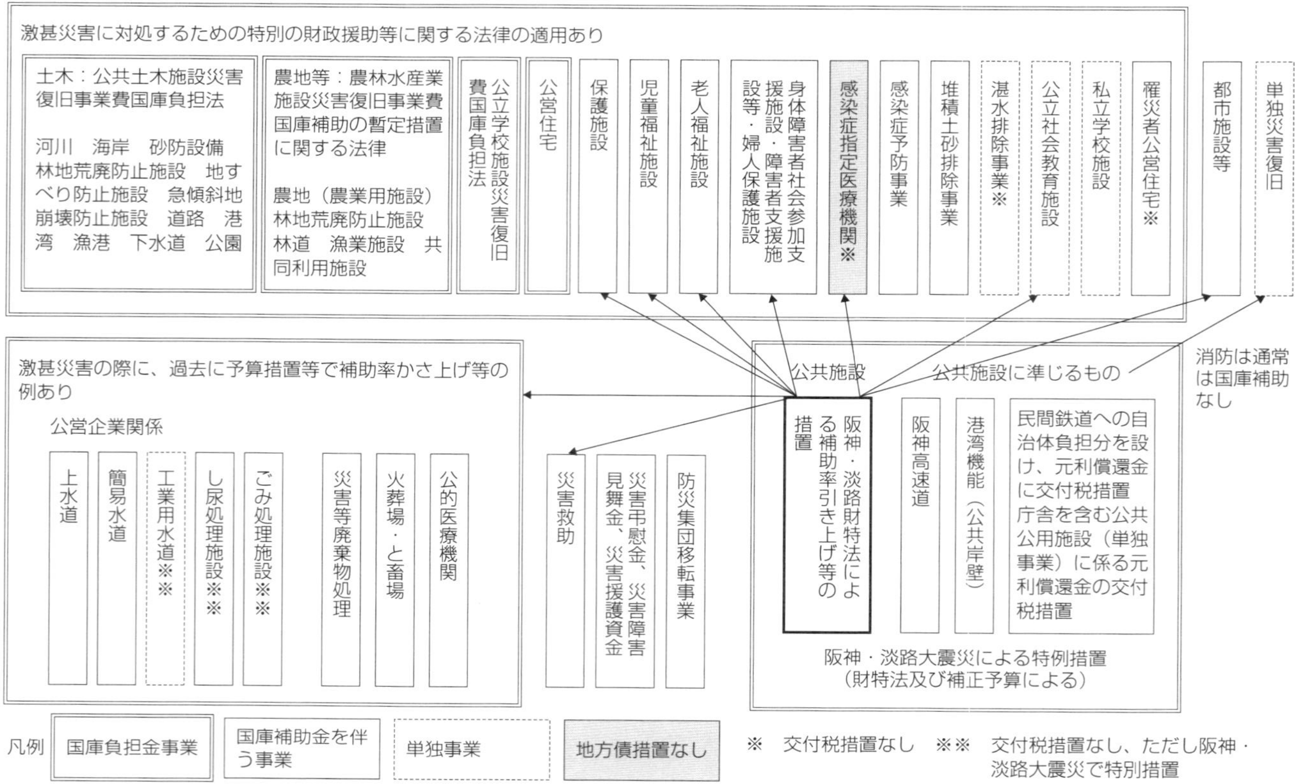

ので、その範疇を対象に財政措置を拡充している。

　また、地方公営企業への一般会計からの繰出しと、阪神高速道や神戸埠頭公社、民間鉄道の災害復旧事業への財政支援については、国が一定割合で負担するとともに、関係地方公共団体が補助金を交付することとし、それについては単独災害復旧事業債を充当できるとし、その元利償還金の交付税措置を拡充することで対応することとされた。

（2）全体像からみえてくること

　以上のような措置の全体を振り返って気づくことは、特別交付税措置や災害復旧事業債の元利償還金の基準財政需要額への算入などの普通交付税措置は、

- 各府省が補助災害復旧事業として補助率のかさ上げや特例的に補助対象に加えるなどの支援措置をした場合に、その残部である地方負担分に対して行われるもの
- 各府省が補助災害復旧事業費の補助対象としている事業の関連事業として、単独災害復旧事業として行われるもの
- 各府省が補助災害復旧事業費の補助対象としている事業であるが、事業規模が小さく補助対象とならないなどの理由で単独災害復旧事業としているもの

であることがほとんどということである。これらのことは、すなわち、**阪神・淡路大震災のような大災害に際して、国をあげて財政支援を行うという大方針があって、各府省がそれぞれの分野で被災団体を支援する姿勢をみせて国庫補助の拡充などを行うことに対して、それを補完するものとして、対象経費の性格に応じて特別交付税措置や普通交付税措置（投資的経費では交付税措置のある地方債の発行等）が行われた**ということになる。それもまた、災害財政制度における基本的な考え方である

といえる。

(3) 歳入欠かん債の特例措置

　阪神・淡路大震災においては、既述のように災害対策基本法第102条に基づく災害対策債についての特例的な取扱いがされたが、同条に基づいて激甚災害に際して、一定の要件（23ページ）を満たす場合に発行が認められている歳入欠かん債についても、阪神・淡路大震災財特法により同様の措置がとられた。その概要は、次のとおりである。

　発行団体については、通常は、①一定の災害復旧事業のある都道府県・市町村、または②一定の災害救助事業が行われた市町村であるところ、阪神・淡路大震災財特法に基づいて、「災害救助事業が行われた市町村及びそれを包括する府県」（1府1県15市町）とされた。

　次に、歳入欠かん債の対象は、通常は、地方税（普通税のみ）、使用料、手数料等であるが、阪神・淡路大震災では、地方税の対象に都市計画税と事業所税の目的税を加えている。発行年度と発行条件については、財源対策債の場合と同様に、通常は、災害が派生した年度に限り、政府資金4年以内（うち据置期間が1年以内）であるところを、災害が発生した平成6年度と7年度とし、政府資金10年以内（うち据置期間は2年以内）とした。

　また、財政措置としては、元利償還金の特別交付税措置が、通常は、歳入欠かん債・災害対策債ともに57％である（従来はあわせて県については被災者数、市町村については全半壊戸数に応じて、減収の一部を特別交付税で措置）が、歳入欠かん債は元利償還金について県分80％、市町村分75％を特別交付税措置（災害対策債は元利償還金の95％を特別交付税措置）するとされた。

4　復興のための財政制度

　阪神・淡路大震災の財政措置は、以上で述べてきたように、災害救助

や歳入欠かんへの措置のほか、基本的に、災害復旧が中心であった。その場合、従前の施設の改良を含めてどこまでを復旧事業とみるかの線引きはあるものの、災害の経験を踏まえて新たなものを作り出す復興事業については、ほとんど財政措置がされていない。例外的に実現したのが、復興基金の設置、震災復興事業用地の先行取得、土地区画整理事業及び市街地再開発事業であった。

（1）復興基金の設立

　復興基金については、雲仙普賢岳の災害の際に設けられた例もあり、被災自治体からその設置を求める声が強くあがったことを踏まえて、国として所要の財政措置を講じて、平成7年4月1日に、阪神・淡路大震災復興基金を設立している。その設立目的は、大震災からの早期復旧・復興のための各般の行政政策を補完し、被災者の救済及び自立支援や、地域の総合的な復旧・復興対策を機動的・弾力的に進めることとしている。

　その基本的な仕組みは、兵庫県・神戸市が地方債を発行して、基金に対して200億円の出資を行うとともに、5,800億円の無利子貸付金を貸し付ける（貸付期間10年間）こととし、基金は出資金と無利子貸付金を運用して、運用益によって事業を行うものである（運用益は、10年間で2,700億円を見込んでおり、あわせて、宝くじ収益金の約90億円が基金に交付される）。兵庫県・神戸市は、地方債のうちの一定のもの（約5,000億円から生じる利子）の95％について普通交付税措置を受ける。基金の活用先としては、住宅の被害が大きかったことを踏まえて、災害復興住宅の取得に対する利子補給など住宅政策に重点を置いている。

（2）震災復興事業用地の先行取得事業に係る措置

　ついで、震災復興事業用地の先行取得事業については、被災自治体における一定の要件を満たす公共用地の先行取得事業に対して発行される

公共用地先行取得等事業債等にかかる金利負担の一部について普通交付税措置するものである。国は、災害によって多数の建物が滅失した地域において、計画的な整備改善を進めると同時に、被災市街地の復興に必要な住宅の供給をめざして被災市街地復興特別措置法を設けるなどして、区画整理事業や再開発事業を進めようとした。震災復興事業用地の先行取得は、それらの動きに呼応したものである。

本格的な復興事業のための財政措置として、被災自治体からの強い要望を受けて、阪神・淡路大震災で実現したのは、土地区画整理事業及び市街地再開発事業であった。被災地の復興のために欠くことができない事業であり、できるだけ早期の実現が求められ、それだけ事業規模が大きく被災自治体の財政負担が大きい事業であったといえる。

被災市街地復興特別措置法は、被災市街地復興推進地域を指定し、建設行為等を制限し、各種面整備を推進し、特に住宅の供給等について推進するものである。建設省（当時）は、被災市街地復興推進地域における土地区画整理事業及び市街地再開発事業補助対象の特例や補助率の引き上げを設けることとした。そこで、地方財政措置を、被災市街地復興推進地域における土地区画整理事業と市街地再開発事業（街路部分）を対象に設けている。

通常は、補助対象経費の2分の1が国費、残る2分の1の地方負担のうち、30％は一般公共事業債、残る70％は交付税等一般財源（単位費用及び都市計画税）であったが、阪神・淡路大震災では通常よりも事業量がはるかに大きいことから、そのままでは被災自治体の財政負担が過重となることが懸念された。そこで、通常の5倍程度の事業量であっても財政負担に耐えられるように、特別な財政措置では、従来は補助対象外となる経費分も含めて補助対象経費とし、その2分の1を国費とする一方で、残る2分の1の90％について一般公共事業債（復興特別事業分）を充てることとし、その元利償還金の80％を普通交付税の基準財政需要額に算入することとした。

第5章

東日本大震災における
財政措置

東日本大震災については、もっぱら次の論考を参照した。

・黒田武一郎「東日本大震災に係る地方財政措置等について」『地方財政』平成24年6月

　東日本大震災は平成23年3月11日に発災しているが、それへの財政措置は、平成23年度の国の3回の補正予算と財政支援のための特別法の制定を通じて、段階的に形成された。この黒田論考では、発災後1年余りが経過し、それらの全体像が固まった段階で、総括的に記述されている。本章では、同論考のうち、災害復旧費等の財政制度の形成の経緯に照らして、特に重要と考えられる箇所のみを紹介する。

1　被害規模と東日本大震災で考慮すべき特殊事情

　東日本大震災の被害規模の大きさについては改めていうまでもないが、マグニチュード9.0という超巨大地震であったことと、地震被害に加えて大津波が東日本の太平洋沿岸部に壊滅的な被害をもたらしたこと、さらに福島第一原子力発電所の事故による原発被害が発生する総合災害であったことなどが特徴である。阪神・淡路大震災に比べて、全壊家屋数こそ同程度であったが、死者数・行方不明者数は3倍以上である。震度6弱以上の県の数で比較すると、阪神・淡路大震災は兵庫県のみであるのに対して、東日本大震災は宮城、福島、茨城、栃木、岩手、群馬、埼玉、千葉の8県に及ぶほか、災害救助法の適用市町村数は、前者は25市町（2府県）であるのに対して、後者は241市区町村（10都県、長野県北部を震源とする地震で適用された4市町村（2県）を含む）に及ぶなど、被害の面的な広がりには大きな差がある。被害総額では、阪神・淡路大震災は兵庫県の調査では9兆9,000億円であるのに対して、東日本大震災は内閣府（防災担当）の調査では16兆9,000億円とされて

いる。このように、災害の規模、災害の種類の多様さ、面的な広がり、被害額などでみて、阪神・淡路大震災を上回る大災害であったといえる。

それに加えて、災害対策を担う被災自治体について、少なくとも次の2つの深刻な問題があった。1つは、壊滅的な打撃を受けた市町村が多い（職員の多くが被災し、庁舎や情報システムに壊滅的な打撃を受けた自治体が多かったほか、原発被害により行政区域外への庁舎移転を余儀なくされた自治体もあった）ことであり、もう1つは、財政力の弱い自治体が多いことである。東日本大震災での災害救助法適用の128市町村のうち、財政力指数が全国平均未満の団体が91と7割を超えているのに対して、阪神・淡路大震災の被災自治体では全国平均未満は25市町のうちの5団体にとどまることから、阪神・淡路大震災よりも財政力に配慮した対応が求められた。

2　災害救助法、災害廃棄物処理、当面の特別交付税対応

発災直後の対応としては、災害救助法の適用と、災害廃棄物処理の課題がある。

（1）災害救助費に係る財政措置

災害救助費の財政措置として、通常の国庫負担（標準税収入に対する災害救助費の割合に応じて2分の1～100分の90の割合で超過累進方式により国庫補助）に対する地方負担について、災害対策基本法に基づき、その全額に災害対策債を充当できるが、その元利償還金について通常の特別交付税措置に代えて、特例として、元利償還金の95％を普通交付税措置するとされた（後に、地方債の発行をせずに、震災復興特別交付税で措置されることとなった。元利償還金の算入率が高率であるといえども、これまでの年間予算額を超えるような地方債を発行せざるを得

ない被災団体があり、そこに無理があるとみたことによる措置である)。

(2) 災害廃棄物処理に係る財政措置

　災害ガレキ処理、すなわち災害廃棄物処理事業については、阪神・淡路大震災以来、公費投入の割合を高めて迅速に処理を進めることで処理が進み、速やかな復旧・復興につなげるという発想が定着している。そこで、東日本大震災では通常の国庫補助の割合である2分の1に対して、特例として標準税収入に対する事業費の割合に応じて最大で100分の90の割合までかさ上げすることとし、地方負担分についてはその全額を災害対策債で対処することとした。さらに、後述の「東日本大震災に対処するための特別の財政援助及び助成に関する法律」(以下「東日本大震災財特法」という)における特定被災区域内の市町村については、後年度に元利償還金の95％を普通交付税措置するとともに、残余の5％についても特別交付税措置とすることで、全額が地方交付税措置の対象とされた(後に、災害対策債に代えて震災復興特別交付税で措置されることとなった)。

　8月12日の議員立法によって成立した「東日本大震災により生じた災害廃棄物の処理に関する特別措置法」によって、国によるガレキ処理の代行制度が創設され、地域グリーンニューディール基金の活用によって事業費全体に対する国庫負担率を実質95％まで引き上げることとされ、地方負担分については全額地方交付税措置することとされた。さらに、検討事項として、国は、市町村の負担する費用について、国と地方をあわせた東日本大震災からの復旧復興のための財源の確保と並行して、地方交付税の加算を行うこと等により確実に地方の復興財源の手当をし、当該費用の財源に充てるため起こした地方債を早期に償還できるようにする等そのあり方について検討し、必要な措置を講ずる、とされた。

（3）地方税の減免措置とその補填

　地方税の災害に関する減免措置については歳入欠かん債の対象となるが、その対象となる税目については、阪神・淡路大震災と同様に、普通税に加えて事業所税・都市計画税を追加することとされた。もっとも後に、歳入欠かん債に代えて、減免額の全額が震災復興特別交付税の対象とされた。

（4）特別交付税措置

　特別交付税は、平成22年度の3月分について、当初予定していた3月15日の決定を3月11日の発災を踏まえて延期し、18日に交付決定された（現金交付は22日）。東日本大震災に係る財政需要については、当然、具体的な額の把握ができないことから、特に避難者の多い県（1万人超の岩手県、宮城県、福島県、茨城県）の初動経費分として概算（各県5億円）で算定された。

　東日本大震災とは関係のない地方交付税法の改正によって、平成23年度から、災害時における特別交付税の交付額の決定額の特例措置が可能となっていた。そこで、平成23年度の地方交付税については、4月1日に、従来から地方交付税法の規定で可能であった普通交付税の繰上交付の措置を用いて、青森県、岩手県、宮城県、福島県、茨城県、栃木県、千葉県及び東日本大震災により災害救助法が適用された185市町村について、普通交付税の4月概算交付分に加えて、6月に定例交付すべき普通交付税の一部（7割又は5割）が繰上交付された（長野県北部を震源とする地震による災害救助法適用団体も同じ。その後、東日本大震災財特法で長野県北部を震源とする地震も東日本大震災に含めることとした）。

　さらに、東日本大震災による被害の大きさに鑑み、被災自治体の円滑な財政運営を確保する観点から、4月8日に平成23年の特別交付税の第1回特例交付が行われている。交付対象団体は、普通交付税の繰上交付の対象団体（ただし、普通交付税の不交付団体も含まれることから190

市町村）に加えて、被災自治体への応援に一定規模を超える経費を支出した地方団体とされた。経費は以下のとおりに算定された。

○災害対策に係る12月交付分の算定対象経費の一部に504億円
　災害による災害復旧事業費、り災世帯数、全壊家屋・半壊家屋の戸数、浸水家屋の戸数、農作物被害面積、死者及び行方不明者数を基礎数値として算定（本来、12月分での算定だが、4月1日現在で把握できたり災世帯数、全壊家屋・半壊家屋の戸数、死者及び行方不明者数の数値を基に算定）

○行政機能の維持、被災者支援に係る応急対応経費等に199億円
　行政機能の維持に困難を極めるなかで、救助・救援活動、こどもや高齢者等の災害弱者に対する福祉サービス、就学支援、衛生管理等の当面の応急対応に努めることで、さまざまな財政需要が発生していた。その一方で、被害が大きい団体ほど、全壊家屋・半壊家屋の戸数を初め基礎数値の確認ができない状況にあった。そこで、被災団体の当面の経費について普通交付税の算定に用いた基準財政需要額を基礎として概算し、役場の移転等を余儀なくされた被災団体については、役場機能の維持等に多額の経費が必要であると見込まれたことから一定の加算

○被災地の応援に要する経費に59億円

3　災害復旧対策等

　平成23年4月29日に成立した「東日本大震災による被害を受けた公共土木施設の災害復旧事業等に係る工事の国等による代行に関する法律」は、国または県が、漁港、砂防、港湾、道路、海岸、地滑り防止、下水道、河川及び急傾斜地崩壊防止の災害復旧事業等に係る工事を施工できることとした。役場機能の維持が困難である被災市町村への配慮から必要な措置であった。

平成23年4月28日に国会提出された平成23年度補正予算第1号は、異例のゴールデンウィーク期間中の国会審議を経て、5月2日に成立している。同補正予算では、被災地の早期の復旧に向け、救助、復旧事業を中心に、原則として編成時点で年度内に執行可能と見込まれる経費が計上されている。そこで見込まれた財政需要は以下の内容である。

①災害救助等関係経費に4,829億円
　応急仮設住宅の建設経費（予備費と併せて10万戸超）、災害弔慰金、災害援護貸付金の経費
②災害廃棄物処理事業費に3,519億円
　市町村が実施することとされるガレキ処理のための経費について、編成時点での推計事業費をもとに初年度分として見込まれる経費
③災害対応公共事業費関係に1兆2,019億円
　災害復旧等公共事業費のほか、災害公営住宅の整備1万戸等の経費
④施設費災害復旧費等に4,160億円
　学校施設、社会福祉施設、医療施設、港湾荷役機械、農業・林業用施設等、消防防災施設、中小企業組合等共同施設等の復旧のための経費
⑤災害関連融資関係経費に6,407億円
⑥地方交付税交付金（特別交付税）に1,200億円
⑦その他東日本大震災関係経費に8,018億円

4　東日本大震災財特法

(1) 国庫補助対象の拡大

　阪神・淡路大震災財特法は、激甚災害法の対象となっていない街路用の都市施設、上水道や一般廃棄物処理施設、一部の社会福祉施設、警察・消防施設、公的医療施設等について、施設の公共性が高く、震災による被害が甚大で復旧に要する財政負担が巨額に及ぶとみられることか

ら、これらの施設等に対する国の財政支援の拡充を盛り込んでいる。それに対して、東日本大震災財特法は、被害が甚大かつ広範囲に及んでおり、被災自治体の財政基盤が総じて脆弱であることなどを踏まえて、国庫補助対象となる事業及び自治体の範囲を拡大した。

表3で、下線部は、阪神・淡路大震災財特法を上回る措置とされたものである。公共土木施設では、集落排水事業が、プール方式で事業費合計額の標準税収入の割合に応じて10分の8から10分の9にかさ上げとなる対象に加えられた。そのほか、特例的に3分の2の補助率の対象となる施設に、仮庁舎、認知症グループホームなどの社会福祉施設と保健所が加えられ、介護老人保健施設や空港施設は補助率が引き上げられている。また、空港ターミナルや宮城県フェリー埠頭公社の管理する係留施設等の施設は、無利子融資の対象とされた。

阪神・淡路大震災の際と同様に、財特法の対象外の施設であっても予算措置によって対象とされたものに、専修学校及び外国人学校、職業能力開発校、地方卸売市場があり、その例に倣うと同時に、東日本大震災では、新たに児童相談所、婦人相談所等、市町村保健センター、除塩（津波被害地域）、農地区画整理（津波被害地域）、水産施設（漁船、定置網）、漁場復旧対策支援事業が対象とされた。

（2）特定被災地方公共団体

また、東日本大震災財特法では、阪神・淡路大震災財特法に倣って、特定被災地方公共団体が指定されることとなった。特定被災地方公共団体になると、東日本大震災財特法による補助率のかさ上げの対象となるとともに、激甚災害法における特定地方公共団体とみなされて、災害復旧事業に係る地方負担の確定を待つことなく激甚災害法の財政援助措置が適用される。

特定被災地方公共団体の指定要件は、阪神・淡路大震災財特法では、激甚災害法の対象である公共土木施設と財特法の対象施設の災害復旧事

表3　東日本大震災財特法に基づく財政措置

東日本大震災の際の主な特例措置
(1)「東日本大震災に対処するための特別の財政援助及び助成に関する法律」に基づく措置

対象施設	災害復旧事業に対する通常の国庫補助負担率	特別財政援助法の場合
公共土木施設：		事業費合計額の標準税収入の割合に応じて、8／10〜9／10にかさ上げ
街路、排水施設、改良住宅等	－	
工業用水道施設	－	
上水道、簡易水道等施設	1／2	
一般廃棄物の処理施設	1／2	
交通安全施設	1／2	
集落排水施設（農業、漁業、林業）	1／2	
仮庁舎	－	2／3
警察施設	1／2	
消防施設	－	
社会福祉施設（認知症グループホーム、小規模多機能型居宅介護、地域包括支援センター、障害デイサービス等追加）	1／2	
公立火葬場	1／2	
公立と畜場	1／2	
保健所	1／2	
中央卸売市場	－	
公的医療機関（公立病院）	1／2	
公的医療機関（公立病院以外）	1／2	
介護老人保健施設	1／3	1／2
空港施設	8／10	8.5／10
空港ターミナル	－	無利子貸付
宮城県フェリー埠頭公社の管理する施設（係留施設、荷さばき施設、旅客施設等）		無利子貸付
災害廃棄物処理	1／2	事業費の標準税収入の割合に応じて、5／10〜9／10にかさ上げ

(2) 特別財政援助法に規定されないその他の助成措置等
・専修学校及び外国人学校　　：1／2
・職業能力開発校　　　　　　：2／3
・地方卸売市場　　　　　　　：1／2
・児童相談所、婦人相談所等　：2／3
・市町村保健センター　　　　：1／2
・除塩（津波被害地域）　　　：9／10
・農地区画整理（津波被害地域）：5／10〜9.5／10
・水産施設（漁船、定置網）：1／3
・漁場復旧対策支援事業　　：8／10・2／3
※下線部は、阪神・淡路大震災財政特例法を上回る措置としたもの
(出所)『地方財政要覧　令和5年12月』。

業に係る地方負担分の合計額の標準税収入に対する割合が5％を上回る市町村であった。それに対して、東日本大震災では、広範囲に甚大な被害が発生しているために、自治体ごとに災害復旧事業費に係る具体的な地方負担を把握するためには相当の時間を要するものと見込まれた。そこで東日本大震災財特法制定時には、災害の外形規模、その段階で把握されている被害等により被災自治体を指定し、その後、災害復旧事業費等が明らかになった時点で、阪神・淡路大震災財特法と同様の財政的な基準により対象を追加することとされた。

（3）地方債の特例措置

そのほか、東日本大震災財特法では、地方債発行の特例措置が設けられている。そのうちの1つは歳入欠かん債等の対象自治体についての特例である。東日本大震災でその区域の全域又は一部が特定被災区域（東日本大震災に際し災害救助法が適用された市町村、ただし帰宅困難対応を除く）及び被災者生活再建支援法の適用市町村（全壊世帯数が0のものを除く）内にあるものである「特定被災区域団体」は、平成23年度及び平成24年度以降の年度であって政令で定める年度に限り、総務省令で定める範囲で、歳入欠かん債と災害対策債等の発行ができることとなった。

5　補正予算第1号等に係る地方財政措置

（1）特別交付税の加算

先述のように補正予算第1号に盛り込まれた平成23年度の特別交付税の加算（1,200億円）については、次の経費に対応している。

- 補正予算第1号による災害弔慰金等の地方負担
- 行政機能の維持や被災者支援に係る応急対応経費
- 被災地域の応援に要する経費

（2）追加の財政需要に対する措置

　次に、補正予算第1号による地方の追加の財政需要等に係る財政措置のうち、①追加の投資的経費等に係る財政措置は以下のとおりである（もっとも、以下の措置の地方負担分については、後に地方債で充当するのではなく震災復興特別交付税を充てることとされた）。

- 補助災害復旧事業債（元利償還金の95％を基準財政需要額へ算入）
- 災害対策債（既述のように、元利償還金の95％を基準財政需要額へ算入、うち災害廃棄物処理対策にかかるものは、残余の5％を特別交付税措置）
- 一般単独災害復旧事業債（被災団体の財政力に応じ、47.5％～85.5％を基準財政需要額へ算入）
- 補正予算債（通例では、元利償還金の50％を基準財政需要額に算入してきたが、阪神・淡路大震災の際と同様に、東日本大震災からの早期復旧に向けて対処するための特例として80％を基準財政需要額へ算入し、残余については単位費用で措置）

　また、②地方税等の減収に係る財政措置では、既述の歳入欠かん債等の発行に係る元利償還金の交付税措置が設けられている。③補正予算第1号に伴う地方負担のうち、地方債の対象とならない経費については、特別交付税により措置される。

（3）地方公営企業に係る財政措置

　さらに、地方公営企業に対する財政措置が講じられた。これは、東日本大震災財特法等を通じて、地方公営企業が実施する施設の復旧について国の特別の補助負担を行うとしたことにあわせて、当該施設の早期復旧を図るとともに企業経営の安定化をめざして、東日本大震災に係る一般会計からの繰出基準の特例を設けることとし、当該繰出金について災害復旧事業債を充当できるとされたものである。また、東日本大震災の

第5章　東日本大震災における財政措置

表4　地方公営企業施設等に係る国庫補助負担率の比較

事業	通常災害の場合	激甚災害の場合	阪神・淡路大震災に係る国庫補助負担率の概要	東日本大震災に係る国庫補助負担率の概要
上水道 簡易水道	予算補助　1/2	1 過去の特別立法 (34年災)　1/2 2 新潟地震 (S39)　地下施設　8/10 予算補助　地上施設　1/2 3 えびの、十勝沖、伊豆半島、日本海中部地震　地下施設　2/3 予算補助　地上施設　1/2	地下、地上施設　1/2 給水管　8/10 (財政援助特例法。但し、阪神水道企業団については予算補助)	8～9/10 (東日本大震災財特法)
工業用水道	国庫補助 地域の実情に応じて45%以内	補助なし	1 新潟地震 (S39)　予算補助　3.5/10	8～9/10 (東日本大震災財特法)
下水道	国庫負担　1/2	公共土木施設災害復旧事業費国庫負担法に基づき2/3以上 (S59から同法の適用対象)	激甚法に基づく通常災害時の補助率をさらに嵩上げ (新潟地震 (S39) 予算補助で8/10)	兵庫県分　8/10 (財政援助特例法) その他地域　45% (予算補助)
集落排水施設 (浄化槽含む)	国庫補助　1/2 (浄化槽は1/3)	農業集落排水施設　8/10	1/2 (予算補助)	公共下水道　7～9/10 (激甚法) 集落排水施設 (浄化槽含む)　8～9/10 (東日本大震災財特法)
都市高速鉄道 (仙台空港アクセス鉄道※準ずる三セク)	国庫補助14.4% 鉄道軌道整備法　1/4	なし	補助なし	仙台空港アクセス鉄道　1/4 (鉄道軌道整備法)
ガス	補助なし	補助なし	補助なし	気仙沼市　1/2 (予算補助)
病院	予算補助　1/2	1 過去の特別立法 (34年災)　1/2 2 新潟 (S39)、十勝沖地震　激甚法に基づき補助率嵩上げあり	2/3 (財政援助特例法)	仙台市　1/4 (予算補助) 2/3 (東日本大震災財特法)
介護サービス (老人ホーム、デイサービス、…)	地域介護・福祉空間整備等施設整備交付金 特別養護老人ホーム等　国庫補助　1/2 介護老人保健施設等予(うち先進的事業支援)	補助なし	補助なし	養護老人ホーム等 1/2～2/3超 (激甚法) 2/3程度 地域包括支援センター等

5　補正予算第１号等に係る地方財政措置

	交付金）介護基盤緊急整備等臨時特例交付金（基金事業）			
老人保健施設	予算補助 1/3			2/3（東日本大震災財特法）介護老人保健施設 1/2（東日本大震災財特法）訪問看護ステーション等 1/2（予算補助）
港湾機能施設	補助なし	補助なし	1 過去の特別立法　なし 2 新潟地震　なし	荷役機械・上屋 2/3（予算補助）
市場	中央卸売市場 4/10 地方卸売市場 1/3	補助なし	1 過去の特別立法　なし 2 新潟地震　なし	荷役機械 1/2（神戸市のみ）（予算補助） 中央卸売市場 2/3（財政援助特例法）地方卸売市場 1/2（予算補助）
と畜場	補助なし	国庫補助 1/2	1 過去の特別立法　なし 2 新潟（S39）、十勝沖地震 1/2	2/3（財政援助特例法） 2/3（東日本大震災財特法）

（出所）　表３に同じ。

図4　公営企業の復旧事業（一般会計繰出の特例）

1　東日本大震災による被害状況、被災公営企業の経営状況等を総合的に勘案し、原則として震災特別法の特定被災地方公共団体等を対象として、一般会計からの繰出基準の特例を設ける。（次の①＋②について、繰出し）
　① 　当該事業の建設改良について公費で負担することとされている部分（本来的公費部分）
　② 　残余の部分の1/2

2　このうち、当該企業の事業の規模に比して被災施設の復旧に係る企業負担（企業負荷率）が一定以上の企業については、上記1②の公費負担割合を引き上げる。

●基本（上記1①及び②）

補助事業

単独事業（庁舎等含む）

（※1）本来的公費部分：例えば分流式下水道の場合、雨水分及び汚水の一定割合は初期投資の際に一般会計が負担すべきものとされており、当該部分をいう。（その他に該当があるもの：水道（耐震化1/10）、簡易水道（55/100）、病院（1/2）、市場（1/2）等）

●かさ上げ（上記2）

「企業負荷率」が一定割合以上となる場合、企業負担を軽減する。（右図のとおり）

「企業負荷率」の算定方法
〔（補助復旧事業費×（1－補助率）＋単独復旧事業費見込額）－本来的公費部分に係る一般会計繰出額〕÷〔平年度営業収益－受託工事収入〕（※2）（％）

（※2）収益については過去3年決算の平均を用いるが、経営規模の適正化を実施する等の事情がある場合には、収支計画等に基づき所要の調整を行う。

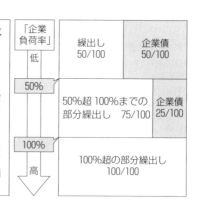

（出所）　表3に同じ。

被害によって資金不足等が発生した地方公営企業には、資金手当のための公営企業債を充当できるとして、その利子の一部に対して特別交付税措置が設けられることとなった。

表4は、地方公営企業施設等に係る国庫補助負担を過去の災害と比較したものである。既述のように、阪神・淡路大震災では、財特法によって上水道、工業用水道、病院に対して特例措置が設けられたほか、予算措置が講じられている。それに対して、東日本大震災では、財特法によって、上水道、簡易水道、工業用水道、集落排水施設、病院、介護老人保健施設、地域包括支援センター、中央卸売市場、と畜場に対する特例措置が設けられたほか、それ以外にも予算措置が講じられている。

一方、図4は、地方公営企業の復旧事業に対する一般会計繰出の特例を示している。補助事業の場合、建設改良について公費で負担するとされている本来的な部分（図4で示しているように、企業収益に対する復旧事業の割合が高くなるほど一般会計繰出が大きくなるように繰出基準を設定）と、その残余の部分についてさらにその2分の1を一般会計からの繰出金とする特例を示している。単独事業についても、国庫補助負担金がない部分については共通している。補正予算第1号の時点では、本来的な公費部分も特例的な一般会計繰出部分も、補助災害復旧事業債や単独災害復旧事業債を充当できるとして、それぞれの元利償還金について、前者は95％、後者は最大85.5％の割合で基準財政需要額に算入されるとしていたが、後に一般会計繰出金には震災復興特別交付税が充当されることとなった。

6 補正予算第2号とそれに伴う地方財政措置

平成23年7月25日に成立した補正予算第2号では、原子力損害賠償法等関係経費2,754億円、被災者支援関係経費3,774億円（うち、被災者生活再建支援金補助金3,000億円）、東日本大震災復旧・復興予備費8,000億円、地方交付税交付金5,455億円が盛り込まれた。

（1）被災者生活再建支援制度の特例

　そのうち、被災者生活再建支援制度は、大規模な自然災害により一定規模の住宅全壊被害が発生した場合に、住宅の被害程度と再建方法に応じて、一世帯あたり最大で300万円を支給する制度であるが、東日本大震災では、被災者生活再建支援金の支給に必要な資金の大幅な不足が見込まれることとなった。そこで、全国知事会から、現行制度は東日本大震災のように大規模な集落そのものが喪失してしまうケースは想定されておらず、国において特別の対応をすべきである等の要請がされたことを踏まえて、東日本大震災財特法の一部を改正して、東日本大震災に限り国の補助率を2分の1から10分の8とする特例措置が設けられた（支給済みの分も含めて補助率引き上げを遡及適用）。また、被災者生活再建支援基金への全都道府県による追加拠出分（東日本大震災対応分と今後の災害に備えた基金規模維持のための積戻しに要する額の合計）は、その95％が特別交付税により措置された。

（2）予備費の確保

　東日本大震災復旧・復興予備費は、予備費とあるように、その時点では被害額の査定や復旧・復興工事が確定していないなかでの財政措置を財源枠として確保するものである。補正予算第1号と同じように、地方負担の100％に地方債が充当され、そのうち補助災害復旧事業債は元利償還金の95％が基準財政需要額に算入され、補正予算債は同様に算入率が80％（残余については単位費用により措置）とされたが、後に、地方負担分は震災復興特別交付税で対応されるように見直された。

（3）特別交付税の増額等

　なお、地方交付税交付金は、全額が特別交付税になるものであるが、それは補正予算第1号による補正後の国税収入の増額に伴う地方交付税の増額から、8月5日に決定された普通交付税の算定額による調整減額

の復活交付に必要な額を除いた額として、地方交付税法第6条の3第1項等の規定によって算定された額として決定された。4月1日現在の基礎数値等により算定を行った4月の第1回特例交付後の基礎数値の更新分、既述の被災者生活再建支援基金への追加拠出、積戻し分、その他復旧・復興関係に必要な財源等に措置された。

なお、8月の普通交付税では、東日本大震災による特殊事情（被災自治体において基礎数値の把握や報告が困難であることや、住民が一時的に避難している反面で一定の財政需要が発生しているなど）を踏まえた算定が行われている。

7　特別交付税の第2回特例交付

特別交付税については、補正予算第1号及び第2号による特別交付税総額の増額、被災自治体における第1回特例交付後の財政需要の動向等を踏まえ、平成23年9月20日に、第2回目の特例交付が実施されている。対象団体は、県では、東日本大震災財特法の定める特定被災地方公共団体の9県（第1回では財特法の制定前であったので対象は災害救助法が適用されていた7県）、市町村では、特定被災地方公共団体とそれ以外の特定被災区域内の市町村である222団体とされた。第2回特例交付の額は1,748億円であり、その内訳は次のとおりである。

・災害対策に係る12月交付分の算定対象経費の一部に569億円
　第1回の特例交付後に把握できた、り災世帯数、全壊家屋・半壊家屋の戸数、死者及び行方不明者数の更新データに基づき算定。県分については、災害復旧事業費に基づく算定についても、一部の基礎数値が把握できたことから算定
・警戒区域等の存する県及び市町村における12月交付分に準じた算定分に61億円
・庁舎移転に伴う行政機能の維持等に係る経費に85億円

・被災地の応援関係経費に34億円
・被災者生活再建支援基金への拠出に係る経費に801億円（既述分）
・消防団基金の拠出に係る経費に197億円

8　東日本大震災からの復興の基本方針

　阪神・淡路大震災では、災害救助や災害復旧についての財政措置は、財特法の制定や予算措置を通じて格段に充実されたが、既述のように、復興関係では土地区画整理事業及び市街地再開発事業などごく一部にしか特例的な財政措置が講じられなかった。そうしたなかでも兵庫県は、創造的復興を掲げて、復旧にとどまらず復興をめざした事業を推進したことで、その後、長く財政悪化に苦しむこととなった。それに対して、東日本大震災では、復興に向けても財政措置が図られるようになった。

　東日本大震災復興構想会議における検討を経て、平成23年7月29日には、東日本大震災復興基本法（6月20日成立）に基づき、東日本大震災からの復興の基本方針が、復興対策本部において決定された。地方財政措置に関係して特に重要な内容は次のとおりである（下線は筆者）。

○復興期間

　　被災各県の計画を踏まえ、阪神・淡路大震災の例も参考としつつ、復興期間は10年間とし、被災地の一刻も早い復旧・復興を目指す観点から、復興需要が高まる当初の5年間を「集中復興期間」と位置付ける。

○事業規模

　　平成27年度末までの5年間の「集中復興期間」に実施すると見込まれる施策・事業（平成23年度第1次補正予算等及び第2次補正予算を含む）の事業規模については、国・地方（公費分）合わせて、少なくとも19兆円程度と見込まれる。また、10年間の復旧・復興対策の規模（国・地方の公費分）については、少なくとも23兆円程度と見込まれる。

○「集中復興期間」中の復旧・復興事業に充てる財源確保の方法

　5年間の「集中復興期間」中の復旧・復興事業に充てる財源は、平成23年度第1次補正予算等及び第2次補正予算における財源に加え、歳出の削減、国有財産売却のほか、特別会計、公務員人件費等の見直しや更なる税外収入の確保及び<u>時限的な税制措置</u>により13兆円程度を確保する。

○復旧・復興事業に充てる財源確保の道筋とその使途の明確化

　先行する復旧・復興需要を賄う一時的なつなぎとして発行する復興債については、その発行のあり方について十分検討するとともに、従来の国債とは区分して管理する。その償還期間は、集中復興期間及び復興期間を踏まえ、今後検討する。

○地方の復興財源の確保

　今後の復旧・復興に当たっては、国費による措置を講じてもなお、地方負担が地方債の償還や地域の実情に応じた事業を含めて生じることを踏まえ、上記のとおり国・地方（公費分）合わせて少なくとも19兆円規模の施策・事業に充てる財源を確保するとともに、あわせて、<u>地方負担分について地方交付税の加算を行う等により確実に地方の復興財源の手当て</u>を行う。

○使い勝手のよい交付金等

（ⅰ）地方公共団体が、自ら策定する復興プランの下、復興に必要な各種施策が展開できる、使い勝手のよい<u>自由度の高い交付金</u>を創設する。具体的には、復興に必要となる補助事業（市街地・農漁村整備、道路、学校等）を幅広く一括化するとともに、地方公共団体の負担の軽減を図りつつ、対象の自由度の向上や執行の弾力化、手続きの簡素化等を可能な限り進め、復興プランの評価・公表等を通じて効率性や透明性を確保しつつ、地方公共団体主体の復興を支援する。

（ⅱ）地域において、<u>基金設置</u>等により、制度の隙間を埋めて必要な事業の柔軟な実施が可能となる資金を確保できるよう、必要な支援を実

施する。

　以上のなかで、下線の箇所として、財源については復興債で調達するとしながらも、その償還については復興増税を実施することが示唆されている。また、復旧・復興事業等に伴う地方負担に対する財源手当として地方交付税の加算を行うとされている。さらに、使い勝手のよい自由度の高い交付金とあるように、特定財源ではあるが使途の自由度が一定の範囲である包括交付金の創設が打ち出されている（東日本大震災復興交付金として実現）。なお、復興増税については、国税では所得税・法人税の附加税を課すこととし、地方税については個人住民税均等割の引き上げなどによって実施されることとなった。

9　補正予算第3号とそれに伴う地方財政措置

　平成23年11月21日に成立した補正予算第3号は、歳入・歳出総額12兆1,025億円のうち、東日本大震災経費がその大半の11兆7,335億円を占めている。そのうち、地方財政措置と関係があるもので、事業費が大きいのは以下のものである。

- 災害廃棄物処理事業費3,860億円
- 公共事業等の追加1兆4734億円（うち、災害復旧等公共事業（東日本大震災関連）が8706億円であるのに対して、復興に向けた一般公共事業は1990億円であり、その時点ではなお復旧事業が中心である）
- 地方交付税交付金1兆6,635億円
- 東日本大震災復興交付金1兆5,612億円
- 全国防災対策費5,752億円

（1）東日本大震災復興交付金

　そのうち、東日本大震災復興交付金は、復興庁の説明によれば、「復

興特区法に基づき、東日本大震災により著しい被害を受けた地域における復興地域づくりに必要な事業を一括化し、一つの事業計画の提出により、被災地方公共団体へ交付金を交付するものであり、被災地の復興を支える中核的な制度」であり、「関連する事業の一括化のほか、自由度の高い効果促進事業、地方負担の手当て、基金の活用等、過去の震災への対応にはない極めて柔軟な仕組み」とされている。社会資本整備総合交付金と同じように、公共事業等を基幹事業として幅広く一括化し、地方負担額の50％がさらに国費により措置され、基幹事業に係る事業費の35％を上限に効果促進事業が実施でき、その経費の80％を国費により措置するものである。

（2）震災復興特別交付税の創設

1 制度の概要

　補正予算第3号における地方交付税は、震災復興特別交付税の創設に伴うものである。図5で示したように、震災復興特別交付税は、補正予算第3号（ただし、後述の全国の自治体で予定されている緊急防災・減災事業分を除く）だけでなく、補正予算第1号・第2号に伴う地方負担分と、地方税法の改正等に伴う地方税等の減収分のすべてに充当されるものである。震災復興特別交付税は、個々の被災自治体における負担をゼロとするように、事業実施状況にあわせて決定・配分される。また、そのことで他団体の特別交付税の配分に影響が生じないように、通常の特別交付税とは別枠で確保されるとされた。

　図5にあるように、東日本大震災では、復旧事業については国費が90％以上（災害復旧事業費の標準税収入の割合に応じて超過累進方式で補助率を引き上げるほかに特別措置あり）、復興事業については国費が80％程度それぞれ交付され、国費を除いた被災自治体の負担分については震災復興特別交付税が充当される（災害対策債や歳入欠かん債についても起債分が震災復興特別交付税で置き換えられる）。通常の場合には、

図5　地方交付税（震災復興特別交付税）の増額について（第3次補正予算）

○東日本大震災からの復旧・復興事業に係る地方負担分について、地方交付税を増額（16,635億円）

　①3次補正予算に伴う地方負担分　　　　　　　7,322億円
　②1次補正・2次補正予算等に伴う地方負担分　　6,313億円
　③地方税法の改正等に伴う地方税等の減収分　　3,000億円

※地方負担分については、全国の地方団体で予定されている緊急防災・減災事業の地方負担分等を除く。

○この増額分については、「震災復興特別交付税」として、通常の特別交付税とは別枠で、個々の被災団体における負担をゼロとするように、事業実施状況に合わせて決定・配分。

【イメージ】

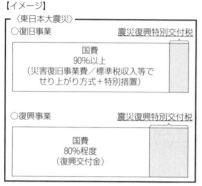
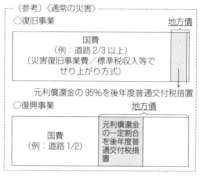

（出所）　表3に同じ。

　地方負担分は、原則としてその全額に地方債が充当されたうえで、災害復旧事業では元利償還金が基準財政需要額に95％算入されるので、残る5％は留保財源対応となって、実質的な自己負担が生じる。復興事業では、基準財政需要額への算入率はさらに低いので、実質的な自己負担分がさらに大きくなる。東日本大震災では、財政力の弱い被災自治体が多かったことから、その自己負担に耐えられないとの判断から震災復興特別交付税が設けられ、それによって実質的な負担はゼロとされた。

② 制度創設の趣旨

　震災復興特別交付税を設けた趣旨として次のような説明がされている。

> 壊滅的な打撃を受けた多くの被災団体から、復旧・復興事業の財源に

充てるために発行する地方債にかかる元利償還金については、地方交付税により手厚い財源措置がなされるものとはいえ、償還期間は長期にわたるものであることからも、将来的財政状況の悪化を懸念する指摘がなされるところとなった。

これらを踏まえ、これまでにない異例の対応として、地方債により当面の財源措置を講じるという従来の対応によるのではなく、地方交付税について震災復興特別交付税という別枠を設けて増額し、事業実施状況にあわせて地方負担額についてその全額を措置することにより、被災団体の実質的な財政負担を解消する（ゼロにする）という対応を講じることとした。

(黒田武一郎「特別交付税の機能についての考察—東日本大震災に係る対応を中心として」『地方財務』平成24年8月号)

もっとも、被災自治体にまったく自己負担が生じないということについては、東日本大震災の災害規模の甚大さからやむを得ないとしても、あくまで異例の措置であるという認識がされていた。それを踏まえて、東日本大震災においても、5年間の集中復興期間の終了後の平成28年度からは、復興事業の一部について、従来よりも低い割合ではあるが、一定の自己負担が生じるようになっている。

③ 後の緊急防災・減災事業の創設へ

東日本大震災の教訓として、全国的に緊急に実施する必要性が高く、即効性のある防災・減災等のための施策を実施する必要があるとして設けられたのが、緊急防災・減災事業である。復旧・復興事業規模約19兆円の内訳として、これらの事業の直轄・補助事業の地方負担分と、それに準じる地方単独事業の合計額が0.8兆円と見込まれることから、既述の地方税の復興増税を充てて実施されることとなった。緊急防災・減災事業の直轄・補助事業に係る地方負担額については100%まで地方債が充当でき、その元利償還金の80%が基準財政需要額へ算入される（80%の算入率は東日本大震災に係る補正予算債における交付税措置の特例に

準じる割合)。また、直轄・補助事業に準じる地方単独事業については100%まで地方債が充当でき、その元利償還金の70%が基準財政需要額へ算入され、地方債の対象とならない経費については特別交付税により適切に対処するとされた。単独事業についての算入率を70%とした背景には、直轄・補助事業の地方負担分と地方単独事業の地方負担額がほぼ同程度とみられたことから、単独事業の算入率を70%とすることで、緊急防災・減災事業の基準財政収入額と基準財政需要額を同程度とし、中立な交付税算定とする意図があった。

10　復興基金の創設

補正予算第3号で設けられた復興基金は、阪神・淡路大震災などの過去の災害時でも設けられたものであり、被災自治体からの要望がとりわけ強いものであった。災害復旧等についての国の補助事業では個人の財産形成につながるような事業は原則実施できないが、民有財産であっても社会の共有財産であって、地域社会の再生のために必要なものに対して財政支援する手段として復興基金は有効である。それが必要な理由として前掲の東日本大震災の財政措置についての黒田論考は、次のように述べている。

> 大災害が発生した場合の行政の対応については、各年度予算に必要な事業費を計上し、的確に対処していくことが基本であるが、国や地方団体において設けられる一定の標準化や定型化をされた制度では、住民生活の安定や地域コミュニティの再生をはじめとする被災地の様々なニーズに、弾力的かつきめ細かな対処が難しいという課題がある。
> また、予算は、国も地方団体も単年度で編成・執行されることから、執行面で工夫をしても、年度をまたがっての柔軟な対応が難しいという課題もある。

そこで、補正予算第3号における国の制度の拡充等の検討状況も踏まえ、制度の谷間を埋める仕組みとして復興基金を設けるための特別交付税措置が講じられることとなった。過去の災害時の復興基金は運用型であったが、低金利の状況を踏まえて取崩し型基金としている。その規模は、特定被災地方公共団体である9県を対象に1,960億円とされた。その根拠については、前掲の東日本大震災の財政措置についての黒田論考では、次のように説明されている。

>　この措置予定額は、岩手県・宮城県・福島県3県の全域で阪神・淡路大震災並みの災害が発生したとして、被災者生活再建支援制度はじめ阪神・淡路大震災に講じられた制度改正や3次にわたる補正予算において新たに国庫補助の対象となったものを除き、措置対象を阪神・淡路大震災基金と同レベルとした場合を想定して機械的に算定したものであり、阪神・淡路大震災復興基金の実質的にほぼ2倍の規模に該当するものである。

　復興基金は県に配分されるものであるが、総務省は各県に対して、基金規模の算定は市町村の財政需要も踏まえたものであり、きめ細かな事業を実施するという基金の趣旨からも、市町村事業にも十分に配慮した運用を期待していることを伝えており、各県もそれに応えた運用を図ることとなった。

　東日本大震災からの復旧・復興についての財政措置は令和6年度現在もまだ続いているが、枠組みができあがったのは平成23年11月の補正予算第3号によってであった。発災後8か月を要しているが、災害被害の把握に始まって復旧・復興の財政措置を構築することの困難さに照らせば、可及的速やかな対応といえるであろう。

第6章

熊本地震における財政措置

1　熊本地震の被害と財政措置をめぐる課題

　本章の熊本地震における財政措置等ついての記述は、以下の論考と熊本県から提供を受けた資料に基づいている。

・鶴巻郁夫・和田雅晴・八矢拓・進龍太郎・志賀真幸・佐藤雄一・木村敬「熊本地震に係る地方財政への対応について」『地方財政』平成28年12月

　熊本地震は、前震が平成28年4月14日、本震は16日の未明に発生している。東日本大震災から5年後のことであった。死者276名、重傷者1,197名であり、全壊家屋は8,652棟、半壊家屋は3万4,611棟、一部損壊家屋は16万3,340棟に及んでいる。最大避難者は19万6,325人(うち熊本県が18万3,882人、大分県が1万2,433人)に達している(いずれも令和5年4月13日時点)。

　被害額は内閣府の試算で2.4〜4.6兆円とされる。大きな災害であったが、被害規模は東日本大震災を大きく下回り、面的な広がりも小さい。地震被害で比較的近いのは、阪神・淡路大震災と東日本大震災の間の時期に発生した平成16年10月23日の新潟県中越地震であり、死者数や全半壊家屋数、避難者数、被害額で比較すると、熊本地震はほぼその2倍の規模である。

　これまでみてきたように、災害財政制度の基本は、過去の災害事例に照らして妥当と考えられる水準での災害救助や災害復旧等が可能となるように、被災自治体の財政力にも配慮しながら財政措置をするというものである。熊本地震に対する財政措置を講じる場合、そこでまず問題となるのは、災害による被害の規模である。新潟県中越地震における財政措置を基本と考えるか、東日本大震災の財政措置を参照するかで、財政措置の内容と程度は大きく変わってくる。ただし、東日本大震災では、災害の規模がはるかに大きいだけでなく、財政支援のための特例法を設

けた上、巨額の復旧・復興事業を可能とするための復興増税まで実施されたので状況は大きく異なる。

　通常、災害財政制度では、通常よりも高い国庫補助率と、地方債の元利償還金の基準財政需要額への算入率を95％ときわめて高い水準とすることにより、被災自治体の実質的な負担を相当小さくするように措置される。いいかえれば、負担できる範囲にとどめるものの、決して実質的な負担をゼロにはしないことが基本的な考え方である。それに対して、東日本大震災では、震災復興特別交付税によって実質的な負担はゼロとなり、被災自治体は財政問題から解放された。東日本大震災では、復旧・復興に係る財政需要を積み上げて、所要となる財源を確保していった。その時点で、マクロベースで財源が充足されているので、ミクロベースでも被災自治体の自己負担を設ける必要がなかったともいえる。

　あわせて、被災自治体の財政力に照らして、あれほどの巨額の事業のコストを一部とはいえ負担し、それに必要な財源調達を地方債等で行うことには無理があるという判断もあった。その際の論理としては、被災自治体が実質的な負担をしない代わりに、復興増税というかたちで、国民全体で復旧・復興を支えるという理解の仕方もできた。阪神・淡路大震災では十分な財政措置がされなかった復興への財政需要に対して、東日本大震災で一定の枠組みのなかで対応されたのも、復興増税という財源の担保があったからこそであった。

　熊本地震では、熊本県関係者が熱望していたものの、死者数などの被害の規模と地域的な広がりに照らして、財特法の制定も復興増税も実施されなかった。とはいえ、被災自治体におけるインフラ等の被害は深刻であった。いわば「狭いが深い災害」であり、本震で震度6強以上の揺れに見舞われた市町村は、政令市である熊本市のほか、益城町、西原村、南阿蘇村、菊池市、宇土市、大津町、嘉島町、宇城市、合志市であり、そのなかには、東日本大震災の被災自治体と同じように、人口が少なく財政力に恵まれない自治体が含まれている。

東日本大震災で実現した復旧・復興の財政措置と同じことを期待できる状況にはなかったが、東日本大震災の復旧・復興事業がまさに展開されているときに起きた災害であって、被災自治体の住民たちが、同じ国民として、それと同等の財政措置を期待するのは自然なことでもあった。過去を振り返ると、災害財政制度の内容は、大災害で講じられた特例措置を契機に、段階的に拡充されてきたところがある。熊本地震では、財特法などが設けられない通常の災害財政制度の枠組みのなかで、東日本大震災と同等ではないものの、どこまでそれに近い対応がなされるかという意味で、ポスト東日本大震災の災害財政制度がめざす標準を見極める機会としても注目された。

2　発災直後の対応

（1）災害救助法と激甚災害法の適用

熊本地震は、前震があった後に、それよりも大きな本震が起きるという希なケースであった。前震だけでも十分大きな災害であったので、4月14日の前震の翌日、熊本県が内閣府（防災担当）と連絡をとりながら、災害救助法の指定を要請し、遡って14日から適用されている（なお、本震は16日の未明）。一方、激甚災害法の適用日は、既述のようにきわめて速やかな対応がされたことで4月26日である。東日本大震災では、財特法に基づく特例である特定地方公共団体に指定されることで、被災自治体は激甚災害法が適用されたので、発災直後に、個別団体ごとに被害額の査定を受けるという手間を省くことができた。それに対して熊本地震は、通常の災害として、激甚災害の指定のための通常の手続きを踏む必要があった。

表5は、内閣府（防災担当）の資料に基づいて、熊本地震における激甚災害法への適用の内容と、その基準等を示したものである。4月20日の時点での被害額の査定結果を基に、公共土木施設、農地等、中小企業関係のいずれも本激基準に達したとみなされて適用されている。激甚災

2 発災直後の対応

表5 熊本地震における激甚災害の指定

根拠法	対象事業	指定基準等
公共土木施設災害復旧事業等に関する特別の財政援助（法第3条、第4条）	公共土木施設の災害復旧事業等について国庫補助率を嵩上げ（過去5カ年の実績の平均では公共土木施設等は70%→84%に嵩上げ）	全国の災害復旧事業費の査定見込額2,811億円 →本激A基準 全国の災害復旧事業費の査定見込額1,785億円以上
農地等の災害復旧事業等に係る補助の特別措置（法第5条）	農地、農道や水路などの農業用施設及び林道の災害復旧事業等について国庫補助率を嵩上げ（過去5カ年の実績の平均では農地は82%→95%に嵩上げ）	全国の災害復旧事業費の査定見込額50億円うち熊本県内の査定見込額48億円 →本激B基準 ①全国の災害復旧事業費の査定見込額44億円以上かつ②ある都道府県（熊本県）内の査定見込額が10億円を超える
中小企業信用保険法による災害関係保証の特例（法第12条）	事業の再建を図る熊本県の中小企業者等に対し、中小企業信用保険の保険限度額の別枠化、てん補率の引上げ及び保険料率の引下げの特例措置	全国の中小企業関係被害額約1,600億円うち熊本県内の中小企業関係被害額約1,600億円 →本激B基準 ①全国の中小企業関係被害額1,280億円以上かつ②ある都道府県（熊本県）内の中小企業関係被害額が561億円を超える
	被災中小企業者等の復旧のための資金需要が引き続き見込まれることから、適用期間を当初決定の平成28年10月31日から、平成29年10月31日まで1年間延長	
雇用保険法による求職者給付の支給に関する特例（法第25条）	災害を受け、事業を休業した熊本県の事業所の労働者を離職したものとみなし、基本手当を支給することができる	
上記に併せて、農林水産業共同利用施設災害復旧事業費の補助の特例、事業協同組合等の施設の災害復旧事業に対する補助、公立社会教育施設災害復旧事業に対する補助、私立学校施設災害復旧事業に対する補助、市町村が施行する感染症予防事業に関する負担の特例、母子及び父子並びに寡婦福祉法による国の貸付けの特例、罹災者公営住宅建設等事業に対する補助の特例、小災害債に係る元利償還金の基準財政需要額への算入等、合計12の措置が適用される			

（備考） 被害査定見込額はいずれも4月20日現在。
（出所） 平成28年4月26日内閣府（防災担当）「「平成二十八年熊本地震による災害についての激甚災害及びこれに対し適用すべき措置の指定に関する政令」について」、平成28年10月28日内閣府（防災担当）「「平成二十八年熊本地震による災害についての激甚災害及びこれに対し適用すべき措置の指定に関する政令の一部を改正する政令」について」。

害法の適用に先立って、4月23日には、安倍晋三内閣総理大臣が熊本県を訪れ「被災者が1日も早く日常の生活を取り戻せるよう全力を尽くす」と発言している。

（2）国、県、県内市町村の連携

　熊本地震のような大規模な自然災害が発生すると、住民の命を守ることが最優先されるものの、秩序だった対応は難しく、災害現場は大混乱となり、そのなかで県も市町村も当面の対応に追われることとなる。発災直後は、もっぱら災害救助法の対象である避難所の運営、食事・水の確保などが必要となる。第一線である市町村の要望を待っていては対応が間に合わないことから、熊本地震をはじめ近年の災害時では、いわゆるプッシュ型支援が行われる。内閣府（防災担当）ホームページによると、発災当初は、被災自治体において正確な情報把握に時間を要すること、民間供給能力が低下すること等から、被災自治体のみでは必要な物資量を迅速に調達することは困難と想定されるので、国が被災都道府県からの具体的な要請を待たないで、避難所の避難者への支援を中心に必要不可欠と見込まれる物資を調達し、被災地に緊急輸送するのがプッシュ型支援である。

　また、早期復旧を実現するためには、災害廃棄物処理を急ぐ必要があるが、熊本地震のように、一部の被災自治体で集中的に大量のガレキが発生している場合には、当該自治体の財政負担を極小にするために、通常よりも特段に手厚い財政措置が必要となり、それは大きな課題となる。

　発災直後、市町村の住民対応窓口には、罹災証明書の発行を求めるなどとして、殺気だった住民が押し寄せる。被災者が生活再建のための様々な公的支援を受けるには、罹災証明書が必要となる。しかし、それを発行するためには、個別の建物の被害状況を診断して、全壊、半壊、一部損壊などを判断する必要がある。市町村には、そうした技術的な対応が

できる職員が十分な人数いるわけではない。他の自治体からの応援職員などを得て対応せざるを得ない。

　市町村の行政機能が発災直後から麻痺状態に陥ったことに対して、熊本県では、被災市町村行政機能確保支援として、コールセンターの設置、研修会の開催、応援職員の派遣等を行っている。大災害での対応では、日頃からの県と県内市町村の信頼関係の強さが試されることとなる。この信頼関係は一朝一夕に積み上げられるものではないことを、全国の自治体関係者は十分認識すべきである。

　熊本地震では、国や他の自治体間での連携が図られた。まず、国との関係では、発災直後から関係する府省の決定権限のある局長クラスが熊本県庁に集結し、県と連日のように情報共有しながら、国によるプッシュ型支援が行われ、現地ニーズを把握して迅速に対応することが目指された。そのような国の現地対策本部の運営は、熊本地震が初めての試みであった。また市町村への支援では、九州知事会の各県がそれぞれ被災した市町村を担当するかたちで進められたことも大きな効果があった。このプッシュ型支援と、国の職員が被災地の現地対策本部に常駐して被災団体と連絡調整するいわゆるリエゾンオフィスの設置は、熊本地震で本格的に始められ、次章で述べる能登半島地震ではさらに強化され、国による支援の手法として確立されてきている。

　その一方で、住民対応にとどまることなく、激甚災害法の適用をはじめ、復旧事業の規模を確定させていくために、道路、河川などの公共土木施設や農地、教育施設、社会福祉施設、中小企業のほか、公営企業関係等の被害状況の把握を急ぐ必要がある。さらには、基本的に旧に復する復旧事業にとどまらず、将来のまちづくりのプランに基づく復興事業を構想することも重要である。しかし、被災した市町村では、目の前の住民対応を優先せざるを得ず、ややもすれば被害状況の把握や復興への構想については作業が遅れがちになり、それが結果的に復旧の時期を遅らせ、住民の困窮を長引かせることもありえる。県は被災市町村にそれ

3 平成28年度補正予算第1号における熊本地震への対応

（1）災害財政対応で必要なことと現場の実際

　前掲の図1（93ページ）で、主な災害財政制度の全体像を示した。この点、熊本地震では、国も含めた関係者の努力もあって、災害発生から約2週間後に激甚災害法の適用が決まっている。その結果、法に基づく財政措置について、骨格部分は確定している。

　それに対して、熊本地震の被害状況に照らして、どのような追加的な財政支援措置が必要であるのか、できるだけ早期に見通しを持って、国の関係機関に実現を働きかける必要があった。特に、補助率のかさ上げや特例的な補助対象の拡大など、過去の大災害において、法律ではなく国の補正予算等に基づく予算措置で対応された部分については、重点的に、同様の財政措置が必要であることを自ら証明しなければならない。

　一例ではあるが、熊本地震の被害の特徴の1つに、1万5,000件という多数の宅地被害が発生したことがある。丘陵地域に点在する住宅の底地が地震で崩れて、建物の損壊はないものの、土地が傾いたことで修復しなければ住めないなどの被害が発生している。住宅再建は、地域の復興と人口流出の阻止のために不可欠となる最も重要な政策であるが、社会資本整備総合交付金の対象事業など、既存の公共事業の対象となったのは3,800件にとどまった。益城町などは住宅が点在しているので、1箇所あたりの災害規模の関係で、対象とならない住宅が多かったからである。そこで、宅地耐震化推進事業の拡充として国の予算措置で対象事業の拡大が図られたが、それを加えてもなお3分の2に当たる1万件は、公共事業の対象とならなかった。そこで、熊本地震の場合には、後述するように、国が措置した復興基金を財源にした、県独自の交付金を

設けることで対応している。すなわち、既存の法律に基づく制度でどこまで対応できるのか、過去の災害事例で行われた特段の財政措置でどこまで対応されるのか、それを超えて対応すべき災害復旧の課題は何かを明らかにすることが重要である。

以上を踏まえ、被災時の財政対応において重要なことを改めて整理すると、次の2点になるだろう。

① 被害状況をできるだけ詳細に把握し、どのような復旧事業・復興事業が必要であるかを、可能な限り早期に構想すること
② 図1に照らして、既存の法的な枠組みでどのような事業にどのような財政措置があり、被災自治体の財政的な体力に照らして、どのような追加的な財政措置が必要かについて取りまとめること

しかし、①は特に市町村が住民対応に精一杯であることに加えて、技術職員も不足しているために、容易に進まない現状がある。また、②についても、財政担当職員といえども、災害対応の経験がなければ、図1の災害財政制度を知識として備えているということは現実には期待できない。

(2) 補正予算第1号の概要

国は、熊本地震対策のための平成28年度補正予算第1号を、発災から約1か月後の5月13日に成立させている。追加歳出は、災害救助等関係経費780億円と熊本地震復旧等予備費7,000億円からなる（歳入は国債費の減額である既定経費の減で対応）。災害救助等関係経費の内訳は、災害救助費等負担金573億円、被災者再建支援補助金201億円、災害弔慰金等負担金等6億円である。その一方で、災害復旧については中身を詰めない予備費としている。

すなわち、補正予算第1号成立の時点では、災害復旧費等の内訳は確

定しておらず、予備費として財源枠を確保した上で、内容が確定した段階で、閣議決定を通じて、予備費の段階的執行を行うこととされた。その結果、事業の内容が固まった時点で迅速に執行に移すことが可能となった。

予備費で想定している事業は、被災者の事業再建、道路・施設等のインフラ復旧やガレキ処理等である。予備費の執行はまず5月31日に1,023億円であって、そのうち歳出額の大きなものとしては、以下のとおりである。

・中小企業者等の経営の安定等に必要な経費129億円
・農畜産物共同利用施設等の整備に必要な経費129億円
・中小企業等グループ施設等復旧整備事業等に必要な経費420億円
・九州地方の観光支援に必要な経費180億円

道路災害復旧事業は65億円、海岸保全施設災害復旧事業費は9億円程度にとどまり、その時点ではインフラの復旧の予算執行はまだ一部しか準備ができていない。

6月14日執行の590億円では道路災害復旧事業110億円が盛り込まれているが、その他の経費の大半は自衛隊の災害派遣経費や自衛隊施設等の災害復旧経費で占められている。6月28日執行の210億円では105億円が河川等災害復旧事業、7月26日執行の654億円では国立大学法人施設と設備の災害復旧で117億円、道路等災害復旧事業で131億円、そして災害廃棄物処理事業で340億円が盛り込まれているが、必要なインフラ等の復旧事業の一部にとどまっている。その時点での残額は4,523億円程度であり、それはその後の補正予算第2号（10月11日）と、第3号（1月31日）の財源として活用された。

4　平成28年度補正予算第2号・第3号における熊本地震への対応

　補正予算第2号は、平成28年8月2日に閣議決定された「未来への投資を実現する経済対策」を受けたものであり、歳出の増加額4兆1,143億円のうち、熊本地震からの復旧・復興に直接関係しているのは4,139億円である。その主な内容は以下のとおりである（うち、復興基金については後述）。

・公共土木施設等の災害復旧1,712億円
・被災自治体が地域のニーズに応じ、長期にきめ細かく活用可能な復興基金の創設を支援（特別交付税の追加）510億円
・グループ補助金の実施400億円
・医療施設、介護施設、児童福祉施設等の災害復旧等186億円
・熊本城の復旧49億円

　一方、1月31日成立の補正予算第3号では、熊本地震関係は、災害等廃棄物処理281億円、グループ補助金183億円等の769億円（推計値）にとどまっている。したがって、熊本地震に対する財政措置としては、次節で述べる地方財政措置（災害復旧事業費等や地方債の充当、地方交付税措置、歳入欠かん債の運用など）の制度設計等も含めて、補正予算第2号が成立した段階、すなわち、発災後4か月弱でその大半がセットされたということになる。いいかえれば、国の担当者と被災自治体の関係者からみて、災害財政制度のフレームを固めるのに許される時間は、決して長いわけではないということである。国と地方が十分に連携し、それぞれの役割を果たさなければ、そのような短時間で制度をまとめることはできない。

5 熊本地震の財政措置の概要

(1) 災害救助事業、応援派遣職員受入等

　図6は熊本地震の主な財政措置を示したものである。その応急対策のうち、災害救助事業、応援派遣・中長期派遣職員受入については、実績の80％について特別交付税措置が講じられている。

(2) 歳入欠かん債

　歳入欠かん債については、まずは対象税目を事業所税・都市計画税に拡大しているが、それは阪神・淡路大震災や東日本大震災で特例として適用されていたものを、熊本地震を機に一般ルール化したものである。歳入欠かん債の元利償還金の基準財政需要額への算入割合についても、熊本地震では特例として通常よりも高い75％とし、さらに減収割合の特に多い団体については、最大85.5％まで加算されることとなった。

(3) 災害復旧事業、災害関連事業

1 公共土木施設の復旧

　復旧・復興段階のうち、公共土木施設の災害復旧については、公共土木施設災害復旧事業費国庫負担法と激甚災害法等による通常の対応である。ただし、過年度の充当率についても、現年度と同等に引き上げられている。

2 熊本城の復旧

　熊本城の復旧については、国庫補助率が通常より5％引き上げられた。それに対応して、地方財政措置の拡充として、補助災害復旧事業費のスキームを適用（地方負担分の100％に地方債を充当し、その元利償還金の95％を普通交付税の基準財政需要額へ算入）している。国庫補助の充実など、国が財政措置を拡充した場合には、それに対応して、地方財政措置の充実を図ることは、災害財政制度の運営における1つの考え

5 熊本地震の財政措置の概要

図6 熊本地震に係る主な地方財政措置

	事業の内容	国庫補助	地方財政措置
応急対策	①災害救助事業 避難所の設置や仮設住宅建設等	補助 5/10〜9/10 ※標準税収入と事業費の割合に応じて段階的に嵩上げ	〈特別交付税措置〉事業費×0.4（地方負担額上限） ※28年度は県負担額の全額が措置される見込み
	②応援派遣・中長期派遣職員受入れ		〈特別交付税措置〉実績×0.8
	③被災者等への税等の減免による減収への対応		〈歳入欠かん債〉充当率100％、交付税措置率75％（減収割合の特に大きな団体には最大85.5％まで加算）（従前：57％） ※事業所税、都市計画税を発行計画税目に追加（一般ルール化） 〈補助災害復旧事業債〉充当率100％、交付税措置率95％
復旧・復興	④災害復旧事業、災害関連事業 ・公共土木施設等の災害復旧（国庫補助事業） ・再度の災害を防止する事業（補正予算） ・国庫補助を伴わない災害復旧（単独事業） 被災庁舎の災害復旧	国庫補助（公共土木施設等の場合） 7/10〜9/10程度 激甚指定による嵩上げ（熊本城等） ※通常：6/10〜8/10程度 国庫補助（熊本城等の場合） 75％又は90％（通常よりも5％嵩上げ） 国庫補助（宅地被害対策の場合）1/2（通常：1/4）	→熊本城の復旧等に適用 〈補正予算〉充当率100％、交付税措置率80％ 〈一般単独災害復旧事業債〉充当率47.5％〜85.5％ →復興特交の措置分の東日本大震災と同水準 充当率100％、交付税措置率は85.5％の見込み 〈被災庁舎の災害復旧〉 ・「実面積」から「職員数に応じた標準面積」に見直し（一般ルール化） ・被災庁舎と分庁舎を合わせた職員数に応じた面積まで対象拡大
	⑤公営企業 ・被災施設の災害復旧事業 ・被災公営企業の減災対策事業	8/10（水道・簡易水道・工水） ※阪神淡路災害対策の補助率を嵩上げ （通常：2/3程度）	〈施設復旧〉〈公営企業災害復旧事業〉 充当率100％、交付税措置率50％（上下水道、病院等） 〈減災対策〉公営企業の減災対策のための特例債の創設 ※東日本大震災と同様
	⑥災害廃棄物処理事業 ・被災市町村における引き取りの処理	補助率1/2＋財政負担の重い市町村への還元 震災金による加算措置 （通常：補助率1/2のみ）	〈災害対策費〉充当率100％、交付税措置率95％、実質負担を事業費の2.5％以下に軽減 国費の配分措置と併せ、実質負担0.32％ 〈益城町〉（現行負担4.3％）→実質負担0.3％
	⑦中小企業等グループ補助金 ※過去の実績は東日本大震災のみ		〈災害対策費〉充当率100％、交付税措置率95％

〈現時点で見込まれる今後の検討課題〉
・宅地被害対策（一部補正予算で対応）
・南阿蘇鉄道の災害復旧
・熊本市民病院関係

〈地方債・公的資金の償還期限延長〉
補助・直轄、一般単独災害復旧事業費　10年→20年
歳入欠かん債　4年→15年
地方公営企業災害復旧事業費　10年→25年
公営住宅建設事業　25年→30年

個別の国庫補助、地方財政措置の対象にならない、制度の隙間の事業のための地方単独災害対策に対し、設置し型復興基金の創設を支援
・大規模災害時のみの特例措置
・今回の基金規模は、東日本大震災時の被災3県における復興基金への措置の考え方に基づき算出
→熊本県に510億円を特別交付税措置

(出所) 総務省資料。

方として重要である。

③ 宅地被害対策

　宅地被害対策については、補助率を従来の4分の1から2分の1に引き上げると同時に、市町村施行分については補助災害復旧事業費のスキームを適用し、宅地所有者施行の場合にはその80％に対して特別交付税措置がなされた。

④ 再度の災害を防止する事業

　再度の災害を防止する事業（補正予算事業）では、地方債の充当率を100％に引き上げると同時に、その元利償還金の基準財政需要額への算入率は、阪神・淡路大震災や東日本大震災と同様に、80％に引き上げている。

⑤ 庁舎の復旧

　熊本地震による被害の特徴の1つに、市町村庁舎が被災しその機能に大きな障害が生じたことがあるが、被災庁舎の災害復旧については、単独災害復旧事業として実施された。その地方財政措置は従来どおりであるが、一般単独災害復旧事業債の発行基準を、従来の実面積から職員数に応じた標準面積とすることを一般ルール化するとともに、熊本地震の特例として被災していない庁舎との統合等による面積増加についても対象としている。

（4）地方公営企業

　地方公営企業のうち、水道・簡易水道・工業用水道事業については、熊本地震では、10分の8に補助率を引き上げている。前掲の表4（128ページ）で地方公営企業についての過去の国庫補助の例を示したとおり、水道、簡易水道については通常災害で2分の1、過去の激甚災害で一部が3分の2とされた例があるが、10分の8は、過去、阪神・淡路大震災でのみ適用された高い補助率である。工業用水道についても同様に、阪神・淡路大震災と同等の10分の8の補助率を講じているが、通常

災害では国庫補助がなく、過去の大災害でも適用例が少ないうえに補助率も低い。また、国庫補助を除いた地方負担に対する公営企業災害復旧事業債のスキームは、従来どおり充当率100％、算入率50％であるが、そのほかに、特例として、公営企業の減収対策のための特例債（減収分の地方債の発行と利息についての交付税措置）を設けている。

(5) 災害廃棄物処理

災害廃棄物処理については、通常2分の1の補助率であるが、熊本地震では財政負担の重い市町村について環境省の災害廃棄物処理基金による追加措置が講じられた。それに対応して、地方財政措置も拡充され、災害対策債が事業実施年度に生じる地方負担の100％に充当され、後年度に発生する元利償還金の基準財政需要額への算入率は95％とされた。災害廃棄物処理は、発災当初から大きな問題となるだけでなく、市町村の事務であることから、小規模市町村であっても相当多額の事業費が生じえる。この点、通常、自治体の実質的な財政負担は事業費全体の4.3％程度であるが、熊本地震では、特例措置を講じた結果、2.5％以下に軽減された。

(6) グループ補助金

これまでグループ補助金（中小企業等グループ施設等復旧整備事業への国庫補助）が実施されたのは東日本大震災のみであったが、熊本地震においてもこれが行われることとなった。補助率は通常の2分の1であったが、地方負担については災害対策債が発行でき、その充当率は100％とされ、その元利償還金の基準財政需要額への算入率は通常の57％から95％に引き上げられている。災害対策債がグループ補助金を対象にできることは熊本地震を機に明確にされた。災害対策債の根拠条文である災害対策基本法第102条は、第1項第2号で「二　災害予防、災害応急対策又は災害復旧で総務省令で定めるものに通常要する費用で、

当該地方公共団体の負担に属するものの財源とする場合」としており、災害予防や応急対策だけでなく、災害復旧も対象としている。そこで、熊本地震の際に総務省令でグループ補助金を対象にしていることを明記して対応されることとなった。

（7）復興基金等

そのほか、個別の国庫補助・地方財政措置の対象にならない、制度の隙間の事業のための地方単独事業に対し、取崩し型復興基金の創設を支援するために特別交付税措置を講じている。基金の規模は、東日本大震災における被災3県の復興基金への措置と同様の考え方に基づき算出されている。その活用については後述する。そのほか、被害規模が一定以上の場合、公的資金の償還期間の延長が実施されている。

（8）緊急防災・減災事業債の拡充

熊本地震を契機として、他団体が取り組むべき対策のために行われたのが、指定避難所や災害対策の拠点となる公共施設の耐震改修に活用可能な緊急防災・減災事業債の対象事業と財政措置の拡充である（地方債の充当率を100％、その元利償還金の基準財政需要額への算入率を70％とする）。当初、平成32年度までの措置とされたが、その後も毎年度、対象事業が拡大されながら継続されている。また、未耐震の本庁舎の建替え等を緊急に実施できるよう市町村役場機能緊急保全事業を創設し、地方債の充当率を90％（うち交付税措置対象分75％、その元利償還金の基準財政需要額への算入率は30％）とし、4年間に限定して実施された。

（9）個別事業ごとの措置の整理

以上のような内容に加え、さらに個別事業ごとに財政措置を図示したものが図7である。

5 熊本地震の財政措置の概要

1 被災農業者向け経営体育成支援事業

　図6で紹介していないものとしては、「（1）補助事業」の「⑦被災農業者向け経営体育成支援事業」がある。同事業は、被災した農産物の生産又は加工に必要な施設等（農業用ビニールハウス・畜舎等）の再建等に係る農林水産省の国庫補助事業について、地方団体が任意で負担した場合に措置されるものである。同補助事業は、過去に例のないような甚大な気象災害等が生じ、緊急に対応する必要がある場合に限り実施されるものとされており、熊本地震では、従来の原則10分の3の補助率がさらに2分の1まで引き上げられる特例措置が講じられた。それに対応した地方財政措置の拡充として、地方負担の70％又は80％の措置率で交付税措置を設けている。

2 国による直轄代行事業

　また、図7の参考1にある災害復旧に係る国による直轄代行のうち、国道325号阿蘇大橋の災害復旧事業は、道路法の規定に基づいている。一方、県道及び南阿蘇村内の村道の一部区間における災害復旧のなかで、国が直轄事業として実施する事業は、大規模災害からの復興に関する法律に基づくものである。同法は、東日本大震災の教訓と課題を踏まえた復興の枠組みを創設するために平成25年6月に公布されたものであり、大規模災害の被害を受けた市町村が、土地利用の再編などによる円滑かつ迅速な復興を図るため、政府の復興基本方針等に即して、復興計画を作成できるとした上で、その復興計画の推進を支援するための特例措置（復興整備事業についての許認可等を緩和する特例など）を設けたものである。同法では、大規模災害による被害を受けた自治体を補完するため、要請に基づいて、漁港、道路、海岸保全施設、河川等の災害復旧事業について国等が代行できることとされている。熊本地震は同法の規定する非常災害として指定されたことによって、円滑かつ迅速な復興のために必要があると認めるときは、国が直接工事を行うことができることとされ、それに該当する事業が国によって実施された。

第6章 熊本地震における財政措置

図7　熊本地震に係る主な地方財政措置

主な地方財政措置は以下のとおり。（※）印を付したものについては、特例措置を講じたもの。

(1) 補助事業

① 公共土木施設等災害復旧事業

公共土木、農林水産施設等の災害復旧に係る国庫補助事業等について、激甚災害指定に伴う国庫補助率等のかさ上げを行った上で、地方負担に対して補助災害復旧事業債を措置。

《公共土木施設の例》

国庫補助　7／10～9／10程度 ※激甚指定による補助率かさ上げ （通常：6／10～8／10程度）	元利償還金の95％を 交付税措置

（国庫補助率は事業の種類や内容に応じて異なる）　　補助災害復旧事業債（充当率100％）

② 災害廃棄物処理事業（※）

災害廃棄物（がれき等）の処理に係る経費について、通常の環境省の国庫補助（補助率1／2）に加え、特別の措置として環境省の基金による支援措置を創設。国庫補助に伴う地方負担の全額を災害対策債の対象とした上で、その元利償還金に対する交付税措置率を通常57％から95％に拡充。

これにより、実質地方負担を通常4.3％から2.5％以下に軽減。

		環境省補助による基金（国費）
国庫補助　1／2 廃掃法及び施行令による法律補助	元利償還金の95％を 交付税措置	

　　　　　　　　　　　　　　　　　　　　　災害対策債（充当率100％）

[通常は、地方負担分について交付税措置80％に加え、交付税措置残分について災害対策債（元利償還金の交付税措置率57％）の発行が可能（発行要件を満たす場合）]

③ 中小企業等グループ施設等復旧整備補助事業（※）

被災した地域の中小企業等グループが、県の認定を受けた復興事業計画に基づき実施する施設の復旧について補助を行うもの（当該国庫補助事業は、過去には東日本大震災においてのみ実施）。国庫補助事業に伴う地方負担を新たに災害対策債の対象とすることとした上で、その元利償還金に対する交付税措置率を通常57％から95％に拡充。

国庫補助　1／2	地方負担　1／4 元利償還金の95％を 交付税措置	事業者負担　1／4

　　　　　　　　　　災害対策債（充当率100％）

④ 補正予算関連（再度の災害を防止する事業等）（※）

再度の災害を防止する事業（被災したがけ地の崩落対策工事等）など国の補正予算に伴う国庫補助事業の地方負担について補正予算債の対象とし、その元利償還金に対する交付税措置率を通常50％から80％に拡充。

国庫補助　1／2等	元利償還金の80％を 交付税措置

（国庫補助率は事業の種類や内容に応じて異なる）　　補正予算債（充当率100％）

5　熊本地震の財政措置の概要

⑤　災害救助事業
　　被災者に対して行う応急救助（避難所の設置や仮設住宅の建設等）に要する費用について、内閣府の災害救助事業に係る地方負担に対して交付税措置。

国庫負担 5／10～9／10 救助費用／標準税収入に応じて 国庫負担率が嵩上げ	災害救助費×0.4 （地方負担額限度） を交付税措置

　　　　　　　　　　　　　　　　　　　　　　　　　平成28年度は
　　　　　　　　　　　　　　　　　　　　　　　　県負担の全額を措置見込み

⑥　文化財災害復旧（国宝重要文化財等保存整備事業）
　ア．熊本城に係る災害復旧事業
　　　熊本城の文化財の災害復旧に係る国庫補助事業について、特別の措置である国庫補助率のかさ上げにあわせ、地方負担に対して補助災害復旧事業債を措置。

国庫補助　重要文化財（長塀、宇土櫓等）：90% 　　　　　　　特別史跡（石垣等）　　　　：75% （熊本城の特別の措置として通常よりも国庫補助率を5％かさ上げ）	元利償還金の95%を 交付税措置

　　　　　　　　　　　　　　　　　　　　　　　　　　　　補助災害復旧事業債
　　　　　　　　　　　　　　　　　　　　　　　　　　　　（充当率100%）

※文化財部分以外の公園施設部分の災害復旧については、公共土木施設の災害復旧及び激甚
　指定による国庫補助率のかさ上げによる枠組み（（1）①）により、国庫補助事業の地方負
　担に対して補助災害復旧事業債を措置。

　イ．熊本城以外の文化財（民間所有の場合）に係る災害復旧事業
　　　熊本城以外の文化財（民間所有の場合）の災害復旧に係る国庫補助事業の地方負担に対して交付税措置。

国庫補助　70～85% （国庫補助率は原則70%だが、文化財の区分や 所有団体の収入額等に応じ、かさ上げ）	地方負担の80%を 交付税措置	民間所有者負担

⑦　被災農業者向け経営体育成支援事業（※）
　　被災した農産物の生産又は加工に必要な施設等（農業用ビニールハウス・畜舎等）の再建等に係る農林水産省の国庫補助事業について、地方団体が任意で負担した場合に措置。
　　当該国庫補助事業は、「過去に例のないような甚大な気象災害等が生じ、緊急に対応する必要がある場合」に限り実施されるものであり、さらに、国庫補助率のかさ上げ等を実施するとともに、事業に伴う地方負担について交付税措置。
《施設等の再建・修繕、撤去》

国庫補助　1／2 ※熊本地震に係る補助率かさ上げ （原則　3／10）	地方負担の 70%（再建・修繕） 80%（撤去） を交付税措置

(2) 単独事業
　・単独災害復旧事業
　　　国の補助を受けないで単独で行う公共施設等の災害復旧事業に対する措置

元利償還金の47.5～85.5%を 地方公共団体の財政力に応じて 交付税措置

　　　　　　　　　　一般単独災害復旧事業債（充当率100%）

（被災した庁舎の復旧）（※）
　　現行では「被災庁舎面積」を上限としている一般単独災害復旧事業債の取扱いについて、今後は、職員数に応じた標準的な面積までを対象にするとともに、熊本地震の特例として、被災していない庁舎との統合等による面積増加についても対象とする。

(3) その他
　・復興基金の創設（※）
　　　被災自治体が地域の実情に応じて、住民生活の安定、住宅再建支援、産業や教育文化の振興等の様々な事業について、単年度予算の枠に縛られずに弾力的に対処できる資金として、取崩し型復興基金の創設を支援。
　　　熊本地震に係る復興基金の規模は、阪神・淡路大震災における措置等を踏まえ、東日本大震災の被災3県における復興基金への措置と同様の考え方に基づき算出し、特別交付税により510億円を措置（平成28年度第2次補正予算及び地方交付税法の改正により対応）。

(参考1)
災害復旧に係る国による直轄代行
・国道325号阿蘇大橋の災害復旧について、道路法に基づき国が直轄事業として実施（代行）

> ➢ 都道府県が維持・修繕や災害復旧その他の管理を行う国道について、国は、工事が高度の技術を要する場合等は、都道府県に代わって自ら災害復旧に関する工事を行うことができるとされている（道路法第13条第3項）。

・県道及び南阿蘇村内の村道の一部区間における災害復旧について、大規模災害復興法に基づき国が直轄事業として実施（代行）

> （大規模災害復興法について）
> ➢ 東日本大震災による教訓と課題を踏まえ、大規模災害からの復興のために共通する枠組みをあらかじめ法制化するものとして、平成25年に制定されたもの（「大規模災害からの復興に関する法律」）
> ➢ 熊本地震は、大規模災害復興法に規定する「非常災害」として指定されたことにより、被災自治体が管理する道路の災害復旧事業等に関する工事の代行を国に要請した場合、円滑かつ迅速な復興のために必要があると認めるときは、国が直接工事を行うことができるとされている（大規模災害復興法第46条（道路法の特例））。

(参考2)
普通交付税の繰上げ交付
　応急対策や復旧対策など当面の様々な対応に係る資金繰りを円滑にするため、定例交付すべき普通交付税の一部を繰上げて交付（県：定例交付額の5割、市町村：定例交付額の7割）。
　【これまでの繰上げ交付額】
　　4月22日（6月定例交付分）熊本県：266億円、熊本県内16市町村：156億円
　　5月16日（6月定例交付分）熊本県内6市町：78億円
　　6月 2日（9月定例交付分）熊本県：266億円、熊本県内21市町村：189億円
　　9月 2日（11月定例交付分）熊本県：283億円、熊本県内17市町村：176億円

(参考3)
緊急防災・減災事業債（全国において実施）
　防災情報の伝達体制等の整備のほか、指定避難所及び災害対策拠点となる庁舎の防災機能を強化するため、緊急防災・減災事業債の対象事業を次のとおり拡充。
(1) 指定避難所（公立学校体育館等）における空調整備を対象として追加
(2) 被害情報一元化・共有機能、救援物資管理機能、罹災証明書発行機能等を有する防災情報システムを対象として追加
(3) 災害対策本部や消防本部等に設置する災害時オペレーションシステムを対象として追加

(出所)　熊本県作成資料。

(10) 過去の災害における歳入欠かん債と災害対策債の措置との比較

　表6は、これまで紹介してきた、災害対策基本法に基づく地方債の特例措置である歳入欠かん債と災害対策債についての熊本地震を含む過去の運用例を比較して一覧で示したものである。そのなかで、熊本地震に関する特例措置や、一般ルールの変更で注目すべきこととして、まず、歳入欠かん債の対象税目に、熊本地震以降、事業所税及び都市計画税が追加されたことがある。災害対策債では、熊本地震で中小企業等グループ施設等復旧整備補助事業を対象としたが、熊本地震後の大災害であり、西日本を中心に全国的に広い範囲で記録的な大雨となった平成30年7月豪雨災害でも、同様の措置がとられている。もともとは東日本大震災から始まった例であるが、熊本地震で実現したことで、特例措置ながら、今後も少なくとも同等の災害では適用が期待できる例になったといえる。また、一般ルールとして、既述のように、熊本地震以降、グループ補助金に伴う地方負担を災害対策債の対象とすることが明文化されている。

　熊本地震における財政措置としては、歳入欠かん債元利償還金の基準財政需要額への算入割合を、通常の47.5％〜85.5％から75％〜85.5％とする特例措置を講じている。その一方で、災害廃棄物処理事業及び中小企業等グループ施設等復旧整備補助事業における災害対策債の元利償還金について、熊本地震と平成30年7月豪雨においては、その基準財政需要額への算入率を通常の57％から95％に引き上げている。

(11) 熊本県の資料から措置を読み解く

　図8は、これまで述べてきたことと重複する部分は多いが、熊本地震に係る市町村の災害復旧に関する財政措置を、熊本県が取りまとめたものである。そこでは、従来の制度での対応事例のほか、熊本地震に係る特例（◎）、過去災害で設けられた特例（○）、熊本地震を契機に一般制

第6章　熊本地震における財政措置

表6　熊本地震における歳入欠かん等債

災害区分	通常災害	阪神・淡路大震災	（参考）平成28年熊本地震	（参考）平成30年7月豪雨
根拠法	災害対策基本法第102条	特別財政援助法第80条	災害対策基本法第102条	災害対策基本法第102条
発行団体	①一定の災害復旧事業のある都道府県・市町村 ②一定の災害救助事業が行われた市町村 ③著しく異常かつ激甚な非常災害により財政運営に特に著しい支障が生じ、又は生ずるおそれがあるものとして総務大臣が指定する都道府県・市町村	災害救助事業が行われた市町村及びそれを包括する府県 （1府1県15市10町）	①一定の災害復旧事業のある都道府県・市町村 ②一定の災害救助事業が行われた市町村 ③著しく異常かつ激甚な非常災害により財政運営に特に著しい支障が生じ、又は生ずるおそれがあるものとして総務大臣が指定する都道府県・市町村 （③に基づき、熊本県を指定）	①一定の災害復旧事業のある都道府県・市町村 ②一定の災害救助事業が行われた市町村 ③著しく異常かつ激甚な非常災害により財政運営に特に著しい支障が生じ、又は生ずるおそれがあるものとして総務大臣が指定する都道府県・市町村 （③に基づき、3県21市町村を指定）
対象経費	①歳入欠かん債 地方税、使用料、手数料等の減免分 （熊本地震以降、事業所税及び都市計画税を追加） ②災害対策債 災害予防、災害応急対策、災害復旧に要する経費 （熊本地震以降、災害廃棄物処理対策を明文化）	①歳入欠かん債 地方税、使用料、手数料等の減免分 （特例的に、事業所税及び都市計画税を追加） ②災害対策債 災害予防、災害応急対策、災害復旧に要する経費	①歳入欠かん債 地方税、使用料、手数料等の減免分 ②災害対策債 災害予防、災害応急対策、災害復旧に要する経費（中小企業等グループ施設等復旧整備補助事業も対象）	①歳入欠かん債 地方税、使用料、手数料等の減免分 ②災害対策債 災害予防、災害応急対策、災害復旧に要する経費（中小企業等グループ施設等復旧整備補助事業も対象）
発行年度	災害の発生した年度及びその翌年度以降の年度で政令で定める年度	平成6年度及び平成7年度	災害の発生した年度及びその翌年度以降の年度で政令で定める年度 （平成28年度～30年度）	災害の発生した年度及びその翌年度以降の年度で政令で定める年度 （平成30年度、令和元年度）
発行条件	財政融資資金4年 （うち1年据置）	財政融資資金10年 （うち2年据置）	財政融資資金15年 （うち3年据置）	財政融資資金10年 （うち2年据置）
財政措置	①歳入欠かん債 減収割合に応じ、元利償還金の47.5%～85.5%を普通交付税措置 ②災害対策債 元利償還金の57%を特別交付税措置	①歳入欠かん債 元利償還金について、県分の80%、市町村分の75%を特別交付税措置 （平成15年より普通交付税措置に移行） ②災害対策債 元利償還金の90%を特別交付税措置 （平成15年より普通交付税措置に移行）	①歳入欠かん債 減収割合に応じ、元利償還金の75%～85.5%を普通交付税措置 ②災害対策債 元利償還金の57%を特別交付税措置 災害廃棄物処理事業及び中小企業等グループ施設等復旧整備補助事業については、元利償還金の95%を普通交付税措置	①歳入欠かん債 減収割合に応じ、元利償還金の47.5%～85.5%を普通交付税措置 ②災害対策債 元利償還金の57%を特別交付税措置 災害廃棄物処理事業及び中小企業等グループ施設等復旧整備補助事業については、元利償還金の95%を普通交付税措置

（備考）　東日本大震災については、歳入欠かん等債ではなく、全額を震災復興特別交付税措置。
（出所）　表3に同じ。

5 熊本地震の財政措置の概要

図8 H28熊本地震に係る市町村の災害復旧に関する主な地方財政措置

H28熊本地震に係る市町村の災害復旧に関する主な地方財政措置

〇施設の復旧に係る地方財政措置（地方債＋交付税）
・補助災害復旧事業（充当率：100％、交付税措置：95％、公共土木施設災害復旧事業に伴う地方負担額に対する措置：47.5〜85.5％）
・単独災害復旧事業（充当率：100％、交付税措置：47.5〜85.5％）
・国庫負担事業以外の公共施設の復旧事業（充当率：100％、交付税措置：66.5〜100％）
・小災害復旧事業（充当率：100％、上記事業が行う施設災害復旧事業に対する措置）
・激甚災害指定を受けた団体が行う小規模災害復旧事業（充当率：100％、交付税措置：50％）
・地方公営企業災害復旧事業（充当率：100％、交付税措置：50％）
・元利償還金に対する一般会計からの公営企業への繰出基準の措置

〇災害時の個別の財政需要に対する包括的な措置（特交等）
・災害等の廃棄物処理（地方負担額に災害復旧費等を100％充当（普通交付税措置）：95％＋グリーンニューディール基金による支援）
・通常、国庫補助50％、地方負担の80％の特別交付税措置＋残る地方負担に対し交付税措置57％（交付税措置率57％）を充当するため、市町村の実質負担は4.3％になるが、上記措置により0.3〜2.5％まで縮減

〇応援職員の受入（自治法派遣×0.8）
・応援経費（応援・被災者受入経費（受入実績×0.8（上限））
・文化財の災害復旧（地方負担×0.75〜0.855）
・地方税の減免による減収（歳入欠かん債の元利償還金×0.75〜0.855）

〇災害時の財政需要に対する包括的な措置等
・災害復旧事業等に基づく算定（災害復旧基金の創設）
・被災の大きな市町村：発災次年度から3年間は連年災（事業費×0.8×0.02）
・普通交付税により算定：被災世帯数等による算定（災害世帯数、死亡者数等を単価）
・更に、特別交付税（受入世帯×0.8、ゴールデンウィーク・シルバーウィーク復旧経費の実績×0.8を加算）

〇その他の被災状況に応じた手厚い措置等
・国による財政の隙間を埋める復旧基金の創設
・取崩し型基金として510億円規模の措置（過去最大級の措置）
・経営体育成支援事業の地方負担の軽減（地方負担額の7割（除却3割）を特別交付税で措置）
・被災し建替が必要になった庁舎

〇被災市町村の復興推進地域内の復興関係事業の拡充と特別な地方負担の軽減
・「職員派遣に応じた特別交付税の算定」を算定する際に、「被災していない行政から移住する職員数」を含めた人数で算定

・公共施設等の力の施設の復旧事業等の原状回復の補助に対する地方負担の軽減（公共事業等（充当率90％、交付税措置率20％〜50％、80％）等）
・強い団体（農業・水産業）の災害復旧事業（充当率100％、交付税措置47.5〜85.5％）
例）・単独災害復旧事業費（充当率100％、交付税措置47.5〜85.5％）

H31.1時点

今後の措置を期待したいもの
・補正予算事業に対する地方負担の軽減（H28補正、H29補正）→補正予算債及び自治公民館の災害復旧への支援
△消防団詰所等に対する措置（充当率100％、交付税措置80％）

・公営企業に対する減免収入及び歳入欠かんへの交付税支援（減収対策企業債の発行及び元利償還金に対する財の負担軽減）

・宅地耐震化推進事業（住宅地液状化対策事業を措置）：8割を特別交付税で措置

・災害復旧事業（宅地耐震化）に係る元利の負担軽減
・過年災の充当率の嵩上げ（現年災同様、充当率100％）

・人材不足による任期付で採用した職員人件費の地方財政措置
・熊本市民病院の職員人件費：地方負担額の8割を特別交付税で措置

△南阿蘇鉄道の復旧

・まちづくり事業（1/4→1/2）及び国庫補助率の嵩上げ（補助災害復旧事業費（充当率100％、地方財政負担で措置95％））
・補正予算債（小規模住宅改良事業（充当率100％、交付税措置で措置）の地方負担の軽減

・いわゆる申請工事等の地方負担
・単独災害復旧事業費（充当率100％、交付税措置47.5〜85.5％）
・地方負担額の災害復旧事業の外部委託

・激甚災害関連事業の5割を特別交付税で措置
・地方負担額の発行期間の延長

・合併特例債の発行期間の延長

「熊本地震」の経験を踏まえ今後の災害に備えた制度創設・改正等

・被災市町村の復興推進地域内の復興関係事業の拡大と特別な地方負担の軽減（一部の国庫補助制度の拡充と特別な地方負担の軽減、公共事業等（充当率90％、交付税措置率20％〜50％、80％）等）

・熊本地震に係る特例（〇：過去災害で設けられた特例　△：一般制度として創設）

（出所）熊本県作成資料。

度として創設されたもの（△）を明示している。熊本県は、熊本地震を契機に、恒久制度として災害復旧・復興に向けての制度の拡充を強く訴えており、図8もそれに向けての検討資料として特に作成されたものである。そこでは、既述の宅地耐震化推進事業（◎）をはじめ、消防団詰所等及び自治公民館の災害復旧への支援（△）、いわゆる申請漏れ工事の地方負担（◎）、激甚災害の災害査定関連事務の外部委託（◎）、被災市街地復興推進地域内の復興関係事業に係る地方負担の軽減（◎）など、規模こそ小さいものの、市町村の災害復旧等への財政措置として重要なものが挙げられている。

(12) その他の措置

本書では触れていないが、被災自治体への資金繰りへの配慮の観点から普通交付税の交付時期の前倒しが行われている。被災自治体では、発災直後から補正予算を何度も編成することとなるが、その場合に現金不足を懸念する声が現実にあがっており、普通交付税の前倒し交付は被災自治体からも歓迎されている。このほか、災害廃棄物処理については、事業着手や契約時に一定の現金が必要となるケースもあり、被災自治体からの求めに応じて、国庫補助金の概算交付の手続きが取られることもある。この国庫補助金の概算交付も、資金繰り対策として有効である。

そのほか、十分に触れてこなかったが、阪神・淡路大震災と東日本大震災、熊本地震において共通して実施された特例措置としては、地方税に対する減免等での対応がある。それらに対しても注意が必要である。

6 財政負担ゼロから地方負担の最小化へ

(1) 東日本大震災における措置と比べて

熊本県では、発災直後から東日本大震災並みの財政措置を講じることで、被災自治体の財政負担ゼロの実現を求める声が、県議会をはじめ、様々なところであがった。しかしながら、東日本大震災は未曾有の被害

規模であって、復興増税を伴う財特法を通じて措置が実現したのであって、熊本地震ではそこまでを求めることは現実的ではなかった。そこで、熊本県が国と折り合いをつけたことは、本書で述べてきた特例的な財政措置を通じて地方負担の最小化をめざすことであった。財政措置の手厚さでは、震災復興交付金などをはじめとする東日本大震災のものには及ばないといいながらも、詳細にみると、東日本大震災でも対応されなかったところで国庫補助がなされた事業もある。

(2) 熊本県財政への影響

平成28年度に、熊本県は、発災からおよそ2週間後の4月27日の補正予算（知事専決処分）から、逐次的に実施される国の財政措置やそれに対応した地方財政措置に応じて、16度の補正予算を編成している（ここには鳥インフルエンザ対応なども含まれる）。熊本県の実質公債費比率は、発災前の平成27年度で12.3％であった。発災後もそれ以前からの低下傾向は続き、令和2年度決算で7.2％となっている。その後はやや上昇する見込みであるが、それほど大きなものではない。また、将来負担比率は、平成27年度で189.0％であるが、こちらは発災以降は上昇し、令和2年7月に豪雨災害に見舞われたこともあって、令和2年度では210.9％となっている。それでも阪神・淡路大震災における兵庫県が主に復興事業の影響から長く財政難が続いたことと比較すると、震災の財政運営に対する影響は最小限に食い止められている。発災翌年の平成29年度の熊本県の当初予算では、必要不可欠な復旧・復興を厳選して取り組むことが予算編成方針に盛り込まれ、予算の肥大化を避ける姿勢が示されている。

(3) 熊本県の復旧・復興事業費の負担額

熊本県は、平成28年9月に、「熊本地震からの復旧・復興に要する事業費見込額」（図9）を県議会で報告している。それによれば、上段は、

第6章 熊本地震における財政措置

図9 熊本地震からの復旧・復興に要する事業費見込額

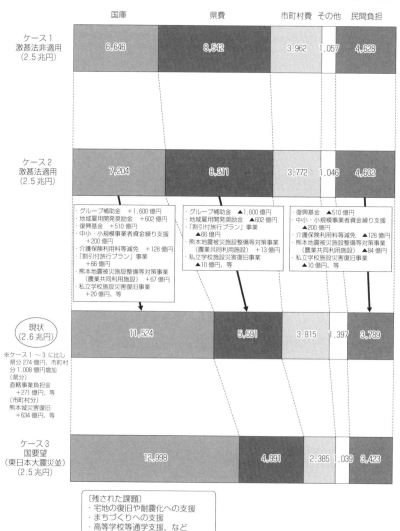

(出所) 熊本県作成資料。

激甚災害法が非適用の場合であって、県費は8,542億円、市町村費は3,962億円、農家や中小企業、社会福祉法人等の民間負担は4,628億円である。2段目の激甚災害法の適用によって、地方負担は軽減されるものの、県費は8,211億円、市町村は3,772億円、民間は4,602億円となっている。それに対して、3段目の熊本地震で実現した実際の負担割合をみると、グループ補助金、地域雇用開発奨励金、復興基金が措置されたことで、県費は5,591億円と大きく減っている。市町村費は逆に膨らみ3,815億円とやや増加するものの、民間は3,789億円と大きく減少する。そうした現状を、4段目の東日本大震災並みの状況と比較すると、県費で600億円程度、市町村費で1,400億円程度も開きがある。

平成28年度の熊本地震関連の予算総額は5,323億円であるが、その財源として発行する地方債の後年度償還時における交付税措置を勘案して、国庫負担分や地方交付税措置分を除いた最終的な県の実負担額を推計したところ、事業費総額の5％程度である260億円を下回る見込みであるとしている。

（4）市町村負担額と後年度の財政への影響

なお、図9では、市町村の負担は増えた結果になっているが、益城町の被災市街地復興推進地域の復興事業について、平成28年度からの10年間で試算した結果では、町の負担は確実に減っている。復興事業のうち、被災市街地復興土地区画整理事業こそ、阪神・淡路大震災の際に設けられた特例措置に対する上積みが特になかったので、町の負担は既存制度と比較して特段に減っていないが、小規模住宅地区改良事業、都市防災総合推進事業、街路事業、下水道事業（雨水排水対策）では、いずれも国庫補助で特別な措置が講じられ、それに歩調をあわせた地方財政措置の拡充によって被災市町村の財政負担は軽減されており、5事業をあわせた事業費総額（国費・県費を含む）は321億円であるのに対して、町の実質負担は特例措置によって29億円から23億円に減少している。

市町村の財政負担は一定程度あるものの、被災市町村における財政運営の努力の結果として、財政指標では特段の財政悪化はみられない。いずれも令和2年度の水準として、西原村は実質公債費比率が6.9％、将来負担比率は「－」であるほか、熊本市は実質公債費比率6.0％、将来負担比率121.9％と、将来負担比率は他の町村に比べて高いものの、発災前の平成27年度では実質公債費比率は9.6％と現在よりも高く、将来負担比率は125.5％と直近年度とほぼ同程度である（益城町と南阿蘇村については第8章で詳述）。これらのことから、被災市町村において、特段に財政悪化が起きているとはいえない状況である。

7　復興基金の運用

（1）特別交付税措置額の算定手順

　復興基金については、既述のように、東日本大震災の例と同様に取崩し型とし、熊本県の基金造成費用に対する特別交付税措置額は、東日本大震災の被災3県と同様の算定方法に基づき、次のような手順によって510億円が算出されている。

　すなわち、①阪神・淡路大震災復興基金事業を現行制度のもとで実施した場合に必要と見込まれる交付税措置額924億円を算出する。この額は、阪神・淡路大震災復興基金事業の10年間の実績額から、制度融資の利子補給事業の実績を現在の金利に置き換えた部分の金利差分を控除し、阪神・淡路大震災以降に制度化された被災者生活再建支援事業等や、平成28年度補正予算第2号までに国庫補助対象となった事業を控除するなどによって算出したものとされている。次いで、②震災当時の兵庫県及び阪神・淡路大震災財特法の特定被災地方公共団体の標準財政規模の合計額に占める交付税措置額（924億円）の割合を算出する。③最後に、当該割合を熊本県及び同県被災市町村の標準財政規模に乗じるという手順である（熊本県内の被災市町村については、東日本大震災における特定被災地方公共団体の基準に該当する市町村とした）。

（2）基金の運用方法

　その運用については、地方交付税という地方共有財源で措置された基金であることを踏まえつつ、なお既存の補助制度等では対応しきれない事業について、被災自治体が地域の実情に応じて、単年度予算の枠に縛られず弾力的に対処できるようにするという趣旨に照らして、被災市町村分もあわせて算出され、熊本県に交付されたため、熊本県は市町村との丁寧な協議を通じて、市町村事業に十分配慮した配分なり運用を目指してきた。具体的には、熊本地震の特徴や被災市町村の要望を踏まえ、一日も早い被災者の方々の生活再建と熊本の復興につながるよう、被災市町村が実施する事業を中心に、県が活用事業の統一ルールを定めて配分することとされた。

　平成28年12月に熊本県議会総務常任委員会に提出された資料によれば、基金の大半を占める基本事業分（510億円。残る12.3億円は「熊本地震被災地支援宝くじ」の収益金の熊本県への配分を原資とした創意工夫事業分）のおよそ半分の250億円を第一次配分とするとして、その内容の一部が次のように示されている。

・被災者の生活支援
・応急仮設住宅維持管理費用援助事業
・高等学校等通学支援事業
・住宅再建支援（二重ローン対策）事業
・被災生徒授業料等減免補助事業
・認可外保育施設利用者支援事業
・放課後児童クラブ利用者支援事業
・公共施設等の復旧支援
・地域水道施設復旧事業
・農家の自力復旧支援事業
・私道復旧事業

- 地域のコミュニティ施設の復旧支援
- 地域コミュニティ施設等再建支援事業
- 自治公民館再建支援事業
- 消防団詰所再建支援事業（市町村以外の集落又は自治会が所有するものも対象とする）

次いで、平成29年2月に熊本県議会総務常任委員会に提出された資料では、250億円の第一次配分額のうち、市町村分が220億円程度、県分は30億円程度とされている。そこで追加された事業は以下のとおりである。

- 被災者の生活支援
- 応急仮設住宅移転等費用支援事業
- 被災地防犯アドバイザー事業
- スクールサポーター事業
- 中小企業等復旧・復興支援事業
- 熊本地震雇用維持・確保事業
- 益城テクノ団地生活交通支援事業
- 被災宅地の復旧支援
- 被災宅地復旧支援事業（相談窓口を含む）
- 防災・安全対策
- 生活再建住宅支援事業（住宅耐震化支援事業）
- 震災遺構候補の仮保存支援事業
- 高度災害対応資機材整備支援事業
- 災害ボランティア団体育成事業
- 地域のコミュニティ施設の復旧支援
- 被災文化財等復旧復興基金活用促進事業
- 私立博物館等復旧事業

・共同墓地復旧支援事業

　以上のような復興基金を用いた事業は、比較的規模が小さいものが多く、対応する法律等が十分整備されていないなどの理由で、国費による補助が馴染まないものである反面で、被災者の生活再建・支援に対応するために必要と判断された事業である。

8　熊本地震における財政措置を振り返って

　大規模な災害に見舞われた地域において、県と被災市町村が、一体的に復旧・復興に向けた課題を洗い出し、対応の方針を定めて、必要な財政措置を求めることはきわめて重要である。そのためには、県と被災市町村の意思疎通と信頼関係の醸成が欠かせない。県はできるだけ市町村に寄り添う姿勢をみせ、地方財政制度やその運用の範囲で、市町村への財政支援措置が拡大するように、県職員が我がこととして取り組むことが求められる。

　発災から国が補正予算等で財源対策を定めるまでの時間を可能な限り短くしようとするとき、もっとも大切なことは、被害状況を明らかにして、必要となる事業量を見定めることである。そこで問題となるのは、市町村での対応における人的手当の弱さや、市町村が復旧・復興のあり方について共通の認識を持つことができるかどうかである。どちらも大きな問題である。

　熊本県では、県の市町村課が被災市町村と十分に意思疎通を図った上で、被災市町村の課題を把握し、今後必要となる復旧・復興事業を洗い出し、統一された表計算ソフトのフォーマットのなかに、国庫補助や地方財政措置、今後10年間の事業量と実質的な負担額を精査・整理し、どれだけの負担があるのかを把握している。その結果を、国に対する特段の措置の要望に結びつけている。復興基金の配分においても、県と被災市町村の意思疎通はきわめて重要である。なお、被災市町村の財政的・

技術的・人的な脆弱さを補完する観点から、通常は市町村が主体となって行う農地などの災害復旧事業を県営災害復旧事業として実施したり、益城町の市街地の土地区画整理事業を県が施行するなど、事業そのものを県が担う形態での支援も実施されている。

　熊本県議会における財政措置に関する質疑の内容をみると、東日本大震災財特法のような特例的な法律を定めることと、復興基金を設置することに集中している印象がある。財特法があれば安心であるとか、基金があれば国の制度に縛られずに復旧・復興ができるという発想は十分に理解できるが、財特法が制定できない場合に、熊本県が目指したように、財特法にできるだけ近い財政措置をどのように引き出すかということこそが重要である。そのためには、何の被害がもっとも深刻であって、既存の財政制度でどこの財政負担が過重であり、過去に類似した災害事例でどのような特別な財政措置が行われたかなどについても、十分な検討がなされなければならない。

　また、復興基金は、あくまで国の補助制度やそれに対応した地方財政措置を基盤として、復旧・復興のための財源を確保することを前提に、それだけでは埋め切れない制度の隙間に対応した単独施策のための財源である。一定規模以上の災害では、被災自治体の自主財源では対応しきれないことから、復興基金は必要ではあるが、財政措置としてはあくまで補助的なものである。災害復旧・復興事業を支える中心的な財政措置は補助事業費であって、まずはそちらに関心を寄せるべきである。

第7章

能登半島地震における財政措置

第7章　能登半島地震における財政措置

1　熊本地震と同等かそれ以上の財政支援を目指して

　令和6年能登半島地震への対応は、本書執筆時点ではなお進行中であるので、確定的な内容ではないが、熊本地震との対比もあって大いに参考になることから、掲載することとした。本章の内容は令和6年末時点のものである。

　能登半島地震は、令和6年1月1日、16時10分に発生した。石川県志賀町、輪島市で震度7を記録するなど強い揺れを観測し、震度5強以上を記録した市区町村は、石川県で14市町、新潟県で16市区町村、富山県7市村、福井県1市に及んでいる。相当に規模の大きな地震であり、広範囲に被害が及んでいることに加え、津波や火災、液状化に伴う住宅等の被害を伴った点が特徴的である。

　人口が比較的密集していない地域が中心であったものの、6月25日現在の死者は関連死含めて260人に及んでおり、関連死は今後も増えることが見込まれている。当初、死者数でみて熊本地震を下回るとの見方もあったが、同程度かそれを上回る大災害となった。

　発災後の災害関連法の適用状況は以下のとおりである。

・1月1日　新潟県、富山県、石川県及び福井県の35市11町1村に災害救助法適用
・1月6日　石川県全域に被災者生活再建支援法の適用を決定（同法に基づく支援金が支給される）、その後、3月までに富山県、新潟県についても全域に適用することを決める
・1月11日　激甚災害の指定を閣議決定
・1月11日　特定非常災害の被害者の権利利益の保全等を図るための特別措置に関する法律により、特定非常災害の指定を閣議決定（行政上の権利利益に係る満了日の延長に関する措置、期限内

　　　　　に履行されなかった義務に係る免責に関する措置、債務超過を理由とする法人の破産手続き開始の決定の特例に関する措置、相続の承認又は放棄をすべき期間の特例に関する措置、民事調停法による調停の申立ての手数料の特例に関する措置を適用）
・1月19日　大規模災害復興法に基づく非常災害の指定を閣議決定、それにより国等による災害復旧事業等の代行が可能に（権限代行の実施箇所は、国道交通省所管のものだけでも8港湾、能登空港、3海岸、地すべり5箇所に達する）

　このように、発災後3週間を待たずに既存の災害関連法の適用等が進められ、政府をあげて災害対応を進める姿勢が示されている。国の職員が現地に派遣されて、県や市町村の職員及び他の自治体から派遣された応援職員と連携して対応する態勢がとられた。それは熊本地震での対応をさらに強化するものであった。

　これまでの災害財政の歴史を振り返ってみると、敗戦直後から政府による財政支援の範囲と財政負担の程度が段階的に拡充され、東日本大震災で一定の水準に達した。東日本大震災では、復興増税という国民全体による特別な財政負担を背景に、救援・救助、復旧、復興の各段階で、被災団体の財政負担を限りなくゼロに近づけることが目指された。その後の熊本地震では、復興増税がないなかで、被災団体の負担の皆減こそできなかったが、被災団体の負担が可能な範囲にとどめつつ、復旧や復興においては東日本大震災の事業の範囲や規模に匹敵するか、それに近い水準を実現できたことを、本書ではこれまで述べてきた。

　能登半島地震については、発災から1年後までの状況ではあるが、以下で紹介するように、熊本地震への対応に準ずるか、一部ではそれを上回る財政支援の実現が見込まれている。それは、今後の大災害における財政支援のあり方に大きく影響するものといえる。

2 「被災者の生活と生業支援のためのパッケージ」の策定

(1) パッケージの概要

　発災翌日の1月2日に、首相を本部長とする令和6年能登半島地震非常災害対策本部の第1回会議が開催されている。1月25日の第15回会議において取りまとめられたのが「被災者の生活と生業支援のためのパッケージ」（以下「パッケージ」という）である。その基本方針については、次のように定められている（概要については図10を参照）。

○能登地方を震源とする最大震度7の地震により、広い範囲にわたって甚大な被害が生じた。政府は発災直後から、警察、消防、自衛隊を被災地に派遣し、救命救助、捜索活動に当たるとともに、現地対策本部を設置して、道路の啓開やプッシュ型支援等による物資の支援など政府一体となって災害応急対策に取り組んできたが、今なお多くの方が厳しい避難生活を余儀なくされている。

○「先が見えない」という現地の皆様の不安に応えるとともに、被災された方々が再び住み慣れた土地に戻って来られるよう、そして、一日も早く元の平穏な生活を取り戻すことができるよう、ここに、緊急に対応すべき施策を「被災者の生活と生業（なりわい）支援のためのパッケージ」として取りまとめた。

○施策を実行するために必要となる財政措置については、令和5年度・6年度の予備費を活用し、復旧・復興の段階に合わせて、数次にわたって機動的・弾力的に手当てする。

○被災地の声にしっかりと耳を傾けながら、「被災地・被災者の立場に立って、できることはすべてやる」という決意で、被災者の生活と生業（なりわい）の再建支援に全力で取り組む。

2 「被災者の生活と生業支援のためのパッケージ」の策定

図10 被災者の生活と生業（なりわい）支援のためのパッケージ

令和6年1月25日
令和6年能登半島地震非常災害対策本部

基本方針

- 能登地方を震源とする最大震度7の地震により、広い範囲に甚大な被害が生じた。政府一体となって最大限の被害軽減の取組を進めるとともに、警察、消防、自衛隊を被災地に派遣し、捜索活動に当たるとともに、現地対策本部を設置して、道路の啓開や水道等のインフラ復旧による被害支援の強化と、被災者や被災自治体のニーズにきめ細かく対応できるよう、今しっかりと応急生活支援に取り組んでいる。
- 「代かえ」「対応」を徹底するべく、被災地に寄り添い、プッシュ型支援で、水・食料・燃料等を被災地に送って来ているところ。そして、一日も早く平穏な生活を取り戻すことができるよう、緊急に対応。
- 応急支援を実行するために「生活と生業支援のためのパッケージ」を取りまとめた。令和5年度予備費等を活用し、令和6年度予備費についても機動的に手当てする。
- 被災地にしっかりと目を向けながら、「復旧・復興の段階に合わせた復旧・復興の予備的な機動的・弾力的に手当て」することで、「被災者の立場に立って、なりわい」の再建に全力で取り組む。

緊急対応策（主なもの）

(1) 生活の再建

被災地の方々の命と健康を守るため、避難所等における生活環境の改善を図るとともに、元の土地に戻って来られるよう、(3) の迅速な復旧を図るとともに、学校施設等を中心に、住まいの確保に努める。

- □避難所における生活環境の改善
  - 被災地のニーズにきめ細かく対応
    - ・必要物資の支援（被災地のニーズに応じたプッシュ型から要望型に移行）
    - ・命と健康を守るためのホテル・旅館等への一時利用環境の特例的な引き上げ（7,000円から10,000円）
    - ・要配慮者等の福祉にきめ細かく対応
      - 福祉タクシー、高齢者施設等の確保、医療・介護・福祉ニーズにDMAT、DWAT等と連携し対応
    - ・孤立集落からの避難、二重被災防止、バトンタッチ型避難の対応
    - ・住み慣れた土地を離れることへの配慮、人的支援
- □住宅応急修理や仮設住宅、災害廃棄物対応など主要施策の早期着手
  - ・住宅の応急修理・建設支援
  - ・特例的に半壊家屋についても解体支援（所有者不明等は代執行でも民法上の特例制度）の積極活用
- □被災された方々への応急仮設住宅の供与
  - プレハブ仮設住宅に加え、地域型の木造仮設住宅の活用
  - 自力の再建が困難な方々は、長期利用も可能な災害公営住宅（最大300万円）の迅速な支給
- □切れ目ない応急対応の総合的な支援
  - 見守り・相談による被災者への寄り添い支援
  - 災害時高齢者等への戸別訪問
  - 仮設住宅等に入居する被災者等の見守り・相談支援等
  - 医療・介護費用の自己負担・保険料の減免
  - 避難所・通学支援・学習支援（学びを継続させるための施設整備等）、心のケア
- □特定非常災害への指定、運転免許証有効期間延長措置等
  - インターネット上の様々な情報の迅速な削除
  - 金融支援・税制上の対応等
  - 生活福祉資金の特例貸付対象を被災世帯に拡大、貸付条件の緩和等
  - 国民・地方税の納期限の延長期間延長
  - 被災者支援総合交付金を活用し取組を大幅強化（与党税制調査会の結果を踏まえ、適切に措置）
  - 住宅ローンなどの二重ローン対策支援（与党税調の検討の結果を踏まえ1次か月以降な付もこども加算、適切に地方財政措置）
  - 地方公共団体における様々な民政需要を的確に把握し、適切に地方財政措置

(2) 生業の再建

地域経済を支える中小・小規模事業者、農林水産業者、伝統産業、観光業の「なりわい」の再建に、事業継続や事業継続や雇用の維持等の支援を講じ、持続可能な地域経済の再生を図る。

- □中小・小規模事業者支援
  - 施設等の復旧・整備支援「なりわい再建支援事業」（補助率3/4号・最大3億円（15億円））
  - 地場産業の復旧支援等：石川・富山・福井・新潟、最大5億円
  - ・中小企業等の販路開拓支援（「アーケード」・街路灯等の復旧、買取り、商店の復旧）
  - ・小規模事業者の事業継続な道具や設備の原状回復、迅速な事業再開の後押し（災害支援スキーム（補助率2/3号、最大200万円））
  - ・商店の再生支援（グループ補助金）や店舗の原状回復、修繕、リスタート時の追加契約料なし、劣後ローンなどの金利
  - ・コロナ借換返済負担軽減（日本政策金融公庫・別枠3億円、金利0.9%引下げ（上限・期間あり））
  - ・能登産品の販売拡大支援（特設サイト、販促イベント）
- □農林漁業者への支援、海産物の再建支援
  - 地域の中核農業法人への農業用機械、農業ハウス、畜舎、共同利用施設、
    - 木材加工流通施設、特用林産振興施設等の再建、修繕への支援（補助率1/2等）
  - 被災農業者等の早期営農再開を図るため、使用が困難になった農地の復旧支援、緊急的な導入・整備する先進技術の活用による農作業の再開（再開）
  - 貸付当初5年間の実質無料化子
  - 棚田も配慮した農地の早期復旧も整備した持続可能な里山づくり
  - 漁船等の再建、共同利用施設（養殖産業含む）の活用支援、観光との一体での将来ビジョンの下での水産資源を活かした海業振興等
- □観光需要喚起策
  - 風評被害対策として、北陸応援割（3〜4月、補助率50%、最大20,000円/日）、能登地域については、復興状況を見ながら、より手厚い施策（復興応援割）を検討
  - 観光消費の早期回復と観光需要の喚起を促す特例金融支援、旅行等の支援
  - 観光事業者等の資金繰り対策支援（なりわい補助金支援等の活用）（再掲）
  - 能登地域の観光拠点に向けて、地域の復旧支援を実施
  - ・観光需要の観光拠点として、観光地の現状に対する正確な情報の発信、能登応援プロモーションの実施（2〜3月）
- □雇用の維持対策
  - 雇用調整助成金の助成率の引き上げ（中小企業2/3→4/5、大企業1/2→2/3）、支給日数の延長（100日/年→300日/年）等
  - 災害によって事業所が休止した場合にも雇用保険の失業等支給

(3) 災害復旧等

国の権限代行等により公共土木施設等の災害の迅速な災害復旧等を推進し、将来に希望を持てる復興まちづくりを推進する。

- □迅速な災害復旧
  - ・公共土木施設（本復）への着工・公共土木施設等への災害復旧事業の指定
    - ・「激甚災害（本激）」の指定、や被災水産業施設の災害復旧事業への指定（道路・河川（等）、や被災水産業施設の災害復旧事業への指定
  - 大規模災害復興法に基づく非常災害への指定
  - 国による大規模な権限代行（災害復旧工事等：道路（能越自動車道）、河川、砂防（河原田川）、港湾
  - ・水道は4月以降に引き上げる補助率の前倒し適用、上下水道一体での将来ビジョンの下での復興の推進
  - ・全国の地方公共団体からの技術系関係職員と連携、MAFF-SA等による支援体制の構築
  - TEC-FORCE、MAFF-SA等による技術的支援
- □復興まちづくり
  - 公共・公共施設（学校施設、社会教育施設、医療施設、水道施設、文化財、放送・通信設備等の災害復旧の支援
  - 公共施設と被災地等の一体的な強靱化対策
  - ※令和6年能登半島地震災害等にも災害保険等緊急支援

（2）国によるプッシュ型支援

　まず、発災後4週間という短期間で、政府として取り組む方針が取りまとめられ、各府省の役割が示されるというのは、これまでの大規模災害ではなかった取り組みである。基本方針にあるプッシュ型支援は、熊本地震において本格的に始められた取り組みであるが、能登半島地震では、その体制が拡充され対応の程度も深められている。各省がリエゾンオフィスともいうべきものを設けたり、発災直後から職員を被災地に派遣したりして、災害対策のニーズをくみ上げようとしてきた成果といえる。熊本地震以降、大災害において、少なくとも発災直後は、国が必要に応じて積極的に関与する姿勢を示すことが定着したと考えられる。

（3）予備費の活用

　また、従来は、補正予算を編成して対応してきたのに対して、能登半島地震に対する国の財政支援では、国の予算における予備費を活用していることが特徴的である。予備費の活用の意義について、パッケージは次のように述べている。

> 　政府においては、これらの施策を速やかに実行に移すとともに、必要となる財政措置については、復旧・復興の段階に合わせて、被災地のニーズを受け止めながら、数次にわたって機動的・弾力的に手当てしてまいります。このため、残額が4,600億円を超える令和5年度予算の一般予備費を活用して臨機応変に対応するとともに、令和6年度予算についても、一般予備費を5,000億円増額し、計1兆円を計上したところです。

　予備費の使用状況については、1月9日の閣議において、当面のプッシュ型の物資支援への財政的裏付けとして約47.4億円の執行を決定し、パッケージの取りまとめを受けて、その翌日の1月26日にそれに基づく予備費の使用（1,553億円）を閣議決定している。

表7 「被災者の生活と生業支援のためのパッケージ」に基づく予備費使用の状況

(単位：億円)

令和5年度	
令和6年1月26日	
生活の再建	
二次避難への対応、住まいの確保等	438
災害廃棄物処理	202
自衛隊等の活動等	54
生業の再建	
中小・小規模事業者への支援	205
農林漁業者への支援	75
観光復興に向けた支援	104
災害復旧等	
公共土木施設、公共施設の復旧等	404
（うち国土交通省分348億円、農林水産省分45億円）	
エネルギーインフラ（SS等）の復旧	19
（エネルギー対策特別会計の予備費19億円を活用）	
医療・社会福祉施設等の復旧	52
合計	1,553
令和6年3月1日	
一般会計	
応急仮設住宅の供与等	158
地域福祉推進支援臨時特例交付金	61
（新たな交付金制度）	
災害廃棄物処理	8
公共土木施設、公共施設の復旧等	928
（うち国土交通省分829億円、農林水産省分63億円）	
自動車安全特別会計空港整備勘定	
空港施設の復旧	12
（令和5年度特別会計予算総則に基づき経費を増額するもの）	
合計	1,167
令和6年度	
令和6年4月23日	
応急仮設住宅の供与等	683
福祉・介護サービス提供体制緊急整備事業	16
農林漁業者への支援	44
公共土木施設、公共施設の復旧等	647
合計	1,389
令和6年6月28日	
応急仮設住宅の供与等	282
災害廃棄物処理	226
農林漁業者への支援	21
公共土木施設、公共施設の復旧等	867
合計	1,396

（備考）　令和6年9月10日に地域福祉推進支援臨時交付金（新たな交付金制度）53億円、農林漁業者への支援75億円、公共土木施設・公共施設の復旧等960億円の合計1,088億円、10月11日に応急仮設住宅の修復、避難所環境の改善等26億円、災害廃棄物処理155億円、公共土木施設・公共施設の復旧（道路、上下水道、河川、農地、農業施設等328億円の合計509億円を使用。

次いで、3月1日に、パッケージに基づく予備費の使用等として1,167億円を閣議決定し、令和6年度になって、4月23日にもパッケージに基づいて1,389億円の予備費の使用を閣議決定している。また、6月28日には、予備費1,396億円を追加して使用し、道路などのインフラの復旧や仮設住宅の建設、災害廃棄物の処理、農林漁業者への支援などに充てている。表7の備考に示したように9月10日に1,088億円、10月11日に509億円の予備費の活用が行われた。

予備費の活用額は、令和5年度・6年度分をあわせて、10月末までの間の6回の合計で7,150億円程度となっている。また、令和6年12月17日に成立した補正予算では、能登半島地震・豪雨の被災者支援として、能登地域の復旧・復興（なりわい支援、災害廃棄物処理の加速化等）で2,684億円、公共土木施設等の復旧等（能登地域の復旧・復興分を含む）で4,628億円が盛り込まれた。熊本地震での補正予算対応と比較して、遜色のない規模である。

3　地方への財政措置

予備費の使用を通じて復旧等の事業を行うと、多くの場合、一定の地方負担が発生する。総務省は、予備費の使用の閣議決定と同日に「令和5年度一般会計予備費の使用に伴う地方負担への対応等について」（事務連絡）を発出し、地方財政措置について通知している。そのうち、「一般会計予備費に係る追加の財政措置」の内容を表の形式にしたものが表8である。

そこでは、投資的経費であって地方債が充当できるものと、地方債の対象とならない経費に大別され、前者はさらに災害復旧事業債の対象事業と補正予算債の対象事業に区分されている。

（1）地方債を充当することができる事業

投資的経費については事業費の全額について地方債が充当され、その

3 地方への財政措置

表8 予備費使用（令和6年1月26日）に伴う地方負担への財政措置

1	今回の一般会計予備費の使用により令和5年度に追加されることとなる投資的経費に係る地方負担額については、原則として、その100％まで地方債を充当できることとし、後年度においてその元利償還金について以下のとおり地方交付税により措置する
	（1）災害復旧事業債
	①補助災害復旧事業費：補助災害復旧事業債の後年度における元利償還金については、その95％を公債費方式により基準財政需要額に算入すること。
	②災害対策債
	ア 令和6年能登半島地震により「被災者生活再建支援法」が適用された石川県並びに「被災者生活再建支援法」及び「災害救助法」が適用された市町村は、「災害対策基本法施行令」第43条第3項に基づき災害対策債を発行できることとする
	イ なりわい再建支援事業（地方公共団体が補助する経費の2/3を国が補助する場合）及び災害廃棄物処理事業に係る災害対策債の後年度における元利償還金については、その95％を公債費方式により基準財政需要額に算入する
	ウ 災害救助費（特別交付税措置を講じた残余の地方負担額に限る）に係る災害対策債の後年度における元利償還金については、その57％を特別交付税により措置する
	③一般単独災害復旧事業債
	一般単独災害復旧事業債の後年度における元利償還金については、地方公共団体の財政力に応じ、その47.5％〜85.5％を公債費方式により基準財政需要額に算入する
	（2）補正予算債
	①災害関連事業
	補正予算債を充当できることとし、後年度における元利償還金の80％を公債費方式により基準財政需要額に算入する
	②災害援護貸付金
	資金手当として補正予算債を充当できる
2	今回の一般会計予備費の使用により令和5年度に追加されることとなる地方債の対象とならない経費については、以下のとおり財政措置を講ずる
	（1）なりわい再建支援事業
	地方公共団体が補助する経費の2/3を国が補助する場合、災害対策債の発行要件を満たさない地方公共団体においては、地方負担額の95％を特別交付税により措置するなお、地方公共団体が事業者負担に対して総事業費の3/4以内で補助する経費の1/2を国が補助する場合、地方負担額の70％を特別交付税により措置する
	（2）災害廃棄物処理事業
	災害対策債の発行要件を満たさない地方公共団体においては、地方負担額の95％を特別交付税により措置する
	（3）災害救助費
	災害救助費に要する経費の40％（地方負担額を限度）に対して、特別交付税により措置する
	（4）その他
	上記（1）〜（3）以外の事業に係る地方負担については、所要の特別交付税措置を講ずるほか、地方公共団体が行う公共施設又は公用施設の整備事業等について、当該事業に係る通常の地方債に加え、当該地方負担の額の範囲内で地方債を充当することが可能な額を対象として、資金手当として補正予算債を充当できる

元利償還金については地方財政措置が講じられ、それぞれに定められた割合について基準財政需要額に算入される。

1　災害復旧事業債

（1）災害復旧事業債では、①補助災害事業債について、元利償還金の95％を公債費方式で基準財政需要額に算入すること、③一般単独災害復旧事業債について、被災団体の財政力に応じ、その47.5％〜85.5％を公債費方式により基準財政需要額に算入することは通常の災害の場合と同じである。

一方、②災害対策債について、アの対象団体は、表8のとおり、災害対策基本法施行令第43条第3項の規定に基づき総務大臣が指定した団体としている。ウの災害救助費については、40％が特別交付税措置され（地方負担額が限度額）、国費分と特別交付税措置を除く残余の地方負担額について災害対策債が充当でき、その元利償還金の57％が特別交付税措置されることも通常と同じ扱いである（石川県の場合には、残余の地方負担は発生しない見込み）。

イのなりわい再建支援事業（規模の小さい事業者に対して被災した建物・設備の復旧を支援する）については、東日本大震災から導入され、熊本地震でも実施され、それまでは「グループ補助金」と呼ばれてきたが、能登半島地震においてもそれに対する地方財政措置を特例として行うものである。災害対策債の発行ができる団体（石川県、石川県内市町村（災害救助法の適用のない1市1町を除く）、富山県内市町村（災害救助法の適用のない1市1町を除く）、新潟市）については、災害対策債を発行してその元利償還金の95％を公債費方式で基準財政需要額に算入する。

また、ガレキ処理である災害廃棄物処理事業については、国庫補助が2分の1であり、残る地方負担について災害対策債の発行ができ、その元利償還金の95％が基準財政需要額に公債費方式で算入される。これらは通常の災害よりも手厚い措置であり、いずれも熊本地震と同等の措置

である。

2 補正予算債

（2）補正予算債では、災害関連事業について、補正予算債を充当できることとし、後年度における元利償還金の80％を公債費方式により基準財政需要額に算入するとされている。通常の災害では算入率が50％であるのに対して、算入割合が引き上げられている。

（2）地方債の対象とならない経費

次に、災害対策債の発行が認められない団体についても、（1）なりわい再建支援事業と（2）災害廃棄物処理事業については、地方債が充当できる事業と同様に、特例的な財政措置が講じられる。（1）なりわい再建支援事業では、地方公共団体が補助する経費の3分の2を国が補助する場合、災害対策債の発行要件を満たさない地方公共団体においては、地方負担額の95％を特別交付税により措置するとされ、地方公共団体が事業者負担に対して総事業費の4分の3以内で補助する経費の2分の1を国が補助する場合、地方負担額の70％を特別交付税により措置する。また、（2）の災害廃棄物処理事業では、災害対策債の発行要件を満たさない地方公共団体に対し、地方負担額の95％を特別交付税により措置する。

（3）歳入欠かん債

また、災害対策債の発行が認められた団体については、歳入欠かん債の発行も可能になる。そのような団体では、能登半島地震に伴う地方税等の減免による減収額について、その100％まで歳入欠かん債を発行できることとされ、後年度における元利償還金については、発行年度における標準税収入額に占める発行額の割合に応じ、その75％～85.5％を公債費方式により基準財政需要額に算入することが予定されている。

（4）その他の措置等

　以上が1月26日の総務省事務連絡の内容であるが、その次に3月1日、年度が替わって4月23日、6月28日においても、同様に通知がされている。一般会計予備費に係る追加の財政措置については、基本的に1月26日の内容から変更されていない。3月1日では、地方債の対象とならない経費について、以下が新たに追加されている。

　○地域福祉推進支援臨時特例交付金
　　地方負担額の80％を特別交付税により措置すること
　○共同利用漁船等復旧支援対策事業
　　地方負担額の80％を特別交付税により措置すること

　また、「地方公営企業に係る財政措置」が新たに設けられているが、それについては次節で述べる。
　次いで、4月23日の通知では、一般会計予備費に係る追加の財政措置の地方債に対象とならない経費について、以下が追加されている。

　○福祉・介護サービス提供体制緊急整備事業
　　地方負担額の80％を特別交付税により措置すること

　6月28日の通知でも、以下が追加されている。

　○農地利用効率化等支援交付金
　　地方公共団体が事業者負担に対して補助する場合、当該補助額（ただし、国庫補助額の範囲内に限る）の70％を特別交付税により措置すること

　大規模な災害時においては地方税についてもさまざまな特例が適用されるが、ここでは省略する。能登半島地震での地方税措置については、

鈴木洋平「令和6年能登半島地震にかかる地方税の対応」『地方税』令和6年3月号に詳しい。

なお、既述の地域福祉推進支援臨時特例交付金は、「能登地域（七尾市、輪島市、珠洲市、志賀町、穴水町、能登町）6市町において居住する住宅が半壊以上の被害が生じた世帯のうち、高齢者や障がい者のいる世帯、資金の借り入れや返済が容易でないと見込まれる世帯に対して、家財等（家財、自動車）の給付金を支給」（石川県のホームページ）するものであり、支援内容は、家財支援50万円、自動車支援50万円、住宅再建支援最大200万円（賃貸住宅の場合は最大100万円）である。

そのほか、石川県は、地域福祉推進支援臨時特例交付金の交付を受けなかった者であって、能登半島地震で県内の市町で被災し県内で住宅を再建した者については、一定の要件の下で、県事業として自宅再建利子助成事業給付金を給付している。同給付金の趣旨は、「令和6年1月1日の能登半島地震により、自ら居住していた住宅に一定の被害を受けた方等が、県内で居住する住宅を新築、購入又は補修するために、金融機関等から融資を受けた場合の借入額に係る利子の支払額の全部又は一部について助成」（石川県ホームページ）するものである。

4 地方公営企業への財政支援

総務省は、地方公営企業向けの財政支援措置として、2月21日に「令和6年能登半島地震に係る地方公営企業の減収対策企業債等に対する地方財政措置等について」、次いで3月1日の予備費使用の閣議決定にあわせて、同日付けで「令和6年能登半島地震に係る地方公営企業施設の災害復旧事業等に対する地方財政措置等について」という事務連絡を発出している。

（1）減収対策企業債

能登半島地震は、地方公営企業にも甚大な被害を及ぼしていることか

ら、地震の影響により平年度を上回る資金不足が生じる団体への資金手当措置である減収対策企業債を設けることとされた。過去の大規模災害である阪神・淡路大震災や東日本大震災、熊本地震でも同様の措置が講じられている。資金不足に対して迅速に対応する観点から、令和5年度分の資金不足から措置の対象としている。

対象団体は以下のとおりであり、当該不足額について資金手当に係る企業債が発行できるとされた。減収対策企業債の償還期間は原則として15年以内とされている。

○石川県及び災害救助法の適用があった市町村のうち、下記のいずれかを満たす市町村又は能登半島被災市町村が加入する一部事務組合等で地震の影響により地方財政法に規定する資金不足額が発生又は拡大する団体
 ア　震度6弱以上が観測された市町村
 イ　住宅の全壊世帯数（戸数）が災害救助法施行令別表第3に掲げる世帯数（戸数）以上の市町村（半壊は2戸で全壊1戸）
 ウ　公共土木施設の災害復旧事業費、災害廃棄物処理等に係る地方負担額の標準税収入に対する割合が5％を超える市町村

また、発行済の令和6年能登半島地震減収対策企業債の償還利子の2分の1の額を一般会計から繰り出すこととし、繰出額の10分の8について特別交付税措置を行うとされている。

（2）上下水道の災害復旧についての地方財政措置

被災団体の上下水道の災害復旧について一般会計繰出の特例措置が設けられることとなった。その理由は「一部の上下水道事業では、通常の措置により対応した過去の災害における被害を超え、特例措置を講じた東日本大震災において被害の大きかった上下水道に匹敵する規模の被害

となる見込みである」（末永洋之「令和 6 年度公営企業関連施策及び令和 6 年能登半島地震への対応（公営企業の災害復旧等）について」『地方財政』令和 6 年 4 月号）ことから、特別な財政支援が必要と判断したとされている。

　通常の措置は、国費負担を除く地方負担に公営企業債を充当（100％充当）し、その元利償還金に対して一般会計が繰出を行った場合に繰出金の50％を特別交付税措置するというものである。それに対して、能登半島地震の場合では、上下水道事業のうち、地方負担額／営業収益（概ね 1 年間の料金収入）が100％以下の部分については通常どおり特別交付税措置を講じる一方で、100％を超える部分については、「公営企業会計への繰出金により一般会計が負担すべきもの（繰出基準の範囲内とする）と位置づけ」（末永前掲論文）、その一般会計繰出に補助災害復旧事業債を100％充当し、元利償還金の95％について普通交付税措置を行うというものである（単独災害復旧事業の場合には単独復旧事業債（充当率100％）が発行でき、その元利償還金の47.5％〜85.5％が普通交付税措置される）。

（3）港湾機能施設の災害復旧に関する地方財政措置

　港湾機能施設の災害復旧についても、一般会計繰出についての特例措置が講じられた。それを設けた理由については、「港湾機能施設の災害復旧事業については、一部の大規模災害等を除き、通例、国庫補助は講じられてこなかったが、今般の被害の大きさに鑑み、一部の港の埠頭用地に係る災害復旧事業について国庫補助が講じられることとなったことを踏まえ、一般会計繰出の特例措置を講じる」（末永前掲論文）とされている。

　通常の場合には、地方負担について地方公営企業災害復旧事業債（充当率100％、交付税措置なし）を充当する。それに対して、能登半島地震においては、補助事業（一部の港の埠頭用地）については、国庫補助

2分の1を除く地方負担の2分の1（事業費の4分の1）について、「公営企業会計への繰出金により一般会計が負担すべきもの（繰出基準の範囲内とする）と位置づけ」（末永前掲論文）、その一般会計繰出に補助災害復旧事業債を100％充当し、元利償還金の95％について普通交付税措置を行う。地方負担の残る2分の1（事業費の4分の1）については、通常措置と同じように、地方公営企業災害復旧事業債が充当できるものの交付税措置はない。

一方、単独災害復旧事業については事業費の2分の1を繰出基準の範囲内と位置づけ、単独災害復旧事業債が充当率100％で充当され、その元利償還金の47.5％～85.5％について交付税措置がある。残る2分の1については、地方公営企業災害復旧事業債が充当できるものの交付税措置はない。

3月22日の「令和6年能登半島地震復旧・復興支援本部（第4回）」に提出された総務省資料の「地方自治体への財政支援」の欄に、以下の記述がある。

> 「宅地液状化防止事業」に係る地方財政措置の拡充」が新規分として挙げられている。具体的には、「隣接住宅地も含めてエリア一体的な液状化対策を講ずる「宅地液状化防止事業」について、補助率の嵩上げ等が行われるのにあわせ、地方財政措置を拡充する。
> ※市町村が施工する事業に係る市町村の負担について地方債と普通交付税措置率95％により措置。
> 　所有者が施工する事業に係る市町村の負担の8割について特別交付税措置。

ここにあるように、国が補助事業を拡充する場合には、それに対応して地方財政措置を講じることが通例である。

5　特別交付税措置と復興基金への財源措置

（1）特別交付税の算定と繰上交付

　特別交付税の繰上交付は、令和5年度分では2回実施されている。1回目は、交付決定日が1月9日であり、能登半島地震により多大な被害を受けた自治体に対し、地方交付税法第16条第2項の規定に基づき、3月に交付すべき特別交付税の一部を繰り上げて交付している。対象団体は4県35市11町1村（災害救助法が適用された市町村及び当該市町村が属する県）であって、繰上交付額は211.13億円であった。

　その趣旨は、災害により多大な被害を受けた自治体における資金繰りを円滑にすることであって、定例の交付時期である3月から繰り上げて交付するものである。その際、特別交付税の3月交付額の過去5か年平均を基礎として算定するものであるので、能登半島地震に係る財政需要を加味したものではなく、資金繰りへの配慮の趣旨である。このような特別交付税の繰上交付は、令和3年度の大雪に係る措置以来であり、大雪以外では、平成6年度の阪神・淡路大震災にまでさかのぼる。

　令和5年度における2回目の交付決定日は2月9日である。繰上交付対象団体は、1県3市4町（震度6弱以上を記録した石川県内市町及び石川県）であって、交付額は49.91億円であった。特別交付税の交付対象とする災害は、通常、12月交付分は同年1月～10月、3月交付分は前年11月～12月に発災したものとされている。1月1日の令和6年能登半島地震は、通例であれば、令和6年度12月交付分の対象となるところであるが、能登半島地震については、その規模の大きさに鑑みて、特に緊急の財政支援が必要であることから、令和5年度3月算定の対象とした。

　阪神・淡路大震災が起こったのは平成7年1月17日であるが、同様に、年度内の平成6年度3月分の特別交付税で財源措置が講じられている。もっとも、2月9日の時点では、被害の大きい被災地は混乱状況に

あり、住宅の被害確認もままならない状況であって、特別交付税の算定に必要な災害復旧事業費の規模や罹災世帯数については確定できないので、それぞれの見込みを基礎として算定されている。

3月22日には、令和5年度特別交付税の3月算定分の交付額が決定されている。そこでは、能登半島地震に係る算定として、2回目の繰上交付分以外のものも含まれている。既述の予備費の使用を通じて実施されたパッケージに係る特別交付税措置である災害救助費、なりわい再建支援事業及び災害等廃棄物処理事業に係る部分については、見込額に基づく額として算定されている。

令和6年度になって、6月25日には、令和6年度特別交付税の特例交付額が決定されている。能登半島地震の被災団体である石川県に対して、地方交付税法第15条第3項の規定に基づく大規模災害等の発生時における交付額の決定等の特例により、520億円を特例交付するものである。特例交付のための省令では、「令和6年能登半島地震に係る復興事業等を実施するための基金の積立てに要する経費として算定した額である520億円」と定められており、復興基金を石川県が造成するための財源とされている。

なお、令和6年12月の国の補正予算では、地方交付税が2.1兆円増額され、そのうち1.2兆円が自治体に追加交付された。その際、能登半島地震による災害に係る財政需要に対応するための特別交付税分は、特別交付税の総額に追加されている。その結果、能登半島地震による他団体への特別交付税の交付額への影響は生じないこととされた。

（2）復興基金

復興基金の内容については、令和6年能登半島地震復旧・復興支援本部（第6回、令和6年5月31日）に総務省が提出した資料（図11）に示されている。

復興基金については、阪神・淡路大震災で初めて設けられ（金利の果

5 特別交付税措置と復興基金への財源措置

図11 令和6年能登半島地震に係る復興基金の創設等について

〈石川県の復興基金の創設〉

令和6年能登半島地震からの復興に向けて、被災自治体が地域の実情に応じて、住民生活の安定、住宅再建支援、産業や教育文化の振興等の様々な事業について、単年度予算の枠に縛られずに弾力的に対処できる資金として、復興基金を創設。

1 復興基金への特別交付税措置（基金の規模）

復興基金は、東日本大震災及び熊本地震と同様。取崩し型基金。
復興基金の規模は、阪神・淡路大震災、東日本大震災の被災3県及び熊本地震における復興基金への措置と同様の考え方（※）を基本としつつ、高齢化率が高く、財政力が低いという能登6市町の実情に鑑み加算を行い、520億円を特別交付税により措置。

(※)阪神・淡路大震災の措置額をベースに、県及び被災市町の標準財政規模に比例する形で、規模を設定

〈石川県の復興基金の規模〉

これまでと同様の考え方による算出額　320億円
＋
今回の被災市町の実情を踏まえた加算額　200億円

石川県　520億円

2 基金の使途・運用

基金を活用した事業の内容や事業期間は、石川県において自主的に判断。（例：液状化対策事業、宅内配管修繕事業、住宅再建事業など）
基金規模の算定は、被災市町の財政需要を踏まえたものであり、また、被災市町の実情に基づく加算がなされていることを踏まえ、市町事業の総量からも、市町事業の総量からも、市町事業に十分に配慮したものとなるよう、石川県において市町と協議。

〈新潟県・富山県への特別交付税措置〉

○ 液状化対策に係る単独事業（地方団体が行う所有者への補助）（第6回、令和6年5月31日）への総務省提出資料。

(出所) 令和6年能登半島地震復旧・復興支援本部 (第6回、令和6年5月31日)への総務省提出資料。

実運用型として)、東日本大震災や熊本地震では取崩し型として設けられた。能登半島地震についても、石川県からの強い要請を受けて、「令和6年能登半島地震からの復興に向けて、被災自治体が地域の実情に応じて、住民生活の安定、住宅再建支援、産業や教育文化の振興等の様々な事業について、単年度予算の枠に縛られずに弾力的に対処できる資金」として造成されることとなった。

　石川県の復興基金の額は520億円であるが、「これまでと同様の考え方による算出額320億円」に「今回の被災市町の実情を踏まえた加算額」を加えた額とされた。前者については、「阪神・淡路大震災の措置額をベースに、県及び被災市町の標準財政規模に比例する形で、規模を設定」したものであり、後者を設けた理由は「高齢化率が高く、財政力が低いという能登6市町の実情」に鑑みる必要があることとされている。

　復興基金の使途・運用については、「基金を活用した事業の内容や事業期間は、石川県において自主的に判断。(例：液状化対策事業、宅内配管修繕事業、住宅再建利子助成事業など)」とされている。例示されている液状化対策事業は、熊本地震においても規模が小さいために国庫補助の対象とならない単独事業として実施されるものについて、復興基金を財源に充てて実施されている。例示の住宅再建利子助成事業は、既述の石川県が単独で実施する自宅再建利子助成事業給付金が該当すると考えられる。

　なお、復興基金は石川県に交付されるものであるが、「基金規模の算定は、被災市町の財政需要を踏まえたものであり、また、被災市町の実情に基づく加算がなされていることを踏まえ、きめ細かな事業を実施するという基金の趣旨からも、市町事業に十分に配慮したものとなるよう、石川県において市町と協議」として、石川県内市町の復興に係る単独事業にも活用されることが期待されている。県に交付して、県内市町村も含めて復興に係る単独事業に活用するようにすることは、熊本地震をはじめこれまでの復興基金の例に倣うものである。

また、復興基金は石川県と県内市町（特に能登6市町）の復興に係る単独事業を想定したものであるが、それ以外の被災自治体についても、液状化対策事業などの同様の財政需要があることはいうまでもない。そのような財政需要に対する特別交付税措置は、令和6年度12月分の特別交付税において算定されている。

6　その他の能登半島地震における特徴的な対応

（1）災害対応に係る人的資源の確保
1　災害時における職員応援派遣形態

　被災団体における災害対応のための人材確保は、一種の補完性の原則によるとされる。すなわち、まずは自前の職員の業務体制の見直しや不要不急の業務を中止するなどによって職員の確保にあたることが求められる。

　ついで、それでは十分に確保できない場合に、自団体以外の人的資源の活用を検討することとなる。そのうち、地方公務員による応援は、同一都道府県内、友好都市間、地域ブロック内、全国知事会等において事前に締結している災害時相互応援協定等に基づく支援などがある。応援派遣を行う際の支援業務や派遣形態としては、次のような種類がある（下線を引いた2制度については後述）。

・応急給水、被災水道施設や被災下水道の応急復旧に係る支援
・保健所等による健康危機管理に関する支援（DHEAT：災害時健康危機管理支援チーム）
・応急対策職員派遣制度（総括支援チーム・対口支援チーム）
・復旧・復興支援技術職員派遣制度
・緊急消防援助隊
※「対口支援」とは、大規模災害に、被災自治体に特定の支援自治体がペ

アを組んで行う支援を指しており、ペアを意味する中国語である「対口」に由来し、四川震災復興における支援の手法にちなんでいる。

　また、国家公務員等による応援では、各省庁が所掌事務に応じたリエゾン派遣を行うほか、自衛隊の災害派遣部隊、警察庁の警察災害派遣隊、厚生労働省の災害派遣医療チーム（DMAT）などがある。
　能登半島地震においては、これらの制度が比較的円滑に活用され、多くの応援職員がさまざまな形態で支援にあたっている。そのなかでも、国家公務員によるリエゾン派遣では、ミニ霞が関と称されるほど各府省から多くの職員が派遣されている。熊本地震でも同様の対応がなされたが、能登半島地震では、派遣される人材の層も厚く拡充されたといえる。

2　応急対策職員派遣制度と復旧・復興支援技術職員派遣制度

　地方公務員派遣のうちの①応急対策職員派遣制度と②復旧・復興支援技術職員派遣制度には、それぞれ次のような特徴がある。

①応急対策職員派遣制度

　短期派遣であり、職務命令による公務出張の扱いであって、発災直後の災害応急業務（避難所の運営・罹災証明書の交付等）などの支援業務にあたり、災害マネジメント支援・マンパワー支援が求められる。
　派遣期間は、災害の状況によって異なるが、発災後1～2か月程度が目安となる（個々の職員は1週間程度で交代）。
　費用負担は、一般的には派遣元自治体であるが、財政措置として、派遣元自治体が負担をする応援に要する経費（職員の超過勤務手当・活動経費等）について特別交付税により措置（実績額の8割）があるほか、被災自治体へ派遣される職員の装備（安全装備、寝具、情報通信機器等）に要する経費や資格取得に係る経費については普通交付税により措置される。

②復旧・復興支援技術職員派遣制度

　中長期派遣であり、地方自治法に基づく職員派遣であって、復旧・復興業務（災害復旧事業に係る設計、施工管理等）にあたり、専門知識・技術を持った職員が対象となる。

　派遣期間は、発災後3か月以降であり、事業の進捗状況によって長期になることもある。

　費用負担は、派遣先自治体であり、財政措置として、派遣先自治体が負担をする受入れに要する経費（給与・各種手当等）について、特別交付税により措置（実績額の8割、東日本大震災における震災復興特別交付税では10割）があるほか、復旧・復興支援技術職員派遣制度においては、一定要件を満たす場合、人件費が普通交付税（市町村は特別交付税）により措置される。

②復旧・復興支援技術職員派遣制度は、令和2年度に創設されている。令和2年度地方財政計画の概要によると、その趣旨は以下のように説明されている。

○近年、多発する自然災害への対応や、公共施設の老朽化を踏まえた適正管理が求められる中で、小規模市町村を中心に技術職員の不足が深刻化
○さらに、大規模災害時において、技術職員の中長期派遣を求める声が強いものの、恒常的に不足している状況
○このため、都道府県等が技術職員を増員し、平時に技術職員不足の市町村を支援するとともに、大規模災害時の中長期派遣要員を確保する場合に、増員された職員人件費に対して、地方財政措置を講ずる

　すなわち、平時には、技術職員不足の市町村支援として、都道府県等（市町村間連携での支援を含む）が、

ⅰ　技術職員（土木技師、建築技師、農業土木技師、林業技師）を増員する

　ⅱ　ⅰの範囲内で、市町村支援業務（市町村の公共施設管理等に対する支援、災害査定・復旧事業等に対する支援）のための技術職員を配置する

　ⅲ　ⅱの配置職員数の範囲内で、「中長期派遣可能な技術職員数」を総務省に報告する

とされている。

　大規模災害時には、地方3団体等と総務省で構成する「確保調整本部」が設置され、同本部において、中長期派遣調整の全体が総括されることになる。その際、②復旧・復興支援技術職員派遣制度に基づく技術職員の中長期派遣要員については、確保調整本部で協議して決定される。また、従来からの取り組みとして、一般事務職員等の中長期派遣についても、被災自治体からの派遣要請と全国からの派遣申出を踏まえ決定される。

　本制度に基づく財政措置は、都道府県の普通交付税措置として、地域社会再生事業費において、報告数に応じて算定されている（市町村分については特別交付税措置）。

3　能登半島地震における派遣実績

　能登半島地震においても、これらの制度に基づく職員派遣がされている。①応急対策職員派遣制度の対口支援チーム（都道府県又は指定都市を、原則として1対1で被災市区町村に割り当てるものであり、避難所の運営、罹災証明書の交付等の災害対応業務の支援などが役割とされる）の派遣では、最大応援人数で、石川県では輪島市361人（1月6日〜5月31日）、珠洲市215人（1月3日〜、7月1日現在で4名）、能登町99人（1月5日〜5月31日）、穴水町105人（1月6日〜5月6日）、七尾市148人（1月5日〜6月21日）、志賀町196人（1月6日〜6月16日）となっている（うち、輪島市、珠洲市、穴水町の最大応援人数は一般行政職員数を上回っている）。そのほか、石川県内8市町、新潟市、

富山県3市にも派遣実績があった。

また、①応急対策職員派遣制度では、総合支援チームの派遣があるが、同チームは、被災市区町村の長の指揮の下で、被災市区町村が行う災害マネジメントを総括的に支援するものであり、被災市区町村の長への助言、幹部職員との調整、被災市区町村の被害状況や応援職員のニーズ把握、被災都道府県をはじめとする関係機関及び総務省との連携などを行うものである。災害マネジメント総括支援員と災害マネジメント支援員など数名で構成するチームである。

能登半島地震では、これらの対口支援チームと総合支援チームをあわせて、最大時（1月26日時点）で1,263人、延べ人数（7月1日時点）11万5,861人の派遣実績があった。

一方、②復旧・復興支援技術職員派遣制度に関しては、令和6年4月1日時点で、技術職員（土木、建築、農業土木、林業）については、市町村の要望（159人、うち輪島市31人、珠洲市28人、能登町31人、穴水町12人、七尾市10人、志賀町4人、そのほかの石川県7市町43人、富山県4市23人）に対し、指定都市、中核市等から職員が派遣され、すべて充足されている。

そのほかに、一般事務職員等の中長期派遣（一般事務（固定資産の評価等）、電気、機械、保健師、管理栄養士等）については、市町村の要望（118人）に対し、全国市長会、全国町村会と連携して派遣され、92人（うち輪島市15人、珠洲市16人、能登町12人、穴水町7人、七尾市18人、志賀町9人、そのほかの石川県4市町15人、富山県1市1人、ただし七尾市は18人のうち17人は短期派遣で対応）が充足されている。未充足分と追加要望分について、引き続き連携して調整することとされている。

②復旧・復興支援技術職員派遣制度は、熊本地震の当時はなかったものであり、それも含めて、職員派遣制度は、能登半島地震で一定程度、機能したとみることができる。

（2）特徴的な財政措置

　既述のように、能登半島地震における特徴的な財政措置として、「災害廃棄物処理事業」や「なりわい再建支援事業」について、被害の大きな自治体において、地方債と普通交付税（措置率95％）により措置することや、「能登地域6市町向けの地域福祉推進支援臨時特例交付金」に係る石川県の負担の8割について特別交付税措置すること、上下水道の災害復旧事業について、特に被害の大きい団体において、地方債と普通交付税（措置率95％）により措置することがある。これらは過去の災害においても講じられた措置の拡充等である。能登半島地震における新規分としては、既述の宅地液状化防止事業に係る地方財政措置の拡充がある。

　また、これまで触れてこなかった新たな財政措置として、特筆されるものに支援者の宿泊対策がある。能登半島地震において被害の大きかった輪島市、珠洲市などの被災団体は、金沢市などから相当な距離があり、支援者の宿泊地の確保が困難である。そこで、石川県は、支援者宿泊拠点の整備として、のと里山空港の敷地内に、コンテナハウスや仮設カプセルホテルなど、プレハブ式の宿泊施設（82室134名分）を設置することとした。

　それらの取り組みに対して、新たな財政措置として、全国の自治体からの応援職員やインフラ復旧工事事業者等の宿泊場所について、石川県が一元的に確保・費用負担する場合に、その費用の8割を特別交付税により措置することとされた。なお、能登半島地震における地方財政措置については、新田一郎「令和6年能登半島地震に係る地方財政上の対応について」『地方財政』令和6年7月で詳しく紹介されている。

7　熊本地震と遜色のない財政措置

　以上のように、能登半島地震における財源面での対応は、熊本地震と遜色のない水準が確保されている。財政支援の対象となる発災後の救援

活動等、仮設住宅の建設やガレキ処理、インフラの復旧、上下水道など地方公営企業等への財政支援のいずれの面においてもそれがいえる。そして、被災団体の状況に鑑みて設けられた個人の住宅再建、家財や自動車の取得支援などの新たな交付金の創設や、単独事業として行う復旧・復興事業のための財源としての復興基金の積み増しなどでは、熊本地震を上回る財政措置がなされた。さらに、発災直後のプッシュ型支援や、復旧事業等を進める態勢として、中央省庁の職員が被災地に派遣され、リエゾンオフィスを作るなど、自ら情報収集をして対応策を講じるかたちは、熊本地震を経てさらに強化されたことも特筆される。

東日本大震災では、復興増税を財源として、救援救助・復旧・復興のそれぞれの段階で、大幅に対象事業の範囲の拡大と、自治体の財政負担の軽減が図られた。その後の熊本地震では、東日本大震災と同じとまではいえないものの、復興増税をせずに、それに近い財政措置を実現することができた。能登半島地震では熊本地震をベースにそこからさらに一部で拡充を実現したことで、次なる大規模災害におけるベースラインが築かれたといえる。

能登半島地震の財政支援策を振り返って、改めて確認されることは、特別交付税は、自治体からみて災害財政においてもっとも頼るべき財源であるが、まずは、各府省が補助事業で被災団体を支援する姿勢を明確にすることが基本であって、それに呼応するかたちで、補助事業における自治体負担を軽減するように、普通交付税措置や特別交付税措置が講じられることである。

熊本地震でも、能登半島地震でも、災害に対する財政措置として注目が集まるのは、補助事業の充実よりは単独事業の財源としての復興基金の創設である。復興基金そのものは、補助事業では対応できない事業の財源として不可欠なものであるが、補助事業が充実してこその単独事業という意味では、それにばかり関心が集まるのはバランスを欠くことにも注意が必要である。

能登半島地震では、被災団体が、新潟県から福井県のエリアを中心に広範囲に及んでいるが、大きな被害は石川県、それも能登半島の市町に集中している。したがって、復興基金などの財政支援の対象も、その地域が中心となっている。しかし、それ以外の地域に対しても、災害の程度と復旧・復興事業の内容及び被災団体の財政状況に応じて、特別交付税やその他の財政措置を通じて財政支援が行われることが想定されている。そのことにも留意が必要である。

第8章

市町村が持つべき災害対応のための基金の規模

1 災害に備えるための財政調整基金のあり方

(1) 基金額の根拠

　自治体として持つ基金の額はどの程度が適当なのかという疑問がある。その答えの原則は、基金の額は将来の漠然とした不安への備えなどといったあいまいな根拠に拠って決めるのではなく、特に必要と判断される額に限って用意すべきというものである。

　公共施設整備のための基金は、公共施設等総合管理計画との紐付けによって、妥当な額を自治体自ら示さなければならない。すなわち、例えば、10年間で執行すべき投資的経費がどの程度であって、その際の公債費負担はいくらで、そのうち地方交付税で財源保障されていない部分はいくらであるので、将来負担比率や実質公債費比率の上昇を避けるためには、基金としてこの程度の額が必要である、などといった考え方である。対象事業や利用できる地方債の内容によって、必要な基金の額は変わることとなる。また、公共施設整備のための基金は、実際に活用する際には、投資的経費に充当するというよりも、地方債の償還に充てることの方が有効であり、公共施設整備基金から減債基金へ公債費相当分の振替などが必要となることにも注意をしたい。

(2) 地方財政法の規定を読み解く

　それでは、財政調整基金の設置の目的は何か。突き詰めれば、それは大きな経済不況や災害においても、赤字決算を出さなくて済むように、財政面でのショックに対する緩衝材のような役割を果たすことである。地方財政法は、以下で示す第4条の3で年度間の財源の調整として財源を積み立てる場合について、次いで第4条の4においてそれを処分する場合についての考え方を示している（条文の一部を省略、下線は筆者）。

(地方公共団体における年度間の財源の調整)
第4条の3　地方公共団体は、当該地方公共団体の当該年度における地方交付税の額とその算定に用いられた基準財政収入額との合算額が、当該地方交付税の算定に用いられた基準財政需要額を著しく超えることとなるとき、又は当該地方公共団体の当該年度における一般財源の額（中略）が当該地方公共団体の前年度における一般財源の額を超えることとなる場合において、当該超過額が新たに増加した当該地方公共団体の義務に属する経費に係る一般財源の額を著しく超えることとなるときは、その著しく超えることとなる額を、災害により生じた経費の財源若しくは災害により生じた減収を埋めるための財源、前年度末までに生じた歳入欠陥を埋めるための財源又は緊急に実施することが必要となつた大規模な土木その他の建設事業の経費その他必要やむを得ない理由により生じた経費の財源に充てる場合のほか、翌年度以降における財政の健全な運営に資するため、積み立て、長期にわたる財源の育成のためにする財産の取得等のための経費の財源に充て、又は償還期限を繰り上げて行う地方債の償還の財源に充てなければならない。
2　前項の規定により積み立てた金額（次項及び次条において「積立金」という。）から生ずる収入は、全て積立金に繰り入れなければならない。
3　略
(積立金の処分)
第4条の4　積立金は、次の各号の一に掲げる場合に限り、これを処分することができる。
　一　経済事情の著しい変動等により財源が著しく不足する場合において当該不足額をうめるための財源に充てるとき。
　二　災害により生じた経費の財源又は災害により生じた減収をうめるための財源に充てるとき。
　三　緊急に実施することが必要となつた大規模な土木その他の建設事業の経費その他必要やむを得ない理由により生じた経費の財源に充てるとき。
　四　長期にわたる財源の育成のためにする財産の取得等のための経費

> の財源に充てるとき。
> 　五　償還期限を繰り上げて行なう地方債の償還の財源に充てるとき。

　この条文は、地方財政計画における歳入と歳出が一致するとは限らないことを前提にしている。歳入が歳出を上回る場合には、第4条の3の下線を引いたような状況が生じうるので、その場合には、余剰財源を費消しないで、必要に応じて積み立てることを求めている。それは、地方財政計画のマクロにおける収支均衡が前提とできない状況では、自治体のミクロベースでの年度間調整を図ることを求めている。

　もっとも、現実には、地方財政計画の歳入と歳出は一致するように運用されているので、自治体がミクロベースの年度間調整を通じて収支均衡を図る余地は少ないといえる。ただし、それは普通交付税の交付団体に限った場合であり、不交付団体の場合には、まさに下線部のような状況が生じるので、地方税収入の変動に応じた平準化のための財政調整基金の造成が必要となる。一方、交付団体では、そのような財源手当はそれほど必要ではないものの、第4条の3第1項にあるように災害対応のための財源や、条文後半にある「翌年度以降における財政の健全な運営に資する」ために所要となる額を造成する必要がある。その具体的な内容は、造成した基金の処分に関する第4条の4において明確になる。

　第4条の4第1号は、経済変動による地方税収の減少への対応等を指しており、既述のように、不交付団体ほどその必要性があり、財政調整基金の根拠となる。第2号は、災害への対応であって、これも財政調整基金の根拠である。第3号は、公共施設整備のための基金や、庁舎建設基金などを想定していると考えられる。特に庁舎建設は、熊本地震以前は、地方債を財源とすることへのためらいがあり、相当額をあらかじめ積み立てておくことが望ましいと考えられてきた。第4号は具体的に該当するものが想定しにくいが、収益事業関係や大規模な地域開発などが

想起される。第5号は減債基金である。減債基金は、公債費の負担の平準化という点でも重要であり、それは第4条の3第1項の「翌年度以降における財政の健全な運営に資する」ための基金と読むことができる。

　このように地方財政法の規定から考えれば、財政調整基金の所要額は、交付団体の場合、もっぱら災害対応のための財源として算定されることになる。自治体によって、地形や気象条件などが大きく変わるので、想定される自然災害の種類や被害の規模は異なる。したがって、災害対応のために所要となる基金の額はそれらに応じて変わってくる。過去の災害の経験、近年の他地域での類似の災害の事例などを基に、災害時の財政需要を予測して、所要額を想定すればある程度の目途はつくはずである。財政調整基金はいくらが適正額なのかは、自治体自らが根拠を示して明らかにする必要がある。

2　熊本地震の被災団体予算から分析するあるべき基金の額

　以下は、熊本地震で激甚災害の指定を受け、甚大な被害が生じた自治体のうち、熊本県益城町と南阿蘇村において、平成28年度中に成立した補正予算から、災害対応のための追加歳出について、予算ベースで分析するものである。結論をいえば、災害の規模にかかわらず、市町村としては、災害対応にはそれほど大きな額は必要ない。これまで述べてきたように、災害の規模に応じて財源手当をして、被災自治体の財政運営が立ちゆかなくなる事態を防ぐのが、災害財政制度における基本的な考え方だからである。

　もっとも、年度途中で、一時的に資金ショートに陥る懸念はある。それだけ、発災直後には大きなお金が動くからである。当面の資金繰りに慌てて一時借入に奔走するのを避けるためには、自己資金である財政調整基金が一定規模あった方がよい。特別交付税の交付決定は、12月と3月である。少なくとも、そこまで資金繰りを持たせられるようにした

い。資金ショートを避ける手段は一時借入金以外にもあるが、いずれにしても災害財政制度に照らしてどのような財政措置が受けられるのかについて、自治体の財政担当者が知っていなければ、いたずらに不安に駆られることになる。

　熊本地震は、4月に発生した年度当初の災害であったが、年度末に近い時期の災害であれば、特別交付税による措置が年度を超えるときもある。その場合には、年度をまたぐので、一時借入金で対応するわけにはいかず、財政調整基金が一定額必要になる。

　なお、財政調整基金とは別に災害対応の基金を設ける場合があるが、本書では、財政調整基金で災害時の財政需要に応じることを前提に論を進めることとする。

　また、既述のように、災害対策基本法第101条は、自治体に対して、災害対策に要する臨時的経費に充てるため、災害救助基金の積立を求めており、災害救助法は、都道府県と救助実施市に対して、積み立てる額を普通税収入の過去3年間の平均額の0.5%とするとしているが、自治体によって災害の種類と被害の規模が異なることに照らすと、その額にはそれほどの根拠があるわけではない。また、多くの自治体も、感覚的に、その程度の額では不十分と考えている。

3　益城町の平成28年度補正予算から

（1）7回の補正予算の概要

　熊本地震の被災団体のなかでも特に被害の大きかった団体の1つである熊本県益城町では、前震翌日の4月15日に補正予算第1号を専決処分し、16日未明の本震翌日の4月17日に補正予算第2号を同じく専決処分している。議会提出日は、いずれも7月26日であって、補正予算第3号と同日である。その後、平成29年3月7日の第7号まで補正予算が編成されている。

　表9は、熊本地震の復旧・復興に関連のある内容をピックアップし

て、補正予算ごとに整理したものである。そこでは、災害救助法関連の民生費・災害救助費、仮設住宅運営費、災害廃棄物処理等の衛生費・塵芥処理費、農業振興費のなかから、熊本地震における救援や復旧等に関係したもの、簡易水道のほか、公共下水道や農業集落排水事業などの下水道関係、学校給食の関係で教育費の一部及び災害復旧費で区分されている諸経費を対象としている。それ以外にも、復興計画の企画などもあり、そのすべては拾いきれていないが、いずれもそれほど大きな金額ではないので、災害時の財政需要に備えるべき財源手当の分析には大きくは影響しない。また、7回の補正予算のうち、8月25日の補正予算第4号は民生費関係の県支出金を受け入れるためのものであって、一般財源の所要額が追加されないので対象外とした。

1 補正予算第1号

発災直後の補正予算の内容は、災害の規模も内容も不明確な状況にあって、当面の災害対応のための救助費用を中心とした概算での資金手当の性格の強いものであってもおかしくないが、益城町補正予算第1号の内容は、当面の措置として予備費で枠を設けるのではなく、災害復旧工事の一部にまで対応している。大規模災害の初動対応における財政需要を網羅しているという意味で、他団体にとって参考になる。

補正予算第1号では、補正前の当初予算111.6億円に対して、108.8億円の追加を行い、補正後はほぼ倍増の220.4億円になっている。ちなみに、前年度の平成27年度の益城町の標準財政規模は70.5億円である。補正予算の歳出区分では、民生費（避難所の運営、災害弔慰金、災害援護資金など）41.4億円、衛生費（災害廃棄物処理、簡易水道など）40.1億円、災害復旧費（農地、農業用施設、公共土木施設、民生施設、教育施設、役場等の災害復旧）16.4億円、農林水産費（被災農業者向け経営体育成支援事業、農業集落排水事業）6.0億円、教育費（学校給食に代わる弁当支給など）2.6億円などが歳出規模の大きな項目である（そのほかに下水道関係も含まれる）。したがって、避難所の運営等の災害救助

表9 益城町における平成28年度の補正予算の内容

(単位：千円)

			補正額	国庫支出金	地方債	その他	一般財源	
民生費	災害救助費	第1号 4月15日	4,144,121	3,262,531	700,000		181,590	災害援護資金貸付金700,000について災害援護資金貸付債700,000を充当。災害弔慰金82,500に対して災害弔慰金国庫負担金41,250及び災害弔慰金県負担料20,625を充当。住宅応急処理委託料1,152,000、福祉避難所運営業務委託料400,680等の災害対応諸経費に対して災害救助費負担金3,194,921を充当
		第3号 7月26日	197,430	80,738			116,692	職員手当122,098、総合体育館等避難所管理業務委託料37,500、学校送迎用バス借上料11,405等に対して、災害救助費国庫負担金(県支出金)74,856、へき地児童生徒援助費等補助金5,882
		第5号 10月11日	50,724	22,500			28,224	災害弔慰金30,000、時間外勤務手当20,000等に対して、災害弔慰金国庫負担金15,000、災害弔慰金県負担金7,500
		第6号 12月15日	97,918				97,918	派遣職員人件費等負担97,918
		第7号 3月14日	▲401,629		▲400,000		▲1,629	災害援護資金貸付金▲400,000等に対して、災害援護資金貸付債▲400,000
		計	4,088,564	3,365,769	300,000		422,795	
	仮設住宅運営費	第3号 7月26日	33,128	30,566		676	1,886	浄化槽点検清掃業務委託料23,113等に対して、応急仮設住宅維持管理補助金(県支出金)30,566のほか仮設住宅運営関係寄附金316、防犯カメラ設置等360
		第5号 10月11日	18,573				18,573	光熱水費7,320、仮設団地内改修工事請負費5,600、仮設団地時間外対応業務委託料3,418等
		第6号 12月15日	198,403	197,402			1,001	応急仮設住宅物置使用料194,001、応急住宅共用部修繕費3,700等に対して、応急仮設住宅維持管理補助金(県支出金)197,402
		計	250,104	227,968		676	21,460	
衛生費	保健衛生	第1号	3,500				3,500	簡易水道事業繰出金3,500

3 益城町の平成28年度補正予算から

総務費	4月15日		12,844		
	第3号 7月26日	12,844			災害派遣職員手当9,214、災害派遣職員宿舎借上料4,087
	第6号 12月15日	36,274			災害派遣職員人件費等負担33,274、簡易水道繰出金300
	計	52,618			
塵芥処理費	第1号 4月15日	4,006,128	2,003,064	400,600	1,602,464	災害廃棄物処理業務委託料4,001,200について災害廃棄物処理事業国庫補助金2,003,064と災害対策債400,600を充当
	第2号 4月17日	3,825,709	1,912,854	382,500	1,530,355	住宅棟解体運搬等業務委託料3,600,000、公費解体補償コンサルタント業務委託料208,661等について、災害廃棄物処理事業国庫補助金1,912,454、災害対策債382,500
	第5号 10月11日	1,336,910	667,955	3,801,700	▲3,132,745	災害廃棄物処理業務委託料1,336,210等に対して、災害廃棄物処理事業国庫補助金668,955の一部、過去分にも遡って災害対策債3,801,700を充当し、特別交付税を減額
	第7号 3月14日	3,672,837	1,837,838	1,900,200	▲5,770	▲59,431	災害廃棄物処理業務委託料1,700,558、住家解体運搬等業務委託料1,500,000、損壊家屋等解体撤去費補助金500,000に対して、災害廃棄物処理事業国庫補助金1,843,738及び災害対策債1,906,100
	計	-2,841,584	6,421,711	6,485,000	▲5,770	▲59,357
農林水産業費	農業振興費	第1号 4月15日	596,700	460,900		135,800	被災農業者向け経営体育成支援事業補助金596,700に対して、農災復興緊急対策経営体育成支援補助金325,100と農災復興緊急対策経営体育成支援補助金135,800を充当（県支出金）
		第3号 7月26日	1,800,000	1,400,000		400,000	被災農業者向け経営体育成支援事業補助金1,800,000に対して、農災復興緊急対策経営体育成支援補助金1,000,000と農災復興緊急対策経営体育成支援県補助費400,000を充当（県支出金）
		計	2,396,700	1,860,900	0	0	535,800
	農業集落排水事業	第1号 4月15日	500				500	農業集落排水事業特別会計繰出500

第8章　市町村が持つべき災害対応のための基金の規模

費	第6号 12月15日	4,500			4,500	農業集落排水事業特別会計繰出4,800
	第7号 3月14日	▲600			▲600	農業集落排水事業特別会計繰出▲600
	計	4,400			4,400	
土木費 都市計画総務費	第1号 4月15日	40,000		40,000	0	公共下水道特別会計繰出金40,000、公共下水道建設基金40,000を繰入
	第3号 7月26日	9,000			9,000	公共下水道特別会計繰出金9,000
	第5号 10月11日	46,000			46,000	公共下水道特別会計繰出金46,000
	第6号 12月15日	169,000			169,000	公共下水道特別会計繰出金169,000
	第7号 3月14日	▲31,500			▲31,500	公共下水道特別会計繰出金▲31,500
	計	232,500		40,000	192,500	
教育費 学校給食費	第1号 4月15日	256,521		145,834	110,687	学校給食が提供できないことで需用費等を減額し、学校給食用弁当の購入予算を計上、学校給食費としての雑入145,834を見込む
災害復旧費 農業用施設災害復旧費	第1号 4月15日	132,000	15,000	78,500	38,500	農業用施設災害復旧事業委託費100,000、修繕料32,000に対して、農林水産施設災害復旧費負担金15,000、農林水産施設災害復旧事業78,500
	第3号 7月26日	155,201	135,000	13,500	6,701	災害復旧工事請負費150,000、災害派遣職員手当3,456、災害派遣職員宿泊料1,533等に対して、農業用施設災害復旧事業補助金135,000および農林水産施設災害復旧事業債16,200の一部
	第5号 10月11日	53,948	22,500	15,200	16,248	修繕費20,000、町土地改良区急対策事業補助金25,000等に対して、農業用施設災害復旧事業費補助22,500及び農林水産施設災害復旧事業債15,200
	第6号 12月15日	724,227	570,000	49,500	104,727	災害復旧工事請負費700,000、派遣職員人件費等負担金24,227に対して、農業用施設災害復旧事業費補助570,000及び農林水産業施設災害復旧事業債49,500

3　益城町の平成28年度補正予算から

	第7号 3月14日	2,452		2,452	県営農地等災害復旧事業負担金2,300等
農地災害復旧費	計	1,067,828	742,500	168,628	
	第6号 12月15日	40,000	40,000	0	農家自力復旧支援事業助成金40,000に対して熊本地震復興基金交付金40,000
	第7号 3月14日	▲40,000	—		農家自力復旧支援事業助成金▲40,000（熊本地震復興交付金▲32,165）
	計	0		0	
林業施設災害復旧費	第1号 4月15日	5,000		5,000	林業施設災害復旧事業務委託5,000
	第3号 7月26日	31,500	27,000	1,800	災害復旧工事請負費30,000、修繕料1,500に対して、林業用施設災害復旧事業費補助金27,000および農林水産施設災害復旧事業債16,200の一部
	第5号 10月11日	2,937		2,937	林業施設災害復旧事業務委託料2,937
	第7号 3月14日	2,000		2,000	林業施設災害復旧事業務委託料2,000
	計	41,437	27,000	11,737	
道路橋梁災害復旧費	第1号 4月15日	1,017,700	909,000	4,700	設計等事業務委託料797,000、災害復旧工事請負費150,000に対して、公共土木施設災害復旧事業費953,600の一部、道路等災害復旧事業債137,333の一部
	第3号 7月26日	20,800		20,800	災害派遣職員手当13,821、派遣職員宿舎借上料6,131等
	第5号 10月11日	108,438	17,333	805	災害復旧工事請負金105,684等に対して、公共土木施設災害復旧負担金27,333の一部及び道路等災害復旧事業債151,300の一部
	第6号 12月15日	1,001,228	576,666	59,462	災害復旧工事請負費941,000、公共土木施設災害復旧人件費負担金58,628等に対して、公共土木施設災害復旧負担金519,400の一部、658,666の一部及び道路等災害復旧事業債519,400の一部

第8章　市町村が持つべき災害対応のための基金の規模

区分	号・日					内容
河川災害復旧費	第7号 3月14日	▲460,781	194,401	▲847,900	192,718	災害復旧工事請負費▲212,184、設計業務委託料▲245,610等に対して、公共土木施設災害復旧負担金640,658の一部及び道路等災害復旧事業債▲948,800の一部
	計	1,687,385	892,400	516,500	278,485	
	第1号 4月15日	78,000	33,333	44,600	67	設計等業務委託料20,000、公共土木施設災害復旧事業50,000に対して、公共土木施設災害復旧負担金137,333の一部、道路等災害復旧事業953,600の一部
	第5号 10月11日	80,003	10,000	61,000	9,003	河川災害復旧工事請負費59,503、設計業務委託料19,500等に対して、公共土木施設災害復旧負担金27,333の一部及び道路等災害復旧事業151,300の一部
	第6号 12月15日	237,300	82,000	154,300	1,000	災害復旧工事請負費205,000、設計業務委託料28,000等に対して、公共土木施設災害復旧負担金658,666の一部及び道路等災害復旧事業519,400の一部
	第7号 3月14日	372,997	451,957	▲95,000	16,040	河川災害復旧工事請負費357,597、設計業務委託料15,400に対して、公共土木施設災害復旧負担金640,658の一部及び道路等災害復旧事業債▲948,800の一部
	計	768,300	577,290	164,900	26,110	
住宅災害復旧費	第1号 4月15日	111,600	55,800	55,800	0	修繕費111,600に対して、既設公営住宅等災害復旧事業国庫補助金55,800、町営住宅災害復旧事業債55,800
	第7号 3月14日	564,896	431,118	138,500	▲4,722	町営住宅災害復旧工事費560,017、設計業務委託料4,879に対して、既設公営住宅等災害復旧事業国庫補助金431,118及び町営住宅災害復旧事業債138,500
	計	676,496	486,918	194,300	▲4,722	
公園災害復旧事業費	第3号 7月26日	1,196,000	888,000	306,000	2,000	公園災害復旧調査設計業務委託料40,000、公園災害復旧工事費1,144,000等に対して、公共土木施設災害復旧費負担金（都市公園）888,000及び公園災害復旧事業債306,000

3 益城町の平成28年度補正予算から

がけ地災害復旧事業費	第5号 10月11日	22,600	16,950	5,600	50	測量設計業務委託料22,600に対して、災害関連地域防災がけ崩れ対策事業補助金（県支出金）16,950及びがけ地災害復旧事業債5,600
	第6号 12月15日	568,500	376,125	192,300	75	がけ地災害復旧工事費468,000、測量設計業務委託料100,500に対して、災害関連地域防災がけ崩れ対策事業補助金（県支出金）及びがけ地災害復旧事業債192,300
	第7号 3月14日	56,927	44,917	▲59,900	71,910	測量設計業務委託料68,390に対して、がけ地災害復旧事業費負担金を▲11,463減額したうえで、災害関連地域防災がけ崩れ対策事業補助金（県支出金）44,917及びがけ地災害復旧事業債▲59,900
	計	648,027	437,992	138,000	72,035	
民生施設災害復旧事業費	第1号 4月15日	80,553	53,773	19,500	2,100	180	設計等業務委託料4,005、災害復旧工事請負費42,327、仮設園舎リース料20,000等に対して、社会福祉施設等災害復旧費国庫補助金（保育所）39,182および社会福祉施設等災害復旧県費補助金19,500、保育所備品購入金、保育所受入費補助金2,100
	第3号 7月26日	11,120		10,500	620	憩いの家災害復旧工事費10,500に対して、憩いの家災害復旧債10,500
	第5号 10月11日	37,959	13,299	19,600	▲2,094	保健福祉センター災害復旧工事請負費34,799、保健福祉センター災害復旧工事設計業務委託料1,860等に対して、保健福祉施設等災害復旧国庫補助金18,299及び保健福祉センター災害復旧事業債19,600
	第7号 3月14日	0		400	▲400	憩いの家災害復旧債400
	計	129,632	77,072	50,000	▲1,694	
公立学校施設災害復旧費	第1号 4月15日	98,175	65,450	32,600	125	小中学校修繕料13,400、仮設校舎リース料20,000、幼稚園災害復旧事業費27,700に対して、公立学校施設災害復旧工事請負額11,016等に対して、公立学校施設災害復旧国庫負担金（幼稚園）10,746、公立学校施設災害復旧費国庫負担金（学校）54,704、公立学校施設災害復旧事業債27,300、幼稚園災害復旧事業債5,300

第8章　市町村が持つべき災害対応のための基金の規模

第3号 7月26日	795,900	364,298	426,900	4,702	小中学校災害復旧工事請負費791,200に対して、公立学校施設災害復旧費国庫負担金（学校）364,298および公立学校施設災害復旧事業費426,900
第5号 10月11日	241,645	28,854	94,800	117,991	小中学校設計等業務委託料54,953、公立学校給食センター設計災害復旧業務委託料39,600等に対して、公立社会教育施設災害復旧費補助金（幼稚園2,108、学校26,746）及び公立学校施設災害復旧費補助金（幼稚園12,200、幼稚園災害復旧事業費1,100、学校給食センター災害復旧事業費81,500
第6号 12月15日	10,800	40,136	18,200	▲47,536	小中学校設計業務委託料10,800に対して、過去事業分も合めて公立学校施設災害復旧費災害復旧事業（学校）40,136及び公立学校施設災害復旧事業債29,500を充当したうえで、一般財源の過充当を修正▲47,536
第7号 3月14日	519,794	531,154	78,300	▲89,660	小中学校設計業務委託料15,252、学校給食センター災害復旧事業費584,183、小中学校仮設リース料371,212等に対して▲467,360、仮設校舎交付金事業（小学校31,865、中学校88,011）の一部及び公立学校センター災害復旧事業債▲177,200、学校給食センター災害復旧事業債255,500を充当したうえで、一般財源の過充当を修正▲89,660
計	1,666,314	1,029,892	650,800	▲14,378	
社会教育施設災害復旧費 第1号 4月15日	58,524	35,050	17,500	5,974	設計料業務委託料7,600、修繕料50,924に対して、公立社会教育施設災害復旧費補助金（社会教育施設）35,050、公立社会教育施設災害復旧事業債17,500
第5号 10月11日	25,200		25,200		修繕料24,500、設計業務委託料500に対して、公立社会教育施設災害復旧事業債25,200
第7号 3月14日	0			4,376	四賢婦人記念館修繕費寄附金4,376分だけ一般財源充当を抑制
計	83,724	35,050	42,700	4,376	
社会体育施設災害復旧費 第1号 4月15日	9,224	6,149	3,000	75	修繕費9,224に対して、公立社会体育施設災害復旧費補助金（社会体育施設）6,149、公立社会体育施設災害

3 益城町の平成28年度補正予算から

復旧費	その他公共施設・公用施設災害復旧費	第1号 4月15日	50,584	1,567		48,317	修繕料18,321、プレハブリース料25,290、空調機リース料1,383、益城西原消防署解体工事2,350等に対して、消防施設災害復旧費補助金1,567、消防施設災害復旧事業債700
		第3号 7月26日	1,430			1,430	LAN回線有線化業務委託料300等
		第5号 10月11日	559,988		525,700	34,288	道路反射鏡修繕料8,500、消防施設修繕料18,000、仮設庁舎賃貸料483,912、仮設庁舎用地造成工事費30,912等に対し、交通安全施設災害復旧事業費23,800、消防施設等災害復旧事業債18,000、仮設庁舎建設災害復旧事業債483,900
		第6号 12月15日	29,500		29,500	0	仮庁舎駐車場整備工事費22,400、仮庁舎上下水道整備工事費7,100
		計	640,072	2,997	555,900	84,035	
公債費	元金	第1号 4月15日	▲300,000		300,000	▲300,000	減債基金300,000
		第2号 4月17日	▲72			▲72	
		計	▲300,072		300,000	▲300,072	
予備費	予備費	第1号 4月15日	188,112			188,112	
		第3号 7月26日	71,011			71,011	
		第5号 10月11日	231,860			231,860	
		第6号 12月15日	131,530			131,530	
		第7号 3月14日	▲105,901			▲105,901	
		計	516,612			516,612	

関係と災害廃棄物処理といった、発災直後の最大の課題だけでなく、下水道や簡易水道などの地方公営企業も含めた災害復旧関係についても、必要となる工事等の全部ではないものの、一定程度は盛り込んだ内容になっている。

　そのうち、災害救助関係は、災害救助法では都道府県や救助実施市が所管なので、益城町の場合には、相当部分が県負担金によって賄われることになる。ただし、発災直後から益城町としての救助活動が始まるので、財政需要として先行し、後に所要の経費のうち災害救助法の対象となる部分を精査した上で、県支出金で精算するかたちで処理されている。したがって、当座の資金手当という意味では、災害救助関係分は基金等で用意しておくことが望ましいこととなる。

　熊本地震においては、14日の午後9時の前震に対して、県知事が判断し内閣府（防災担当）との緊密な連絡の下で、15日に災害救助法の適用を決定している（適用は14日に遡る）。当時の法律では、適用が完了していなければ、避難所運営経費等が災害救助費により支弁されなかった（もっとも地震災害の場合、台風とは異なるのでみなし適用はできない）ので、適用を急ぐ必要があった。益城町の15日の補正予算第1号は、災害救助法の適用を前提としたものである。一方、激甚災害の指定は、既述のように4月26日であったので、補正予算第3号以降から、激甚災害法の枠組みでの財政支援を前提にできるかたちとなった。

　ちなみに、補正予算第1号において、民生費・災害救助費に区分される諸経費のなかで、避難所関係と思われる費用を列挙すると、以下の内容である（単位は千円）。

○**委託料**

　福祉避難所運営業務委託料 400,680、避難所警備委託料 80,325、避難所クリーニング委託料 23,676、避難所清掃業務委託料 400、避難所仮設トイレ清掃業務委託料 2,169、物資輸送業務委託料 55,543

○使用料及び賃借料

　福祉避難所等トレーラーハウス借上料 68,400、トレーラーハウス設置施設借上料 29,250、避難所仮設シャワー借上料 5,100、避難所空調機リース料 164,743、避難所仮設シャワー用テント借上料 6,000、避難所運営用テント借上料 135、避難所緊急搬送時タクシー借上料 150、避難所玄関マット等借上料 500、仮設トイレ借上料 14,784、公衆浴場行バス借上料 38,034

○工事請負費

　総合運動公園避難所用改修工事 20,000

○備品購入費

　避難所用備品購入費 1,800

　そのほかに、民生費・災害救助費では、職員の時間外勤務手当や非常勤職員への報酬、需用費における消耗品費、光熱水費、燃料費、修繕料、食糧費なども、いずれも相当大きな金額であって、少なくとも一部は避難所関係ではないかと推察される。避難所関係以外にも、民生費・災害救助費には、罹災証明を発行するための会場設営費や、仮設住宅建設用地借地料など仮設住宅の設営費の一部が計上されているほか、貸付金として災害援護資金貸付金7億円、報償費として災害弔慰金8,250万円が含まれている。いずれにしても、発災直後に編成する予算のなかで、避難所の運営経費を予測して計上することは容易ではなく、災害が起きる以前の段階で過去の災害時の財政需要について予習しておく必要がある。

　② 補正予算第2号

　4月17日の補正予算第2号では、塵芥処理費、すなわち災害ガレキ処理費用である衛生費が計上されている。塵芥処理費の主な内訳は以下のとおりである（単位は千円）。

住家等解体運搬等業務委託料 3,600,000、公費解体補償コンサルタント業務委託料 209,661、住家等解体電話対応業務委託料 6,048、災害廃棄物一時仮置場整備機械借上賃借料 5,000、災害廃棄物一時仮置場整備用材料費 5,000

　概算で計上されているものも多く、総額は実に38.2億円に達している。ここまで、災害発生時の初期費用と応急的な災害復旧工事などで当面必要となるものが中心である。

③ 補正予算第3号

　7月26日の補正予算第3号では、補正額50.9億円に対して、農林水産業費18.2億円、災害復旧費25.6億円が大きな割合を占めている。この段階になると、激甚災害の指定も決まり、災害復旧財政についての枠組みが一定程度固まっている。いいかえると、被害状況と災害復旧工事の全容が明らかになるまでには、これだけの時間が必要となるということである。補正予算第3号は、発災からおよそ100日後に提出されているが、熊本地震の震源地の被災自治体である益城町では、少なくともその程度の日数を要したことを示している。

④ 補正予算第5号

　10月11日の補正予算第5号では、普通交付税の交付額の決定を受けて、例年どおりに、災害関係以外の予算の補正を行っている。それでも金額でみると、補正額29.2億円のうち、災害関係である衛生費で13.4億円（うち塵芥処理費が13.3億円）、災害復旧費11.3億円と、両者が大きな割合を占めている。後述のように、災害ガレキ処理の予算額は金額を追加しただけでなく、災害対策基本法で認められている地方債（歳入欠かん債と災害対策債）の適用ができるようになったことを踏まえて、災害対策債への財源振替が行われている。

⑤ 補正予算第6号

　12月分の特別交付税の交付決定を受けての12月15日の補正予算第6号

では、35.6億円の追加歳出のうち26.1億円が災害復旧費であり、災害復旧としてはこれまでの補正予算のなかでは最大額となるなど、災害復旧の予算化が本格化している。また、後述のように、この補正では国庫支出金が増えて一般財源が微減となるなど、災害財政制度を踏まえた財源振替が進んでいる。すなわち、発災後8か月程度経過した段階で、ようやく事業費の全体像とそれに適用される財政措置の全体が固まってきている。それまでの段階では、いずれは地方債や国庫支出金で振り替えられることが予想されるとはいえ、一般財源と特別交付税で歳入予算を確保したかたちで予算編成がされている（実際には、そこまでの額の特別交付税が措置されるとは考えていなかったと予想される）。そのときに、財政調整基金が十分にあれば、交付されるかどうかが確実ではない特別交付税を当てにしなくても、基金からの繰入金で歳入が確保できて、災害対応の予算が組めることとなる。

6 補正予算第7号

3月分の特別交付税の交付決定を受けた平成28年度最後の3月14日の補正予算第7号では、災害に直接関係しないさまざまな歳出予算の補正が行われている。大災害ゆえに予定していた歳出が執行できずに減額補正する分も含まれていると考えれば、災害関連の補正が多いとも考えられる。そこでは、衛生費の塵芥処理費が36.7億円の追加となる反面で、歳出全体の追加額はそれを下回る34.5億円にとどまり、その他の歳出項目は純計でマイナスとなっている。一方、塵芥処理費の追加に対して、過去分も含めて災害対策債での充当が進められたことで、財源の内訳では、一般財源充当分はわずかにマイナスとなっている。すなわち、発災後1年経過の時点で、災害ガレキ処理を一気に進めると同時に、財源振替がさらに進んだということである。

（2）歳出項目別の動き

表9（210ページ）では、歳出項目別に補正予算ごとの補正額と財源

充当を示した。以下詳細にみていく。

1 災害救助費

まずは、民生費の災害救助費である。補正予算第1号では、災害援護資金貸付金や災害弔慰金については、貸付債、国庫負担金、県支出金が充当されているので、一般財源は不要としている。その一方で、避難所運営経費は、災害救助法の適用を前提にすれば、大半が県支出金で賄われることが想定できるものの、そうはせずに1.8億円の一般財源を見込んでいる。補正予算第3号でも避難所関係等で一般財源を1.1億円見込んでいる。10月以降になると、避難所関係の経費はほとんど計上されなくなり、補正予算第6号では派遣職員の人件費等の負担が計上されているが、それらの大半は特別交付税で措置されることは明らかである。したがって、災害救助費関係では、補正予算第1号と補正予算第3号の一般財源の合計額である**3.0億円**程度が、当面、財政調整基金等で対応すべき額ということになる。

2 仮設住宅

ついで、民生費の仮設住宅関係であるが、7月の補正予算第3号以降で動いている。仮設住宅は、災害救助法で県の財政負担となるので、費用の大半が県支出金で充当されることを前提にすると、一般財源は年間を通じて**0.2億円**程度とわずかである。

3 衛生費

衛生費の保健衛生は、簡易水道の繰出金と派遣職員手当などからなるが、いずれも特別交付税での対応が見込まれるので、基金で対応すべき額はほとんどない。ついで塵芥処理費は、すべての補正予算の合計でみると128.4億円と、平成28年度の益城町の一般会計当初予算額の111.6億円をそれだけで上回る巨額であるが、国庫支出金と補助災害復旧事業債等の地方債でほぼ折半され、一般財源は結果的に不要となっている。ただし、熊本地震の特例措置として災害対策債の元利償還金の基準財政需要額への算入率を95％にまで高めて、実質的な負担を抑え込む措置を講

じることが前提にできたのは、10月の補正予算第5号以降であり、4月の発災直後の状況では、益城町の補正予算では災害対策債での対応は一部にとどめているので、最初の2回の補正予算では、31.3億円の一般財源を想定している。そのうち、通常の場合には、災害対策債充当分を除く地方負担分の80％に対して特別交付税措置が講じられるので、財政調整基金で対応すべき額は、31.3億円×（1－0.8）＝**6.2億円**程度と概算できる。

4　**必要な基金の額の概算**

以上で挙げたもののうち、避難所関係、仮設住宅関係、災害廃棄物処理関係の災害救助等に関する部分は、最終的にはさまざまな財政措置が講じられることが想定されるものの、当面、補正予算での資金繰り対策という意味で財政調整基金によって用意できることが望ましいものである。その額は、太字で示した3か所の合計で**9.4億円**であって、その他の経費を含めて概ね10億円程度と見込むことができる。それ以外に、補正予算第3号の段階で、減債基金と財政調整基金をあわせて11億円が予算上取り崩されているので、それをあわせると**21億円**程度となる。益城町の発災前年度の平成27年度の標準財政規模が70億円程度であるので、最大でも**30％**程度ということになる。

5　**災害復旧費**

表9では、災害救助関係以外に災害復旧等の関連予算が計上されているが、それらは国費と地方債で制度的に対応され、既存の財政支援制度がない部分については、特別交付税で災害規模に応じて包括的に財政需要が算定されて措置されることから、一般財源対応部分をすべて財政調整基金で賄う必要性はない。災害復旧関係は、総じて、予算化されても実際に執行されるのは復旧工事等が進んでからであるので、災害救助に比べてタイムラグがある。その間に、国庫支出金や地方債措置、特別交付税措置などが明らかになり、財源の目途が立ってくるので、財政調整基金で当面の資金手当をする必要度は小さい。

災害復旧関係の経費のなかでは、激甚災害の指定を受けて国庫支出金の補助率の引き上げがあったり、国の予算補助による補助率のかさ上げがあったりするほかに、地方債の充当率が引き上げられるなどで、早い段階の補正予算で財源手当てをしたものに対して、遡って国庫支出金や地方債が充当され、一般財源を「追い出す」財源振替が行われることがある。表9でそれに該当するのは、住宅災害復旧費、民生施設災害復旧費、公立学校施設災害復旧費、社会教育施設災害復旧費である。そのほか、復旧事業は、事業がはかどらないなどの理由で年度末の補正予算で事業費を縮小する例もある。

（3）財源調達

表10は、第1号から第7号までの補正予算（除く第4号）における財源調達を示したものである。補正予算第1号では、108.8億円の歳出追加に対して一般財源所要額は20.3億円とされ、減債基金3億円で公債費の一部を充てて一般財源を確保し、公共下水道会計繰出金には下水道建設基金を0.4億円充当した上で、残る一般財源所要額を特別交付税17.3億円と、財政調整基金の取崩し3億円で賄うとしている。すなわち、その時点で、基金は6.4億円充当していることになる。

補正予算第2号は、一般財源所要額の全額が特別交付税で賄われるとして予算が編成されている。

次いで、補正予算第3号は、地方税の減収額はその全額が歳入欠かん債で充当されるとした上で、一般財源所要額6.5億円は、特別交付税3.5億円と財政調整基金の取崩し5億円の一部で充当されたかたちになっている。

ここまでは、平成28年度の特別交付税の交付決定前であって、それまでの特別交付税は、いわば数字あわせであって、交付される確かな見込みに基づくものとはいいがたい。はたして、補正予算第5号では、過去分に遡って災害対策債等の地方債と国庫支出金の補助率引き上げ分を見

3 益城町の平成28年度補正予算から

表10 益城町の平成28年度補正予算における災害復旧等への財源調達

(単位：千円)

	補正額	国庫支出金	地方債	その他	一般財源	地方税	歳入欠かん債	財政調整基金	特別交付税	
第1号 4月15日	10,876,942	6,101,617	2,261,800	487,934	2,025,591			300,000	1,725,591	減債基金で公債費の一部を充てて一般財源を確保し、公共下水道建設基金には下水道会計繰出金を充当したうえで、特別交付税1,725,591、財政調整基金繰入金300,000で所要額確保
第2号 4月17日	3,825,637	1,912,354	382,500		1,530,283				1,530,283	所要額について特別交付税1,530,283で充当される見込み
第3号 7月26日	4,333,934	2,927,332	759,600	676	649,486	▲940,000	940,000	500,000	345,347	地方税の減収は歳入欠かん債で充当されるとしたうえで、特別交付税345,347と財政調整基金の取崩しの一部で充当
第5号 10月11日	2,816,785	804,391	4,639,100	2,154	▲2,628,860				▲3,132,734	特別交付税の減額▲3,132,734の大半を災害対策債等の地方債で代替したうえで、普通交付税の増額補正368,328、地方特例交付金2,421の増額補正等で調達
第6号 12月15日	3,249,180	1,882,329	808,900		557,951				689,336	特別交付税12月交付分の増額補正分で充当
第7号 3月14日	4,151,492	3,491,385	714,600	▲1,394	▲13,099		▲366,400	▲955,000	954,330	特別交付税3月交付分相当額と地方税収入の伸長額410,698等で、財政調整基金の取崩し▲955,500を停止しつつ歳入欠かん債の発行額を抑制し、所要財源所要額を充当
計	29,253,970	17,119,608	9,566,500	489,370	2,121,352	▲940,000	573,600	▲155,000	581,870	

• 225 •

込むことで、歳出の追加が28.2億円あるにもかかわらず、一般財源は25.3億円の減少となっている。一方、特別交付税は31.3億円減額されており、それと一般財源の減少分との差額のおよそ5.0億円は、普通交付税の増額補正3.9億円、地方特例交付金0.2億円の増額補正等で調達されている。

　また、特別交付税の12月算定分が確定した補正予算第6号では、歳出の追加32.5億円に対して一般財源の増は5.6億円であるが、それを上回る特別交付税の増加があったことで調達されている。平成28年度最後の補正予算である第7号では、まず、地方税等の補正減に対して一定の伸長があったことで、歳入欠かん債の発行額を抑制する一方で、特別交付税の増額9.5億円があったことから、財政調整基金繰入金は9.6億円減額されている。

　そのほか、補正予算第7号では、減債基金繰入金▲4億円、公共施設整備基金繰入金▲3億円、公共下水道建設基金繰入金▲1億9,000万円、公園整備基金繰入金▲1,500万円などと基金はむしろ造成されている。したがって、基金については、補正予算第1号と補正予算第3号で取り崩しているが、そこで積み戻されている。すなわち、平成28年度予算において、熊本地震に対して、災害財政制度としてさまざまな財政措置が講じられたことで、結果的に災害対応のために財政調整基金を活用する余地はなかったこととなる。

（4）決算・財政指標の動き

　このような補正予算に対して、決算では、事業の繰越等があるのでそれを反映したものになる。また、災害関連以外の歳入・歳出の影響も当然ある。それらを込みにして、平成28年度の決算を前年度と比較すると、次のように、財政調整基金、減債基金、その他の特定目的基金ともに微増という結果になっている。

	平成27年度末	平成28年度末
財政調整基金	1,116,402千円	1,117,521千円
減債基金	510,164千円	510,383千円
その他特定目的基金	2,178,390千円	2,195,968千円

なお、それ以外の財政指標は次のように推移している。

	平成27年度末	平成28年度末
実質収支	304,572千円	750,377千円
実質公債費比率	6.4%	7.7%
将来負担比率	13.7%	30.2%
地方債残高	9,838,960千円	16,472,165千円

　実質収支は増えているので、繰越金を災害関係歳出の財源に活用したわけではない。それに対して、国庫支出金は増加したものの、地方債充当分も増えており、地方債残高は98.4億円から一気に164.7億円に増加し、それにかかる元利償還金は高率で基準財政需要額へ算入されるものの、非算入の部分があることから、実質公債費比率と将来負担比率は増加している。

　災害復旧・復興事業は平成29年度以降も実施されており、その結果、地方債残高はその後も増えている。令和2年度の地方債残高は440億7,496万7,000円まで大きく増加しているが、交付税措置の大きい地方債の増加が中心とみられることから、将来負担比率は32.9%、実質公債費比率は8.8%と上昇幅は微減にとどまっている。

（5）益城町の補正予算から得られる示唆

以上のことから、益城町においては、災害復旧・復興の過程において、財政運営面で次のようなことがいえる。

1　発災年度の平成28年度において財政調整基金で対応すべき額

財政調整基金で対応すべき財政需要は、もっぱら発災直後の救援活動や災害ガレキ処理に取りかかる段階までに要する一般財源であり、年度内での急激な資金需要に対応するための額として10億円程度、それ以外に7月までの3度の補正予算で、予算上、取り崩した額が減債基金をあわせて11億円あるので、合計で21億円程度となって、標準財政規模の3割ということになる。

ただし、それはさまざまな財政支援をほとんど当てにしなかった場合であって、現実には自前の財源以外が充当されている。また、決算ベースでみても基金は減っておらず、資金ショートも起きていないので、結果的には財政調整基金が仮に枯渇していた状態で地震に襲われていても、赤字決算を回避することは可能であったということになる。すなわち、仮に年度内の資金手当をすべて一時借入金で凌いだとしても、最終的に基金を取り崩すことにはならなかったのであるから、一時借入金は年度末に無事返済できて、基金に頼らずとも赤字決算は回避できた。

また、益城町の実質収支は、平成27年度から平成28年度にかけて、3.0億円から7.5億円と、4.5億円程度増えているので、28年度に資金不足はフローベースでは生じなかったこととなる。もっとも、平成29年度に実質収支は一気にゼロ近くまで減少している一方で、財政調整基金は微増であるので合計額は純減であり、その限りでは、29年度にはフローベースで資金ショートが生じている。ただし、その一方で、特定目的基金は17億円以上も増えているので、それを含めれば、逆に資金余剰が生じている。

既述のように、年度途中で災害財政制度による財源措置が確定するまでの避難所関係の災害救助費や、災害ガレキを処理する塵芥処理費など

に要する一般財源を、確実に手当てされる国庫支出金と特別交付税を除いて財政調整基金で対応するとすれば、所要額は、標準財政規模の30％程度となる。

　以上のことから、災害対応のために必要な財政調整基金の規模は、益城町の経験では標準財政規模の0〜30％程度となる。

　2　**熊本地震による益城町の財政への中長期的な影響**

　熊本地震では、益城町は、最終的に基金が微増するほどの財政措置を受けている。そのことは、国庫支出金の補助率の引き上げと、地方債への振替を通じて実施されている。地方債の残高は激増しているが、元利償還金について高率での地方交付税措置が講じられているので、将来負担比率、実質公債費比率の上昇は大きく抑制されている。それでも、将来負担比率と実質公債費比率はわずかに上昇しているので、将来の財政負担が生じていないわけではない。すなわち、手厚い財政措置の結果、発災初年度の資金繰りは悪化するどころか、むしろ改善するほどであったが、地方債の振替措置の影響で、後年度の財政状況はやや悪化しており、その影響はしばらく続くことが想定される。

4　南阿蘇村の平成28年度補正予算から

（1）11回の補正予算の概要

　南阿蘇村は、益城町と同様に被災規模が大きく、災害対策予算の規模も大きく膨らんだ自治体の1つである。平成28年度には、前震翌日の4月15日の補正予算第1号から、翌年3月31日の第11号まで、11回の補正予算を編成している。

　表11は、表9の益城町の場合と同様に、11回の補正予算のなかから、南阿蘇村における災害関連の歳出項目を拾って、その財源充当について示したものである。なお、南阿蘇村と益城町では、歳出の区分が異なっている。南阿蘇村では、民生費の災害救助費に対して、さらに細区分として災害救助費と復興支援費が設けられている。前者には避難所の運営

経費や災害廃棄物処理が含まれ、後者には災害弔慰金や災害援護資金、仮設住宅関係、農業の経営体育成支援事業、復興基金の対象となるような単独災害復旧事業の一部などが該当する。衛生費では、災害関連支出として、水道事業と簡易水道事業、生活排水処理事業への一般会計からの繰出金をあげている。災害復旧費における事業区分は、概ね益城町と同じである。

1 補正予算第1号

4月15日の補正予算第1号では、12.0億円の歳出の追加に対して、災害救助費で7.1億円として避難所関係経費、災害対策本部の設置等の経費を計上している。保健衛生費では、上水道と簡易水道にそれぞれ0.2億円の一般会計繰出を行い、公営企業の復旧を進めている。災害復旧費は4.5億円であって、農地災害復旧費に1.3億円、公共土木施設災害復旧費で2.3億円などを計上している。

2 補正予算第2号～第4号

5月20日の補正予算第2号は、災害廃棄物処理業務委託費5.3億円を中心とした補正である。ついで6月23日の補正予算第3号では、災害関係では、前月に続いて災害廃棄物処理業務委託費11.4億円と家屋等解体・運搬で21.9億円など、災害救助費で38.1億円のほか、災害復旧費は12.0億円であって、その内訳では公共土木施設災害復旧費が7.9億円ともっとも大きく、公立学校施設災害復旧費が1.9億円などとなっている。8月8日の第4号では、歳出額の追加の大半は災害救助費であって、避難所運営費として3.0億円、自費解体費用補助金1.6億円のほか、経営体育成支援事業1.7億円などが主な歳出である。このように、発災後5か月程度までの4回の補正予算では、避難所の運営や災害廃棄物処理関連が中心であって、災害復旧事業は予算計上されているものの、災害被害に対する復旧事業の規模を考えると予算化された事業費は小さく、本格的な復旧工事が容易に進められない状況を示している。

3　補正予算第5号・第6号

　そうした状況はその後も続き、9月7日の補正予算第5号では59.8億円の追加歳出に対して、民生費が41.9億円、災害復旧費は14.9億円、10月25日の補正予算第6号では、追加歳出0.1億円に対して防災行政無線システム移設工事の関係で消防費がもっとも多いが、残りの大半は民生費である。

4　補正予算第7号～第9号

　それに対して、12月13日の補正予算第7号になると、追加歳出17.7億円のうち災害復旧費が9.3億円ともっとも多く、民生費は8.3億円がそれに続いている。それ以降は、災害復旧事業ないしは関連事業を中心とした補正予算の編成となっている。1月30日の補正予算第8号では、追加歳出の大半が土木費9.0億円であって、その内容は小規模住宅改良事業基礎調査業務委託0.4億円、地域防災がけ崩れ対策事業実施設計委託費1.0億円、急傾斜地地震対策事業市町村負担金1.2億円及び工事請負額6.4億円であって、表11では分類上、災害復旧事業費に含めていないが、趣旨としては災害関連経費である。2月13日の補正予算第9号では、1.2億円の追加歳出のうち、災害復旧費は0.2億円であって、増加額がもっとも多い予備費が0.6億円である。ここまでの補正予算では災害復旧費の追加が続いている。

5　補正予算第10号・第11号

　それに対して、その後の2回の補正予算では、年度末近くになって、年度内に執行されない災害復旧費や災害救助費の減額補正が中心となる。3月10日の第10号は、多様な歳出項目で補正が行われ、歳出は38.1億円の減額であり、その中心は民生費38.2億円の減額であって、災害復旧費は4.0億円の減額となっている。最終の3月31日の第11号は、前号に続いて歳出は6.4億円の減額であって、なかでも災害復旧費と民生費はそれぞれ12.2億円、3.5億円の減額補正となっている。

第8章 市町村が持つべき災害対応のための基金の規模

表11 南阿蘇村における平成28年度の補正予算の内容

(単位：千円)

		補正額	国庫支出金	地方債	その他	一般財源	
民生費	災害救助費						
	第1号 4月15日	707,906	586,301			121,605	災害救助費660,078として、避難所運営関係費、災害廃棄物処理業務委託費、災害対策本部設置費用等に対して、災害廃棄物処理費国庫負担金95,662、災害救助費国庫負担金490,639の一部を充当 復興支援費47,826として、災害弔慰金47,500等に対して災害救助費県支出金の一部を充当
	第2号 5月20日	534,356	267,956		50,000	216,400	災害廃棄物処理業務委託費532,800等に対して、災害廃棄物処理国庫補助金266,400、災害救助費県負担金1,556及び財政調整基金繰入金50,000
	第3号 6月23日	3,812,446	1,889,797	39,500		1,883,149	災害救助費3,468,635として、災害廃棄物処理業務委託料1,137,779、家屋等解体・運搬2,189,501に対して、災害廃棄物処理国庫補助金1,709,334、災害救助費国庫補助金34,997、速距離通学費補助金46を充当 復興支援費343,811として、経営体育成支援事業(熊本地震対応分)200,000、災害見舞金71,000、災害援護資金35,000等に対して、農業費補助金(経営体育成事業への県支出金140,000)等及び災害援護資金貸付金35,000等を充当
	第4号 8月8日	815,388	591,985			223,403	災害救助費479,745として、避難所運営費303,875、自費解体費用補助159,200に対して、災害廃棄物処理費国庫補助金84,988、災害救助費県負担金305,225を充当 復興支援費335,593として、仮設住宅関係諸費、経営体育成支援事業(熊本地震対応分)169,000、災害援護資金35,000等に対して、災害見舞費補助金74,140、災害援護資金35,000等の県支出金145,829 等
	第5号 9月7日	4,167,831	2,124,770	3,410,400	378,840	▲1,746,179	災害救助費2,547,392として、避難所関係、災害廃棄物処理費業務委託費1,508,135、家屋等解体・運搬575,034、廃棄物仮置場原形復旧工事424,986等に対して、災害廃棄物処理費国庫補助金1,255,515、災害救助費県負担金29,180等及び災害対策費3,410,400を充当 復興支援費1,620,439として、南阿蘇村仮設店舗整備事業357,000、経営住宅関係諸費、災害派遣手当10,862、仮設

・232・

4 南阿蘇村の平成28年度補正予算から

第6号 10月25日	5,439	4,271		1,168	体育成支援事業（熊本地震対応分）1,063,427、農業災害復興支援金40,000等に対して、農業費補助金（経営体育成事業への県支出金823,195）、応急仮設住宅維持管理補助金10,947、雑入（事業用仮設施設整備支援事業助金337,000） 災害救助費1,698として、避難所関係、住宅応急修理業務委託（災害）57,600、住宅応急修理工事（災害分）▲57,600等に対して、災害救助費県負担金1,097を充当。復興支援費3,741として、地域支え合いセンター事業補助金3,174等に対して、地域支え合いセンター事業費補助金（県支出金）3,174
第7号 12月13日	794,568	522,270	38,200	50,000	184,098	災害救助費28,772として、家屋等解体・運搬を工事請負費から委託料に振り替えたほか、菊池市環境保全協力金19,856、自費解体費用補助金47,590等に対して、災害廃棄物処理費国庫補助金9,928、災害救助費県負担金61,494等の一部を充当。復興支援費765,796として、応急仮設住宅設計委託料25,000、応急仮設住宅物置設置工事41,527、災害公営住宅物置設置工事（熊本地震対応分）500,000、地域コミュニティ施設再建支援事業補助金150,000等に対して、経営体育成支援事業補助金（県支出金）350,000、熊本地震復興基金交付金100,848、災害救助費県負担金61,494の一部及び一般単独災害復旧事業（その他公共施設）38,200、災害復興基金繰入金55,000の一部を充当。
第8号 1月30日	8,164			6,000	2,164	復興支援8,164として、南阿蘇復興イベント6,000、臨時スクールバス運転業務委託料1,435等に対して、熊本地震復興基金繰入金6,000を充当。
第9号 2月13日	0	0			0	復興支援費として、工事請負費である応急仮設住宅設置工事41,624を、プレハブ賃貸料と物置購入費置き換え
第10号 3月10日	▲3,838,632	▲1,997,881	▲1,794,700		▲46,051	災害復旧費▲3,564,840として、避難所関係諸経費の減額、災害廃棄物処理業務委託費▲1,388,365、家屋等解体・運搬（公費解体）▲1,699,500、廃棄物仮置場原形復旧工事▲424,986に対して、災害廃棄物処理費国庫補助

第8章　市町村が持つべき災害対応のための基金の規模

	第11号 3月31日	▲262,209	▲125,289	▲80,900	490	▲56,510	災害復旧費▲262,209として、避難所関係諸費の減額、災害廃棄物処理業務委託費▲142,835、菊池市環境保全協力金▲7,890等に対して、災害廃棄物処理事業国庫補助金▲80,881、災害救助費県負担金▲35,891の一部を減額 復興支援金▲105,737として、応急仮設住宅物置設置費借料▲13,168、農業災害復興支援金▲37,500、災害見舞金▲36,400等に対して、災害救助費県負担金▲35,891の一部を減額
	計	6,745,257	3,864,180	1,612,500	485,330	783,247	
衛生費	環境衛生費	第1号 4月15日	43,200			43,200	上水道事業補助金21,900、簡易水道会計繰出金21,300、生活排水処理事業特別会計繰出金3,012
		第3号 6月23日	26,062			26,062	簡易水道特別会計繰出金（地震災害関連）
		第4号 8月8日	31,751			31,751	
		第10号 3月10日	13,112			13,112	上水道事業会計補助金（地震災害関連）
		計	114,125			114,125	
災害復旧費	農業用施設災害復旧費	第1号 4月15日	72,000			72,000	農業用施設災害測量設計委託料21,000、災害復旧機械借上料28,000等
		第3号 6月23日	80,408			80,408	農業用施設災害測量設計委託料等58,000、災害復旧原材料費10,000等
		第5号 9月7日	153,000			153,000	農業用施設災害復旧測量設計委託料

4　南阿蘇村の平成28年度補正予算から

農地災害施設復旧費	第7号 12月13日	20,000		40,000	▲20,000	牧道復旧業務委託料20,000に対して、農林水産業施設等災害復旧事業債40,000
	第10号 3月10日	▲100,000	970	1,600	▲102,570	農業用施設災害復旧測量設計委託料▲78,000、災害復旧原材料費▲15,000に対して、農地等災害復旧費国庫負担金970等を充当
	第11号 3月31日	▲57,715		▲10,600	▲47,115	農業用施設災害復旧測量設計委託料▲47,000、農業用施設災害復旧工事▲3,000、機械借上料▲5,000、災害復旧原材料費▲2,000等に対して、農林水産業施設等災害復旧事業債▲8,600、一般単独事業債▲2,000
	計	95,693	970	31,000	63,723	
	第1号 4月15日	128,000		50,000	173,200	農地災害復旧費補助金90,000等に対して、農地基金繰入金50,000
	第3号 6月23日	79,326			79,326	農地災害復旧測量設計委託料42,000、成金30,000等
	第5号 9月7日	262,000			262,000	農地災害復旧測量設計委託料
	第7号 12月13日	6,000			6,000	土木技術士派遣業務委託6,000
	第10号 3月10日	▲108,000	103,177	▲37,000	▲174,177	農地災害復旧測量設計委託料▲100,000、機械借上料▲8,000に対して、査定設計委託費国庫負担金66,177の一部及び農業基金繰入金▲37,000を減額
	第11号 3月31日	▲12,034	21,364	▲10,000	▲33,398	農地災害復旧測量設計委託料▲10,000、機械借上料▲1,790等に対して、熊本地震復興基金交付金21,364
	計	355,292	124,541	13,000	312,951	
林業施設災害復旧費	第1号 4月15日	4,500			4,500	林道災害復旧測量設計委託料2,000、災害復旧機械借上料1,500
	第3号 6月23日	12,000	5,000	5,000	2,000	工事請負費10,000、災害復旧原材料費1,500等に対して、林道等小災害復旧事業負担金5,000、農地等小災害復旧事業債5,000
	第4号 8月8日	11,000	5,000	5,000	1,000	工事請負費10,000、林業災害復旧測量設計委託料1,000に対して、林道災害復旧事業負担金5,000、農地等小災害復旧事業債5,000

235

第8章 市町村が持つべき災害対応のための基金の規模

	第5号 9月7日	1,545		1,545	災害復旧機械借上料3,045、災害復旧原材料費▲1,500
	第7号 12月13日	783		783	災害復旧機械借上料530等
	第10号 3月10日	635	▲10,000	10,635	林道災害復旧測量設計負担金635に対し、農地等小災害復旧事業費▲10,000を減額
	第11号 3月31日	0	6,653	▲6,653	林道災害復旧事業負担金（県支出金）で一般財源を振替
	計	30,463	16,653	13,810	
公共土木災害復旧費	第1号 4月15日	223,200	90,000	118,700	公共土木施設災害測量設計委託123,000、公共土木施設災害復旧工事費90,000等に対して、公共土木施設災害復旧事業債国庫負担金14,500及び一般単独災害復旧事業債（道路等）97,900の一部
	第3号 6月23日	794,230	681,100	33,230	公共土木施設災害測量設計委託729,080、公共土木施設災害復旧工事費56,000等に対して、公共土木施設災害復旧事業費国庫負担金79,900、公共土木施設災害復旧事業債（道路等）657,500、一般単独災害復旧事業債（道路等）420,000
	第5号 9月7日	1,015,766	450,000	95,766	公共土木施設災害復旧工事費1,010,000等に対して、公共土木施設災害費国庫負担金450,000及び公共土木施設災害復旧事業債50,000、一般単独災害復旧事業債（道路等）420,000
	第7号 12月13日	903,253	879,700	23,553	国・県代行事業負担金879,753に対して、公共土木施設等災害復旧事業債879,700
	第10号 3月10日	▲188,403	▲430,900	242,497	公共土木施設災害復旧費計▲354,000、公共土木施設災害費負担金▲101,000、国・県代行事業負担金266,397に対して、一般単独災害復旧事業債▲729,500、一般単独災害復旧事業費298,600
	第11号 3月31日	▲1,143,464	▲1,226,000	22,729	公共土木施設災害費測量設計▲20,000、公共土木施設災害復旧事業費負担金▲1113875等に対して、公共土木施設災害復旧事業債国庫負担金59,807、一般単独災害復旧事業債▲1,034,000、一般単独災害復旧事業債（道路等）▲199,900の一部
	計	1,604,582	604,207	536,475	
	計	1,604,582	463,900		

4 南阿蘇村の平成28年度補正予算から

科目	号・日				内容
住宅災害復旧費	第1号 4月15日	2,000		2,000	村営住宅修繕（災害分）2,000
	第9号 2月13日	21,445	14,000	39	既設公営住宅災害復旧工事19,257等に対して公営住宅災害復旧事業債14,000
	第10号 3月10日	▲345		▲345	修繕費▲963、既設公営住宅災害復旧工事設計委託料618
	第11号 3月31日	0	▲8,900	8,900	公営住宅災害復旧事業債▲11,400の一部
	計	23,100	5,100	10,594	
民生施設災害復旧費	第3号 6月23日	6,950	4,400	2,550	修繕費2,327、工事請負費4,428等に対して、一般単独災害復旧事業債（その他公共施設）19,900の一部
	第11号 3月31日		▲4,400	4,400	
	計	6,950	0	6,950	
公立学校施設災害復旧費	第1号 4月15日	6,938		6,938	学校災害復旧費6,000、災害復旧費調査設計938
	第3号 6月23日	194,276	173,400	876	災害復旧費調査設計27,547、学校災害復旧費165,946等に対して、公立学校施設災害復旧費負担金20,000、公立学校施設災害復旧事業債173,400
	第8号 1月30日	810		810	災害復旧費調査設計810
	第10号 3月10日	0	33,000	▲33,000	一般単独災害復旧事業債（その他公共施設）64,500、公立学校施設災害復旧事業債▲53,900、公立社会教育・社会体育施設災害復旧事業債22,400
	第11号 3月31日	0	▲137,700	70,291	公立学校施設災害復旧費国庫負担金67,409、一般単独災害復旧事業債（その他公共施設）▲111,700、公立学校施設災害復旧事業債▲17,100、公立社会教育・社会体育施設災害復旧事業債▲11,400等
	計	202,024	68,700	45,915	
社会教育施設災害復旧費	第3号 6月23日	1,073	1,000	73	社会教育施設災害復旧工事1,073に対し、一般単独災害復旧事業債（その他公共施設）19,900の一部
	第5号	4,851	4,400	451	社会教育施設災害復旧工事3,876等に対し、一般単独

237

第8章　市町村が持つべき災害対応のための基金の規模

	9月7日	5,924	5,400	524	災害復旧事業債（その他公共施設）58,400の一部
	計				
社会体育施設災害復旧費	第3号 6月23日	9,618	9,500	118	社会教育施設災害復旧調査設計費873、社会教育施設災害復旧工事費8,745に対して、一般単独災害復旧事業債（その他の公共施設）19,900の一部
	第5号 9月7日	5,143	5,100	43	社会体育施設災害復旧工事費4,823等に対し、一般単独災害復旧事業債（その他公共施設）58,400の一部
	第11号 3月31日	0	6,500	▲6,500	
	計	14,761	21,100	▲6,339	
その他公共施設・公用施設災害復旧費	第1号 4月15日	13,000	7,900	5,100	村有施設修繕費2,000、被災施設災害復旧設計委託料2,000、公共施設災害復旧用機械借上料1,000、工事請負費8,000に対して、一般単独災害復旧事業債97,900の一部
	第3号 6月23日	17,924	5,000	12,924	修繕費4,324、公関連施設災害復旧工事費5,000、公関連施設被災状況調査委託料6,000、公共施設災害復旧用機械借上料4,000、一般単独災害復旧事業債（その他公共施設）19,900の一部
	第4号 8月8日	1,100		1,100	修繕費500、公共施設災害復旧用機械借上料600、消防施設解体用機械借上100
	第5号 9月7日	52,027	48,900	1,100	公園関連施設災害復旧工事費38,000、公関連施設災害復旧工事設計管理委託料6,027等に対し、一般単独災害復旧事業債（その他公共施設）58,400の一部
	第10号 3月10日	0		1,100	被災施設復旧設計委託料▲1,200を村有施設修繕費1,200に置き換え
	第11号 3月31日	▲3,300	▲4,700	1,400	村有地災害復旧工事▲2,000、被災施設設計委託料▲800等
	計	80,751	57,100	21,624	
公債費	元金・利子 第10号 3月10日	0		18,833	▲18,833
	第11号 3月31日	▲17,000			▲17,000
	計				

4　南阿蘇村の平成28年度補正予算から

予備費	予備費	第1号 4月15日	▲2,043			▲2,043	
		第2号 5月20日	▲3,280			▲3,280	
		第3号 6月23日	3,284			3,284	
		第4号 8月8日	11,286			11,286	
		第5号 9月7日	3,570			3,570	
		第6号 10月25日	▲3,943			▲3,943	
		第7号 12月13日	▲10,541			▲10,541	
		第8号 1月30日	▲12,853			▲12,853	
		第9号 2月13日	64,091			64,091	
		第10号 3月10日	183,901			183,901	
		第11号 3月31日	891,021			891,021	
		計	1,124,493			1,124,493	

（2）歳出項目別の動き
1 災害救助費

　表11で示したように、南阿蘇村では、（広義の）災害救助費のなかに狭義の災害救助費と復興支援費を含めていることもあるが、災害救助費は、11回の補正予算ですべて補正の対象となっている。そのうち、補正予算第7号までが重要であって、補正予算第8号はイベント的な経費、補正予算第9号は費目の置き換え、補正予算第10号と補正予算第11号はそれまで追加してきた予算額について、執行状況をみながら減額する補正である。

　狭義の災害救助費は、既述のように災害救助法に基づいて、市町村の支出の大半は県負担金で賄われるものだが、当面の資金繰りという点で、市町村の一般財源が必要との認識に立てば、災害対策債や補助率のかさ上げを見込むことで、それまでに充当された一般財源が振り替えられた9月7日の補正予算第5号前の4回の補正予算における、狭義の災害救助費の一般財源に着目する必要がある。具体的な対象経費は、主として避難所の運営と災害廃棄物処理が中心である。そのうち、災害廃棄物処理費については、特別交付税措置が80％あることを前提に、それを除いたものを基金対応分として算定することとする。

　すなわち、災害救助費（狭義）の一般財源充当分から災害廃棄物処理費分の一般財源対応分を除いた額に、災害廃棄物処理費分の一般財源対応分のうち特別交付税で対応されない20％相当分を加えた額について、補正予算第1号から補正予算第4号まで合計した額を求めると、**4.6億円**相当となる。

2 仮設住宅

　南阿蘇村の予算書の形式では、仮設住宅関係の一般財源所要額を取り出すことが難しいので、仮設住宅関係予算を含む復興支援費の一般財源対応分について、補正予算第1号から補正予算第4号までを合計すると、**3.1億円**相当となる。この2つの合計額である**7.7億円**が、当面、財

政調整基金等で対応すべき額ということになる。

③ **災害復旧費**

表11に戻ると、環境衛生費における公営企業への一般会計繰出は、4次の補正による累計で1.1億円程度になっている。災害復旧事業費では、農業用施設災害復旧費と農地災害復旧費は、いずれも年度末近くになって事業費全体を減額補正している。国庫支出金がほとんど入らず、事業規模も比較的小さい。林業施設災害復旧費についても事業規模が小さく、年度途中で農地等小災害復旧事業債を一般財源に振り替えるなど、一般財源を多く充当しているのが特徴である。公共土木災害復旧費についても年度末に減額補正を行い、年度を通じた事業規模は16.0億円と被害規模に比べると少額である。その他の災害復旧事業についても、同様に、比較的規模が小さい。

（3）財源調達と必要な基金の額

次に、表12は、それぞれの補正予算における財源調達について示している。補正予算第1号では農業基金を0.5億円、前年度繰越金を1.5億円財源に充当している。補正予算第2号ではさらに財政調整基金を0.5億円、補正予算第3号では財政調整基金2億円と前年度繰越金1億円を活用している。したがって、補正予算第4号までの基金等の活用額は**5.5億円**となる。それに先に積算した、第4号までの補正予算の編成に必要な一般財源所要額（特別交付税で確実に対応される額を除く）の7.7億円をあわせると、**13.2億円**程度となる。南阿蘇村の平成27年度の標準財政規模は51.2億円であるので、**30％未満**というところである。この結果は、益城町とほぼ同じである。

（4）決算・財政指標の動き

もっとも、南阿蘇村では益城町と異なって、財政調整基金が決算ベースで減額している。表13で示したように、平成27年度末の14.7億円から

第8章 市町村が持つべき災害対応のための基金の規模

表12 南阿蘇村の平成28年度補正予算における災害復旧等への財源調達

(単位:千円)

	補正額	国庫支出金	地方債	その他	一般財源	地方税	歳入 欠かん債	財政 調整基金	特別交付税	
第1号 4月15日	1,198,701	600,801	97,900	50,000	450,000				300,000	予備費から2,043を執行し、農業基金を50,000繰り入れたうえで、所要額を特別交付税と前年度繰越金150,000で充当
第2号 5月20日	531,076	267,956		50,000	213,120			50,000	213,120	財政調整基金50,000を取崩し、予備費3,280を執行したうえで、残部は特別交付税の増額で充当
第3号 6月23日	5,037,597	1,994,697	918,900		2,124,000			200,000	1,822,032	財政調整基金200,000を取崩し、特別交付税の増額および前年度繰越金100,000で充当
第4号 8月8日	870,525	596,985			268,540				83,866	特別交付税のほか、ふるさと寄附金250,000等で対応
第5号 9月7日	5,665,733	2,574,770	3,938,800		▲1,228,704	▲177,000	147,000	200,000	▲1,471,502	災害対策債での財源振替にともなう特別交付税の減額と財政調整基金の取崩しで対応
第6号 10月25日	1,496	4,271			▲2,775					予備費の執行等で対応
第7号 12月13日	1,714,063	522,270	957,900	50,000	183,893			100,000	106,700	予備費の執行と同時に、特別交付税と財政調整基金の取崩し等で対応
第8号 1月30日	▲3,879			6,000	▲9,879					予備費の執行で対応

• 242 •

						ふるさと寄附金等で対応	歳入欠かん債のほか、既存経費の圧縮等で対応	特別交付税の増額で対応
第9号 2月13日	85,536	7,406	14,000		64,130			550,000
第10号 3月10日	▲4,037,732	▲1,893,734	▲2,201,000	▲18,167	75,169		35,400	
第11号 3月31日	▲604,701	29,544	▲1,466,700	490	831,565	▲95,131	▲52,600	949,164
計	10,458,415	4,705,366	2,259,800	138,323	2,969,059	129,800		2,003,380

28年度末の8.2億円となって6.5億円減少している。基金の減少分は、年度内での資金繰りの課題に限らず、年度を通した災害に対する財政負担として発生したということになる。ただし、表13にあるように、財政調整基金は平成29年度末には4億円程度回復している。平成29年度最後の補正予算である第10号（平成30年3月30日）では、予備費が6.3億円計上されているので、それらが不用額となると、財政調整基金は増えてもおかしくない。したがって、平成27年度末からの財政調整基金の減少額は2.4億円にとどまっているので、発災時から2年後の時点では、災害対応で基金が大きく減ったわけではない。南阿蘇村では、災害復旧事業が本格化したのは平成29年度であって、そこでの財政運営を通じて、基金の減少分の一定割合が回復しているといえる。それらのことから、熊本地震における財政措置の結果、南阿蘇村における基金の減少は最低限に食い止められているといえる。

また、実質収支は、平成27年度の7.0億円に対して、平成28年度には15.9億円と大きく増加している。財政調整基金だけでなく、それに実質収支を加えたものが資金繰りであるとみなすと、平成27年度から平成29年度にかけて、21.7億円→24.0億円→23.0億円とほとんど変わっていない。したがって、実質的には財政調整基金を取り崩す必要はなかったといえる。

表13　南阿蘇村の財政指標等の推移　　　　　　　　　　　（単位：千円、％）

	平成27	28	29	30	令和1	2
実質収支	704,558	1,586,185	1,076,093	988,472	988,472	818,504
財政調整基金	1,465,325	818,702	1,220,951	1,223,169	1,223,168	1,389,516
減債基金	172,075	172,163	172,223	173,190	173,190	294,250
その他特定目的基金	1,548,223	2,098,180	4,066,233	3,894,617	3,894,617	3,437,534
地方債残高	9,960,666	12,434,176	15,566,610	18,249,569	18,249,569	20,577,675
実質公債費比率	6.2	6.5	6.6	7.0	7.0	8.0
将来負担比率	11.7	10.6	―	14.1	14.1	24.7

　以上のことを踏まえれば、南阿蘇村の平成28年度補正予算の経験に照らすと、災害対応のために必要な財政調整基金の所要額は、実質収支のことを考慮しなければ、財政調整基金の減少分が標準財政規模の10％強であることから、**10％強～30％**となり、実質収支の動きを考慮すれば、益城町と同様に、標準財政規模の**0～30％**であるということになる。

　その一方で、表13にあるように、益城町の場合と同様に、その後も地方債残高は増え続けており、実質公債費比率は微増が続き、将来負担比率はいったん下がったものの上昇している。その水準はけっして高いとはいえないが、重い財政負担が長く続くことは益城町にも共通する現象である。

5　2町村の例からわかること

　益城町と南阿蘇村の例でみてきたように、災害救助法の対象事業は、基本的に県が財政負担を負うので、年度内の資金繰りを除けば、最終的な財政負担という意味で、市町村にはほとんど財源は必要なく、県が負うこととなる（県も災害対策債等での対応ができるので、一般財源が直ちに発災年度に必要となるわけではない）。被災市町村が財政調整基金で対応すべきは、国の補助制度等がない非適債の単独事業についてである。そうしたものであっても、復旧・復興のためにその必要性を主張できれば、特別交付税による措置が経験上は期待できる。その際、復旧事

業については、制度的に対応される部分が多いので確実な財政措置が期待できるが、復興事業については、なお特段の財政措置が設けられるかどうか不明なこともあるので注意が必要である。災害に備えて財政調整基金を持つことは、災害復旧事業等を、財源面での懸念をせずに、1日も早い復旧を目指して、躊躇なく実施できるようにする条件整備になる。同時に、過去の災害事例に照らして、妥当な事業と判断できるものであれば、最終的に地方交付税等で財源措置されるという感覚をあわせ持つことが重要である。そのためにも、日頃から災害の種類と規模を想定して、災害財政制度に通じておくことが求められる。

終章

財政担当者が持つべき災害への備え

第1章で述べたように、災害時にあたっては、財政担当者は、事業担当課に対して、特に発災直後の救援・救助段階では、財源の心配をせずに所要となる経費を使うように伝える一方で、それらを担保できるように、歳出予算について状況によれば要求を待たずに、想定できる歳出項目をもとに補正予算を編成するくらいのことが求められている（早期に対応する必要があるので、議会開催が難しければ専決処分もやむを得ない）。

　その際に、本書で述べてきたように、これまでの災害に照らして、通常、妥当と考えられている財政支出については、救援段階に限らず、復旧事業や復興事業についても、被災自治体の体力に応じた財政措置が講じられることが基本である。災害規模が大きくなるほど、その点は確実に担保される。

　熊本県は、熊本地震の直後に、宮城県から東日本大震災における財政措置関係の資料の提供を受けている。それを踏まえて、熊本県は他団体で災害が起きた際には、直ちに進んで連絡を入れて情報提供を申し出るようにしている。それらを通じて、災害財政制度の理解が深まることは重要である。

　欲をいえば発災してからでは遅く、事業費の種類や性格等に応じて、どのような財政措置が講じられるのかなど、本書で述べてきた災害復旧等への財政制度の概要については、知識としてあらかじめ持っておく必要がある。その知識がなければ、恒久制度として法に基づいて措置される部分と、国が特段に補正予算を通じた予算措置を講じない限りは措置されない部分の区別ができずに、財政運営に自信が持てなかったり、当てにしていた財政措置が受けられなかったりすることで、財政難に陥ることも考えられる。

　さらに、これまでの災害に照らして、通常、妥当と考えられている財政支出と述べたものの、それ自体が、時代によって少しずつ変わってきていることにも注意が必要である。たとえば、中小企業等グループ施設

等復旧整備事業（東日本大震災や熊本地震におけるグループ補助金、能登半島地震におけるなりわい再建支援事業）は、東日本大震災から熊本地震における国の対応ぶりをみると、今後の大災害においては、一定規模以上の被害があれば、法律上の担保こそないものの、国が予算化することで措置されて、補助事業として執行できると見込んでよいといえよう。このように、直近の災害において、どのような財政措置が図られているかについては、特に関心を持つ必要がある。

　熊本地震では、被災自治体の財政状況は、特に市町村ではそれほど悪化した印象はない。とはいえ、あれほどまで財政措置を講じても、震災復興特別交付税でもない限りは、実質的な財政負担がゼロにはならないので、財政運営への影響はある。特に、地方債の振替が行われる影響で、実質公債費比率は微増状態が続くなど、影響は大きくはないものの、長期的に続くことに注意が必要である。

　一般論として、実質公債費比率が右肩上がりになると、実質収支が赤字になりがちになるという、近年の財政悪化団体に共通する現象に照らすと、健全財政を維持する上で実質公債費比率の天井というべき水準がある。それは、通常、留保財源と基準財政需要額への非算入公債費との関係で、団体ごとの財政力指数に応じて概ね決まるところがある。したがって、発災前の時点で、実質公債費比率が天井を超えている状況は、災害に対して財政面での備えを怠っていたことになる。災害財政制度によって手厚い財政支援が受けられても、災害前から公債費で課題を抱えていたとしたら、負担は減るどころか、むしろ少しずつ上積みされるので、財政逼迫を実感する懸念があるからである。

　次に、災害に備えて財政調整基金をどの程度持っておくべきかについてである。一般に、自治体財政の運営においては、当該年度の歳入は、当該年度の歳出として、住民サービスの提供のために使い切ることが基本である。いいかえれば、特段に必要な理由がない限り、基金は造成すべきではない。すなわち、基金はその種類に応じて、厳密に一定の財政

需要を想定しているはずということになる。さらにいうと、漠然とした将来の財政不安に対応する基金造成は適切ではない。公共施設整備のための特定目的基金は、公共施設の総合管理の観点で事業費を想定して造成すべきであるし、減債基金は、期末一括償還の地方債を発行していない場合には、公債費の一時的な増加に対応して造成すべきである。

　それに対して、財政調整基金は、いわば赤字決算を避けるために造成するものといえるので、災害等で、突然に歳入が減ったり、歳出が増えたりしても、当面は財政調整基金の取崩しで対応できる程度の額は必要となる。不交付団体の場合、税収の減少は、交付団体とはまったく異なって、歳入減に直結するので、災害による歳入の減少に備えて造成すべき基金の額は大きくなる。その一方で、交付団体では、減収補塡措置や地方税の特例などがあるので、それほど必要ではない。交付団体の場合には、災害対策のための歳出であって、特に地方債が充当されずに、一般財源を必要とする額に対応した財政調整基金が必要ということになる。もっとも、適債性のない災害対応のための支出であっても、災害対策債などの特例的な起債が認められる場合も多く、そうでないものについても、通常は一定割合ではあるが特別交付税が措置されるので、財政調整基金で最終的に対応すべき額はそれほど大きくない。公共土木施設の災害復旧事業等では、地方負担分への地方債の充当率が100％であるのが通常であるので、一般財源はそれほど必要ではない。むしろ復興基金の対象事業のような、補助制度の対象とならないものへの支出の方が、財政調整基金で対応すべき歳出となる。

　したがって、財政調整基金として造成すべき額は、一定の災害を想定して、そこで生じる非適債事業に対する一般財源対応分として必要となる額を査定することによって得られる。過去の災害の実例や、他団体の災害対応の例などを参考に、個々の自治体が自ら明らかにすべきことである。第8章の分析はそのような例を示したものである。災害財政制度を学び、災害を想定して、救援段階や復旧・復興段階における財政需要

とそれに対応した財源を見積もって、災害時の補正予算の内容を予測して積算してみることが大切である。本書では、熊本地震の激震地にある被災自治体の益城町と南阿蘇村の分析を示したが、それはあくまで個別の事例であって、財政調整基金としての所要額は、各自治体における被害想定と、本書で述べてきた災害財政制度を突き合わせて、自ら査定すべきものである。

　大災害が生じたとき、財政担当者は、少なくとも発災直後においては、お金の心配をしないで、必要な支出は惜しみなく使うように事業担当課の背中を押す必要がある。自信を持ってそういえるようにするには、**財政担当者は、災害財政制度を災害時に適用する思考実験を常日頃から行っていなければならない。それこそが、大規模災害に対する財政上の危機管理である。**

著者紹介

小西 砂千夫（こにし・さちお）
総務省地方財政審議会会長／関西学院大学名誉教授

昭和35年、大阪市生まれ。関西学院大学経済学部卒業、博士（経済学）。専門は財政学。

主な著書に、『自治体財政の知恵袋』（ぎょうせい、平成30年）、『自治体の財政診断』（共著、ぎょうせい、令和3年）、『地方財政学』（有斐閣、令和4年）、『詳解地方財政法』（学陽書房、令和4年）などがある。

自治体の災害財政がわかる本

令和7年4月11日　第1刷発行

著 者　小西　砂千夫

発 行　株式会社ぎょうせい

〒136-8575　東京都江東区新木場1-18-11
URL：https://gyosei.jp

フリーコール　0120-953-431

ぎょうせい　お問い合わせ　検索　https://gyosei.jp/inquiry/

〈検印省略〉

印刷　ぎょうせいデジタル株式会社　　　　　　　　Ⓒ2025 Printed in Japan
※乱丁・落丁本はお取り替えいたします。
ISBN978-4-324-11504-6
(5108991-00-000)
〔略号：災害財政〕

決算書類が使える書類に！

自治体の財政診断
―財政指標の見方・読み方・考え方

［共著］小西 砂千夫・今井 太志

A5判・定価3,080円（税込）［電子版］価格3,080円（税込）
※電子版は ぎょうせいオンラインショップ 検索 からご注文ください。

- 厳しいというけれどホント？
- 将来の財政見通しはどうなっているの？
- 今、いくら使っていいの？

- ●「理論」だって解説しているので、自信をもって答えることができるようになります。
- ●事例と図をふんだんに使った解説なので具体的にイメージしやすいつくりです。

詳しくはコチラから！

第1部 わかりやすい財政診断のポイント	➡	まず数字をみてみよう！ 分析・診断してみよう！ 財政初心者はここから読むのがオススメ！
第2部 財政分析の考え方	➡	なぜ、そのような判断をしたの？ 裏付け（理論）を詳説。 ここを読んでおけば"議会答弁"はバッチリ！
第3部 自治体財政分析における時系列の視点		
第4部 3つの健全性による財政分析	➡	よりよい財政運営にむけて新指標の提案

【著者紹介】

小西 砂千夫（こにし・さちお）
関西学院大学大学院経済学研究科・人間福祉学部教授
　昭和35年、大阪市生まれ。関西学院大学経済学部卒業、博士（経済学）。専門は財政学。総務省地方財政審議会専門委員をはじめ、国や自治体の審議会等の委員に就任するほか、自治大学校・市町村アカデミー・全国市町村国際文化研修所等の講師も務める。

今井 太志（いまい・ふとし）
北海道環境生活部ゼロ・カーボン推進監
　昭和47年、長岡市生まれ。平成7年、東京大学法学部卒業、自治省入省。米国ミシガン大学公共政策大学院修士号取得。平成15年から北海道庁勤務。市町村課長、知事室次長等を経て、令和3年より現職。市町村アカデミー・全国市町村国際文化研修所等の講師も務める。

フリーコール TEL:0120-953-431 ［平日9〜17時］ FAX:0120-953-495
〒136-8575 東京都江東区新木場1-18-11　https://shop.gyosei.jp　ぎょうせいオンラインショップ